「コース」と「厩舎」から勝ち馬を探せ！
調教タイムの読み方

竹内裕也 著
競馬道OnLine編集部 編

はじめに

　様々な出版社を「転厩」しながら、気がつけば自身6冊目の競馬本が世に出ることになりました。
　それも2006年からずっと得意ジャンルとして情報発信を続けてきた「調教」に関する本なのですから、私としては大切な1冊になりますが……きっと、私よりも読者にとって大切な1冊になるはずです。

　本書は通常の競馬本よりも長期間にわたって活用していただけることに加えて、これからの長い期間で良くも悪くも大きく成績が変わらない可能性が高いと考えています。

　その理由はいくつかあります。

　まず、本書には「私の感想」や「個々で判断が変わること」を含んでいないからです。
　「調教の時計は遅いが力強い動きだった」
　「時計は抜群だが脚の踏み込みが今一つ」
　などと言った曖昧な話ではなく、あくまでも調教の時計やラップなどの事実・結果を重視しています。

　そして、できるだけ若い調教師（厩舎）のご紹介に多くページを使っていますので、その点も長く使える理由となります。

　さらに、本書を読み進めていただけると調教というファクターに主観を持ち込まないことによって「仮に考えが間違いだったとしても、馬券成績が良くなる"保険"」があることも伝わるはずです。

　本編に入る前に1つだけお願いがあります。

途中から読むのではなく、ぜひ最初から順に読み進めてください。

　多くの競馬本に共通することですが、前提条件を無視して読まれてしまった場合の競馬本は全て「出目本・オカルト本」と同じになってしまいます。

　競馬本で重要なパートは輝かしい好成績を紹介するページではなく、読むのが面倒臭そうなところにあるものですから。

2024 年 10 月　著者

「コース」と「厩舎」から勝ち馬を探せ！
調教タイムの読み方 Contents

はじめに……………2

1章 調教を難しく考える必要がない理由……………7

2章 本書を活用していただくための『説明書』………15

3章 馬券直結！ 特選20厩舎……………23

矢作芳人 厩舎……24	中内田充正 厩舎……38	斉藤崇史 厩舎……52
杉山晴紀 厩舎……26	吉岡辰弥 厩舎……40	吉村圭司 厩舎……54
友道康夫 厩舎……28	野中賢二 厩舎……42	寺島 良 厩舎……56
森 秀行 厩舎……30	池添 学 厩舎……44	安田翔伍 厩舎……58
堀 宣行 厩舎……32	高野友和 厩舎……46	藤原英昭 厩舎……60
上村洋行 厩舎……34	辻野泰之 厩舎……48	大竹正博 厩舎……62
木村哲也 厩舎……36	竹内正洋 厩舎……50	

4章 特徴を掴んでおきたい厩舎 厩舎30選……………65

池江泰寿 厩舎……66	藤岡健一 厩舎……76	嘉藤貴行 厩舎……86
清水久詞 厩舎……67	武 幸四郎 厩舎……77	石橋 守 厩舎……87
斎藤 誠 厩舎……68	四位洋文 厩舎……78	牧浦充徳 厩舎……88
中竹和也 厩舎……69	蛯名正義 厩舎……79	松下武士 厩舎……89
武 英智 厩舎……70	田中博康 厩舎……80	新谷功一 厩舎……90
大和田 成 厩舎……71	中村直也 厩舎……81	菊沢隆徳 厩舎……91
松永幹夫 厩舎……72	大久保龍志 厩舎……82	鹿戸雄一 厩舎……92
須貝尚介 厩舎……73	橋口慎介 厩舎……83	久保田貴士 厩舎……93
音無秀孝 厩舎……74	栗田 徹 厩舎……84	加藤士津八 厩舎……94
国枝 栄 厩舎……75	奥村 豊 厩舎……85	福永祐一 厩舎……95

5章 調教だけで狙える 厳選20コース……………97

東京ダート1600m……98	阪神芝1400m……112	中京芝1600m……126
東京芝1600m……100	阪神芝1600m……114	新潟ダート1800m……128
東京芝2400m……102	京都ダート1800m……116	新潟芝1000m……130
中山ダート1800m……104	小倉ダート1700m……118	福島ダート1150m……132
中山ダート1200m……106	中京ダート1200m……120	福島ダート1700m……134
中山芝2000m……108	中京ダート1900m……122	福島芝1800m……136
阪神ダート1800m……110	中京芝1200m……124	

6章 好走時の調教に特徴がある馬……………… **139**		
7章 調教というファクターに存在する保険…………… **147**		
8章 11秒台加速ラップの馬は常にチェックする癖をつける… **153**		
9章 前日坂路追いについて………… **159**		
10章 障害レースと調教……………… **163**		
11章 厳選東西144厩舎／厳選50コース **データ編**…………… **167**		

■厳選東西144厩舎

【栗東】

荒川義之 厩舎 … 168	佐々木晶三 厩舎 173	寺島 良 厩舎 … 179
池江泰寿 厩舎 … 168	四位洋文 厩舎 … 173	友道康夫 厩舎 … 179
池添 学 厩舎 … 168	清水久詞 厩舎 … 174	中内田充正 厩舎 179
石坂公一 厩舎 … 168	庄野靖志 厩舎 … 174	中尾秀正 厩舎 … 180
石橋 守 厩舎 … 169	新谷功一 厩舎 … 174	中竹和也 厩舎 … 180
上村洋行 厩舎 … 169	須貝尚介 厩舎 … 174	中村直也 厩舎 … 180
梅田智之 厩舎 … 169	杉山晴紀 厩舎 … 175	西園翔太 厩舎 … 180
大久保龍志 厩舎 169	杉山佳明 厩舎 … 175	西園正都 厩舎 … 181
大橋勇樹 厩舎 … 170	鈴木孝志 厩舎 … 175	西村真幸 厩舎 … 181
岡田稲男 厩舎 … 170	高野友和 厩舎 … 175	野中賢二 厩舎 … 181
奥村 豊 厩舎 … 170	高橋一哉 厩舎 … 176	橋口慎介 厩舎 … 181
小栗 実 厩舎 … 170	高橋康之 厩舎 … 176	長谷川浩大 厩舎 182
音無秀孝 厩舎 … 171	高橋義忠 厩舎 … 176	畑端省吾 厩舎 … 182
河嶋宏樹 厩舎 … 171	高橋 亮 厩舎 … 176	羽月友彦 厩舎 … 182
北出成人 厩舎 … 171	高柳大輔 厩舎 … 177	浜田多実雄 厩舎 182
木原一良 厩舎 … 171	武 幸四郎 厩舎 177	平田 修 厩舎 … 183
小崎 憲 厩舎 … 172	武 英智 厩舎 … 177	福永祐一 厩舎 … 183
小林真也 厩舎 … 172	田中克典 厩舎 … 177	藤岡健一 厩舎 … 183
昆 貢 厩舎 …… 172	谷 潔 厩舎 …… 178	藤原英昭 厩舎 … 183
今野貞一 厩舎 … 172	千田輝彦 厩舎 … 178	本田 優 厩舎 … 184
斉藤崇史 厩舎 … 173	茶木太樹 厩舎 … 178	牧浦充徳 厩舎 … 184
坂口智康 厩舎 … 173	辻野泰之 厩舎 … 178	牧田和弥 厩舎 … 184
	角田晃一 厩舎 … 179	松下武士 厩舎 … 184

5

松永幹夫 厩舎 … 185	尾形和幸 厩舎 … 191	竹内正洋 厩舎 … 197
宮 徹 厩舎 …… 185	奥平雅士 厩舎 … 191	田島俊明 厩舎 … 197
宮本 博 厩舎 … 185	奥村 武 厩舎 … 191	田中 剛 厩舎 … 198
村山 明 厩舎 … 185	尾関知人 厩舎 … 191	田中博康 厩舎 … 198
森 秀行 厩舎 … 186	小野次郎 厩舎 … 192	田村康仁 厩舎 … 198
森田直行 厩舎 … 186	加藤士津八 厩舎 … 192	千葉直人 厩舎 … 198
安田翔伍 厩舎 … 186	嘉藤貴行 厩舎 … 192	辻 哲英 厩舎 … 199
矢作芳人 厩舎 … 186	加藤征弘 厩舎 … 192	手塚貴久 厩舎 … 199
吉岡辰弥 厩舎 … 187	金成貴史 厩舎 … 193	戸田博文 厩舎 … 199
吉田直弘 厩舎 … 187	菊沢隆徳 厩舎 … 193	中川公成 厩舎 … 199
吉村圭司 厩舎 … 187	木村哲也 厩舎 … 193	中舘英二 厩舎 … 200
渡辺薫彦 厩舎 … 187	国枝 栄 厩舎 … 193	西田雄一郎 厩舎 … 200
	久保田貴士 厩舎 … 194	萩原 清 厩舎 … 200
【美浦】	栗田 徹 厩舎 … 194	畠山吉宏 厩舎 … 200
相沢 郁 厩舎 … 188	黒岩陽一 厩舎 … 194	林 徹 厩舎 …… 201
青木孝文 厩舎 … 188	古賀慎明 厩舎 … 194	深山雅史 厩舎 … 201
池上昌和 厩舎 … 188	小島茂之 厩舎 … 195	堀 宣行 厩舎 … 201
伊坂重信 厩舎 … 188	斎藤 誠 厩舎 … 195	牧 光二 厩舎 … 201
伊藤圭三 厩舎 … 189	鹿戸雄一 厩舎 … 195	水野貴広 厩舎 … 202
伊藤大士 厩舎 … 189	清水英克 厩舎 … 195	宮田敬介 厩舎 … 202
稲垣幸雄 厩舎 … 189	鈴木慎太郎 厩舎 … 196	武藤善則 厩舎 … 202
上原佑紀 厩舎 … 189	髙木 登 厩舎 … 196	宗像義忠 厩舎 … 202
蛯名正義 厩舎 … 190	高橋文雅 厩舎 … 196	森 一誠 厩舎 … 203
大竹正博 厩舎 … 190	高柳瑞樹 厩舎 … 196	矢野英一 厩舎 … 203
大和田 成 厩舎 … 190	武井 亮 厩舎 … 197	和田正一郎 厩舎 … 203
小笠倫弘 厩舎 … 190	武市康男 厩舎 … 197	和田勇介 厩舎 … 203

■厳選50コース

京都ダート1200m … 204	小倉ダート1000m … 221	中山ダート1800m … 238
京都ダート1400m … 205	小倉ダート1700m … 222	中山芝1200m … 239
京都ダート1800m … 206	小倉芝1200m … 223	中山芝1600m …… 240
京都ダート1900m … 207	小倉芝1800m … 224	中山芝1800m … 241
京都芝1200m …… 208	小倉芝2000m … 225	中山芝2000m … 242
京都芝1400m外 … 209	新潟芝1200m … 226	東京ダート1400m … 243
京都1600m外 … 210	新潟芝1400m … 227	東京ダート1600m … 244
京都芝2000m … 211	新潟芝1600m … 228	東京ダート2100m … 245
京都芝2400m …… 212	新潟芝2000m外 … 229	東京芝1400m … 246
阪神ダート1200m … 213	中京ダート1200m … 230	東京芝1600m … 247
阪神ダート1400m … 214	中京ダート1400m … 231	東京芝1800m … 248
阪神ダート1800m … 215	中京ダート1800m … 232	東京芝2000m … 249
阪神芝1200m … 216	中京芝1200m … 233	東京芝2400m … 250
阪神芝1400m … 217	中京芝1400m … 234	福島ダート1700m … 251
阪神芝1600m … 218	中京芝1600m … 235	福島芝1200m …… 252
阪神芝2000m … 219	中京芝2000m … 236	福島芝1800m …… 253
阪神芝2200m … 220	中山ダート1200m … 237	

おわりに………… 254

1章 調教を難しく考える必要がない理由

競馬ファンの多くが「調教で予想をする」という方法に手を出すが、様々な理由から「**調教では馬券の好結果には繋がらない**」と思い込むようになることが多い。

　例えば調教で抜群の好時計であることを理由に買った馬の凡走はその理由の1つになるだろうし、似たようなケースではスポーツ新聞や競馬新聞で「抜群の動き」と書いてあった1番人気馬が負けてしまったからということも理由となることが多いはずだ。

　せっかく競馬新聞に書いてある小さな数字（タイム）を見てチェックしているのに、その労力に見合った結果が得られなかったからという人もいることだろう。

　それでも先に進む競馬ファンがいる。
　そして、その多くが**調教映像を見て馬の走法や馬体の状態**などからわかることはないか？　と考えて情報を得ようとするわけだが、ゴルフを教えてくれる経験者と同じように皆自分の主観のため言っていることがバラバラであることに悩むというのがお決まりのパターン。

　走法、馬の元気の良さ、馬体に関することなどは現時点ではまだ数値化できないことであり（将来的にはできると思うのだが）、そもそも調教の映像を全頭確認することはできないのだから「調教映像で馬を診断するプロ」と名乗る人がいるとしても、大した頭数を見ていないことになるはずだ。

　仮に全頭確認できたとしても、週末の出走分だけで多ければ1000頭の映像を見ている時間がある人もいないだろう。

　加えて、個人であってもメディアの記事であってもパドック予想と同じで「**馬の実力、人気を含めた判定**」をするケースが圧倒的に多く、過去最低のタイムで最後1Fを大幅に減速しているよ

うな馬でも人気になることが想定されるなら「坂路55.2秒！鋭伸！！」などと巨大なフォントで掲載することもあるわけで、プロの意見もこれがなかなか当てにならないのである。

　結果「**調教は参考にならない**」という結論を出してしまう競馬ファンは多く、ざっとタイムを見るだけという人ですら多くない。
　しかし、本番となるレースへ向けて行う調教に意味がないわけがない。
　レース数より遥かに多い調教本数をこなして競走馬はレースに出てくるわけだし、その専門家である調教師が存在する以上「調教が参考にならない」ということは土台ありえない話だ。

　競馬だけではなく、全てのスポーツは練習・トレーニングがある先に本番があるわけで、「転生したら最強のアスリートだった」というような夢物語は残念ながら現実の世界では起こらない。

　と、ここまでをお伝えしたところで１つの結論を書きたいと思う。

　「プロがやる仕事はプロに任せればいい」。

　競走馬の調教に関してのプロは当然"調教師"そして厩務員や助手など厩舎スタッフで（牧場の方もプロではあるが）、このプロの方々が競馬の歴史、知識、常識、非常識などをもとにして調教を行うわけである。
　JRAの場合、追い切りは水曜、もしくは木曜日、まれに火曜日もあるが、長い競馬の歴史の中でこれが現在考えられるベストであるからそうなっているのだろう。なお、本書で言う「追い切り」は「レース当週（直前）の速いタイムの調教＝本番調教」を指す。
　追い切りコースのメインは坂路、もしくはウッドが使用される

が、土日にも多くの場合で調教を入れる、例えば追い切り時計が坂路で60秒なんてありえず、滅多なことで49秒を切る時計では追わない、併せ馬で他の馬から先着をした馬は調子が良く、好走率が上がり、遅れた馬は好走率が下がる……などなど、調教に関わるプロたちは各々の個性や手法の違いなどはあれど、基本的な常識の範囲の中でプロの仕事をしてくれているわけだ。

そして、そのプロが行った調教を目に見えて正しく現実として**参考にできるものが数字、すなわち「調教時計」**となる。
馬券を買う側の人間は**調教のプロの仕事を数値化した調教時計を参考にする**ことがベストだ。

▼調教時計別の成績

まず紹介するのは栗東坂路追い切り時計別の成績。
(本書で使う成績は2019年〜2024年7月21日とする)

■栗東坂路追い切り時計別成績

追い切り坂路時計	着別度数	勝率	連対率	複勝率	単勝回収率	複勝回収率
49.9秒以下	13-11-2-69/95	13.7%	25.3%	27.4%	98%	99%
50.0〜51.9	472-421-382-3230/4505	10.5%	19.8%	28.3%	78%	77%
52.0〜53.9	2591-2481-2403-21767/29242	8.9%	17.3%	25.6%	73%	77%
54.0〜55.9	2599-2688-2546-25821/33654	7.7%	15.7%	23.3%	71%	74%
56.0〜57.9	705-749-700-7710/9864	7.1%	14.7%	21.8%	74%	80%

一目瞭然で**追い切り時計が速い馬ほど成績が良い傾向**にある。

では次に美浦坂路も確認してみよう。
美浦坂路は改修工事があり2023年10月から形状が変わっているが、ここではそこで区別をせずに集計をしている。

49秒台以下は母数が少なすぎるが、それでも栗東坂路と同じで**シンプルに追い切り時計が速い馬ほど成績が良い傾向**にある。
この時点で「調教は参考にならない」「調教時計が良くても関

■美浦坂路追い切り時計別成績

追い切り 坂路時計	着別度数	勝率	連対率	複勝率	単勝 回収率	複勝 回収率
49.9秒以下	2-0-1-3/6	33.3%	33.3%	50.0%	68%	81%
50.0〜51.9	82-69-62-603/816	10.0%	18.5%	26.1%	88%	73%
52.0〜53.9	742-726-758-8155/10381	7.1%	14.1%	21.4%	73%	75%
54.0〜55.9	895-931-1022-13594/16442	5.4%	11.1%	17.3%	77%	70%
56.0〜57.9	193-224-267-4379/5063	3.8%	8.2%	13.5%	43%	57%

係ない」などの意見は成立しなくなることがわかるはずだ。

　次にラップ別の成績だが、これについては本書でも重要な要素となるため後ほど詳しく説明するが、まずはシンプルに**加速ラップと減速ラップ**の成績を確認してほしい。

■坂路追い切り加速ラップと減速ラップでの成績

ラップ内容	着別度数	勝率	連対率	複勝率	単勝 回収率	複勝 回収率
加速ラップ	4365-4149-3867-35109/47490	9.2%	17.9%	26.1%	81	79
減速ラップ	2176-2265-2369-25927/32737	6.6%	13.6%	20.8%	67	71

　こちらは追い切りの坂路でのラップを大きく2つに分けた成績となるが、最後まで伸びた加速ラップの馬の成績と減速してしまった馬ではレースで大きな差が生まれていることがわかる。

　さて、これは大変重要なことなので「調教」からは話が脱線してしまうのだが、競馬というジャンルで個人・メディア問わず、JRAホームページなども全て含めて「**母数に対しての率**」で計算をして表記することがほとんど。

　そのためこの表では加速ラップの**勝率が9.2%**というような表記になっているが、**同一レースに複数頭の該当馬が存在する場合にこの母数ベースの計算は大変誤解を招くもの**だとして私は常日頃からYouTubeやSNSで警鐘を鳴らしている。

　騎手成績などであれば、また人気別成績などであれば1レースに1頭しか該当しないので母数計算で問題ないが、例えば、8枠に2頭入ったレースで10レース全て8枠が勝利した場合など

に8枠の勝率50％と表記することになってしまう。

　よく目にする「過去10年の結果」などでも、仮にディープインパクト産駒が5回勝利していた場合に該当頭数が20頭いれば勝率25％と表現されるわけだが、実際には半分の50％で勝利していることが「現実で起こっていること」となる。

　これは競馬ファンの方々が意外と理解しておられないことなので、もしかすると今あなたも「**加速ラップの勝率は9.2％だから、100レースで9回しか勝たないのか？**」と思ったかもしれない。

　だが、**実際の「レース勝率」で計算をすれば、加速ラップの馬が勝利しているレースは28.3％**となり、減速ラップが勝利しているレースは15.7％となる。

　この「**現実に起こっている確率**」と「**母数計算で低くしてしまった計算**」はどちらも真実で同じものではあるのだが、競馬に関する情報・データ・集計の大半が後者で表現されているということを理解しておかないと競馬のデータを馬券に生かすことができないことは覚えておいてほしい。

　話を本題に戻すことにしよう。
　次はウッド追い切りに関してだが、こちらは個人的に**終い1Fのタイム**を重視している。
　理由はシンプルに「**成績差が出やすい**」から。
　まずは栗東のウッドから確認してみよう。

　これを見た時に11秒台の馬と13秒台の馬でどちらを買うべきかということは言うまでもない。

■栗東ウッド終い1F追い切り時計別成績

ウッド終い1F	着別度数	勝率	連対率	複勝率	単勝回収率	複勝回収率
11.0～11.9	1179-1021-1043-8201/11444	10.3%	19.2%	28.3%	83	81
12.0～12.9	1440-1384-1415-13990/18229	7.9%	15.5%	23.3%	77	74
13.0～13.9	207-201-218-2857/3483	5.9%	11.7%	18.0%	70	70
14.0～14.9	17-17-17-276/327	5.2%	10.4%	15.6%	57	48

次は美浦ウッドになるが、もう表を見なくても何となく答えはイメージできてしまうことと思う。

■美浦ウッド終い1F追い切り時計別成績

ウッド終い1F	着別度数	勝率	連対率	複勝率	単勝回収率	複勝回収率
11.0～11.9	1532-1461-1413-12861/17267	8.9%	17.3%	25.5%	73	74
12.0～12.9	2153-2194-2227-25180/31754	6.8%	13.7%	20.7%	69	71
13.0～13.9	666-734-750-9606/11756	5.7%	11.9%	18.3%	66	67
14.0～14.9	50-55-63-1219/1387	3.6%	7.6%	12.1%	62	56

これだけではなく、例えば「レース前週の土日」に坂路調教が行われている場合「**そのタイムが速いほど成績が良い**」結果となっており、同じ条件で**ウッド調教が行われている場合もタイムが速いほど成績が良い**結果となっている。

ここまでを見ていただいただけでも「**調教を難しく考えなくて良い**」ことは少し伝わったのではないかと思うし、数字にすることができない上に人によって感想の違う「馬が走っている姿」を見ることよりも、実践的に馬券に活用できるのでは？　と思っていただけているのではないだろうか。

数字は嘘をつかないが嘘つきは数字を使う、という言葉があるが重要なのは「**数字は嘘をつかない**」という部分である。

実際に起きていることを全て数字にした成績に嘘つきという登場人物も出てこないのだから。

私は20年近く前からブログやメルマガで調教に関しての情報を配信していたが、そもそも自分自身が調教に興味を持った理由

もその後も調べ続けながら馬券に活用し続けている理由も、全てこれらのことが理由になっている。

　「調教は重要である、そして難しく考えて使う必要はない」という裏が取れているわけだから、それを使わない理由なんて存在しないというわけだ。

2章 本書を活用していただくための『説明書』

本書の本題となる各厩舎の狙い目調教パターンやコース別の狙い目などをご紹介する前に、まずは本書を活用するための説明をさせていただきたい。

ラップ計算について

　先ほど掲載した坂路のラップが加速なのか減速なのかという判断をするためには、一般的に競馬新聞などで表記される 52.0-37.3-24.2-11.8 秒という各Fからの合計秒数ではなく、1F単位である 14.7-13.1-12.4-11.8 秒に置き換えなくてはならない。
　しかし、計算方法はとても簡単なので安心してほしい。
　競馬ファン歴などは関係なく、引き算ができれば大丈夫。

　52.0-37.3-24.2-11.8 という時計なら最後の1Fはそのまま 11.8 秒なので計算すら必要ない。
　次に 52.0 から 37.3 を引けば 14.7 秒
　37.3 から 24.2 を引けば 13.1 秒
　24.2 から 11.8 を引けば 12.4 秒
　これで 14.7-13.1-12.4-11.8 秒が各Fごとのタイムだとわかる。
　もちろん計算機を使って行うのは面倒だが、例えば EXCEL に通常表記のタイムを入力していき、引き算をさせるだけで計算は自動化でき、今風のやり方として ChatGPT などの AI に「1つ前の数字から1つ後の数字を引いて計算をして」と指示するだけでも計算をしてくれる（指示の書き方は様々あると思うのだが）。

■競馬新聞の調教欄にあるタイム例（競馬道ネット新聞より）

11	ブルーサン〔脚取り確か〕
24.4㌶栗坂良	1回 50.0 36.9 24.3 12.2 一杯に追う
助手■栗坂良	1回 56.9 40.6 26.9 13.1 馬なり余力
助手◇栗坂良	1回 55.0 39.5 25.7 12.6 末強め追う
助手24栗坂良	1回 57.4 41.3 26.9 13.1 馬なり余力
助手28栗坂良	1回 53.0 37.8 24.8 12.5 一杯に追う
助手31栗坂良	1回 56.3 40.5 26.0 12.8 馬なり余力

1	ミッキーファイト〔豪快な動き〕
24.4㌶美坂良	80.7 65.0 50.4 36.4 11.3 ⑫直強め追
助手■美南	81.9 66.4 51.7 37.2 11.5 ⑫馬なり余力
助手◇美南	81.9 66.6 51.2 36.6 11.2 ⑫馬なり余力
助手10美坂良	84.0 68.3 53.0 38.7 12.2 ⑫馬なり余力
助手14美坂良	1回 55.4 40.1 25.9 12.8 馬なり余力
助手17美南	82.1 65.9 50.8 37.2 11.7 ⑫馬なり余力
バロネッサ(古馬1勝)馬なりの外0.7秒先行同入
21美坂2良 55.5 40.6 12.1未追　23美坂 56.7 41.5 12.7なり
助手25美南	81.3 65.7 50.8 36.4 11.0 ⑫馬なり余力
プリティディーヴァ(ニオーナ)馬なりの内0.3秒追走同入
トライデントスピア(古馬1勝)末強めの内0.9秒追走同入
助手28美坂良	2回 53.9 39.3 24.7 11.9 馬なり余力
助手31美南	82.8 67.3 51.6 37.4 11.6 ⑫馬なり余力

　また、JRA-VANの競馬ソフトTARGETなどを利用している場合には調教タイム画面に1F単位の数字がデフォルトで記載されているのでそちらを利用すれば楽だろう。

ラップのグループ分けについて

　本書のこの先からはラップをわかりやすく記号で表記することの説明になる。
　まず大きく分けて**加速ラップは**A、**減速ラップは**Bとする。
　次にラップの種類を数字で分けていくが、**大変重要な部分なので必読をお願いしたい**。

　初見の人は慣れるまでに時間がかかるかもしれないが、**加速がAで減速がBと裏表の関係性となるラップが3グループ**とシンプルなものなので、数週間もすれば何の違和感もなくなるはずだ。

　本書の「調教時計別の成績」で掲載した表の加速ラップはこのA1～A3の合算成績となり、減速ラップはB1～B3の合算成績となっている。

■ラップのグループ分け

> A1）終い1Fのみ12秒台の加速ラップ
> 例）15.0-14.0-13.1-12.5
> B1）2Fのみ12秒台の減速ラップ
> 例）15.0-14.0-12.8-13.1
> A2）終い2F各12秒台の加速ラップ
> 例）15.0-14.0-12.5-12.1
> B2）終い2F各12秒台の減速ラップ
> 例）15.0-14.0-12.2-12.6
> A3）終い1F 11秒台加速ラップ
> 例）15.0-14.0-12.5-11.9　※2Fが11秒台も含む
> B3）2F 11秒台減速ラップ
> 例）15.0-14.0-11.8-12.7　※1Fが11秒台も含む

　補足的な注意事項として、このラップ分類の定義自体は2007年からメルマガやブログで配信しているもので、ここ数年はYouTubeチャンネルでも毎週使用しているものと同じだが、このA1やB3のような区分は「書籍」という媒体であることと初見の方が判断しやすい記号化をする為に作られたものとなっているため、YouTubeでの筆者の動画ではこの記号で表現していない。

　そのため、元々私を知ってくださっている方が本書を読んでも、また、本書で初めて私を知ってくださった方が私の他メディアを見ていただく場合にも一瞬混乱するかもしれないが「**中身は同じで表現が違うだけ**」であることをご理解いただければ幸いである。

東西の基本的な調教パターンについて

　厩舎別に個性がある調教の世界だが、広く東西に分けた場合でも**栗東と美浦では調教の個性が異なる。**

　なお、本書で言う「追い切り」は「レース当週（直前）の速いタイムの調教＝本番調教」を指すので注意してほしい。

　まず、栗東に関しては坂路で追い切るケースとウッドで追い切るケースであれば大まかに７：３ぐらいの比率になっている。

　もちろんポリトラック追い切りや芝追い切りなどもあるが、端数と言ってしまっても差し障りない程に少ない。

　一方の美浦に関しては**ウッド追い切り**が最も多く、そのウッド追い切り頭数の半分ぐらいの頭数が坂路追い切りで仕上げられている。また、**栗東よりも美浦の方がポリトラックやその他のあまり使われない調教コースを利用する頻度が多い。**

　これは美浦坂路の改修工事が完了した2023年10月以降も大きな変化がなく、美浦ではウッド追い切りが基本であることに変わりはない。

　また、**東西ともに土日の両方・またはいずれかで坂路調教を入れることが多く、その坂路時計が速いほど成績が上がる傾向にある。**

　特に美浦に関しては**土日に坂路で好時計や好ラップからのウッド追い切りで成績が目立って上昇することが特徴となる。**

　※本書では「土日坂路有り」というような表現をした場合「**いずれかでも両方でも該当という意味**」になる。

　ただ、改修工事後の美浦坂路に関しては**追い切りで好時計の馬**

の成績が伸びてきており、特に「キャリアのほぼ最初から新美浦坂路だった世代」である2024年"3歳世代"の成績も上がっていることから、今後は美浦の坂路追い切りが増える可能性もある。増えなかったとしても土日の坂路調教（追い切りはウッド）がさらに効果を増して重要なものになっていく可能性がある。

　この件も難しく考えると調教が面白くないものとして脳が拒絶するかもしれないため、簡単に以下の3つだけ何となく覚えておいてほしい。
　1）栗東は坂路追い切りが多い
　2）美浦はウッド追い切りが多い
　3）美浦坂路改修工事の効果は少なくなく、今後増す可能性がある

全てを利用する必要性はない

　情報というものは生きるために必要不可欠で、人生を豊かにしてくれるものではあるが、一方で厄介な部分も持ち合わせているものだ。
　それは「得た情報は全て使いたくなる」「使わないと損をした気分になる」ということ。

　しかし、それには時間も手間もかかり、競馬・馬券というジャンルでは特に言えることで、出馬表が確定してから翌日の発走までの時間で食事、睡眠、入浴、などを行った上で残った時間の一部を競馬予想に使う時間として配分するのだから、得た情報を全て反映していくことは本当に大変なことだ。
　調教というファクターに関してなら水曜日、遅くとも木曜日に追い切りが終わるため、開催前日からの予想よりは時間が使えることにはなるが、慣れないことを最初から必死に無理をして行う

と、すぐにモチベーションが追いつかなくなり「全て」を捨ててしまうことになる。

　この、**全てを使おうとした人が挫折をすると全てを捨ててしまうということが一番の問題**で、結果的に時間を浪費した上で振り出しに戻ってしまうのだから、競馬だけではなくいかなる場合でも避けたいことに違いない。

　本書ではこれから、厩舎別の狙い目調教パターンを出し惜しみせずに掲載していく。
　それだけではなく、コース別の絶対に抑えておきたい調教パターンや、好走と調教に偏りがある馬の紹介やどのような馬をチェック対象として見つけていくと効率的なのか、などと次々にあなたへ向けて馬券に直結する情報をお届けしていきたい。

　とはいえ、まずは「好きな厩舎」だけでもいいし、「好きな競馬場のコース」だけでもいい、「好きな馬」だけでもまず、参考にしていただければそれで全く問題はない。
　好きな対象がなくドライに競馬予想をしているタイプの人なのであれば、厩舎の前半に出てくる私の推しどころから選んでみてほしい。

　20年が見えてきた活動歴、日々様々な情報を配信し、ありがたいことに競馬本もこれで6冊目となる私の経験上、真面目で頑張り屋さんほど最初に無理をして力尽きる傾向にあることはわかっているつもりだ。

　「時間がなくてできない」時に「それは言い訳だ」と言う人もいるが、それは全く違うと思う。
　時間がないということはしっかりとした理由だ。

お金持ちでもそうでなくてもアスリートでも運動音痴でも武豊騎手でも私でも誰しも一日は24時間しかないのだから、時間がないことは理由となり、その理由にちゃんと正しく甘えた範囲で行動をすればいいのではないだろうか。

　土日に放送される24時間テレビのパーソナリティをしてほしいとのオファーを武豊騎手にしても「時間がなくてできないよ、馬に乗っています」って言うだろう？　ほら、立派な理由ではないか。

　それでは、肩の力が抜けたところで本題へ入っていくことにしよう！

3章 馬券直結！特選20厩舎

主要厩舎狙い目調教

矢作芳人

やはぎ よしと

栗東厩舎

2023リーディング順位　全国2位
51-42-40-38-46-290
（左から1、2、3、4、5着数、着外数）

坂路調教終い2F12秒台まとめでの加速ラップこそ矢作厩舎の真髄

私が調教に注目するきっかけとなった厩舎の1つが矢作厩舎。

坂路調教が多い厩舎という特徴ぐらいは知っていたが、いざ本腰で調教を調べてみると「これほどまでに違いが出るのか？」と衝撃を受けた。

まず、矢作厩舎を馬券に直結させていく上で重要なのは**坂路追い切りでの加速ラップを刻んでいる時**。

■矢作厩舎の栗東坂路調教ラップ別成績

ラップ種別	着別度数	勝率	連対率	複勝率	単勝回収率	複勝回収率
B3	8-2-2-26/38	21.1%	26.3%	31.6%	101%	70%
A3	2-8-3-20/33	6.1%	30.3%	39.4%	20%	69%
B2	45-31-45-317/438	10.3%	17.4%	27.6%	85%	83%
A2	60-57-37-276/430	14.0%	27.2%	35.8%	117%	95%
B1	16-21-13-206/256	6.3%	14.5%	19.5%	79%	66%
A1	36-26-33-219/314	11.5%	19.7%	30.3%	90%	82%

勝率が14.0％もあり単勝回収率が117％とベタ買いでプラスになっている**終い2F各12秒台まとめでの加速ラップ（A2）**こそ矢作厩舎の真髄とも言える調教パターンだと言える。

また、この時の坂路全体時計が53秒台以下の時に勝率15.2％、単勝回収率145％と伸びており、私のYouTube動画内では「THE矢作調教」という名称が定着しているほど身近でフル活用している調教パターンだ。

さらに特徴を加えるとするなら、新馬戦や未勝利戦でこの調教を見せてくるときは「奥の手を使わないと厳しい」という評価の馬が多いのか、勝率19.7％もあるが単勝回収率は82％なので人気サイドの馬が勝利している頻度が多いだけで馬券的な大きい魅力はない。

逆に1勝クラスからそれ以降で該当した場合の勝率が14.8％単勝回収率164％もあり人気薄の好走も珍しいことではなく、

満を持してのタイミングでこの調教を入れてくる矢作厩舎ほど『知っていれば心強く、知らないと恐怖』でしかないことはない。

　満を持してという言葉に繋がる部分として、1勝クラス以上のレースでも馬のキャリアが6戦目までは極端に成績が悪く、キャリアをある程度積んだ**7戦目以降では勝率15.9％ 単勝回収率198％**とさらに馬券に直結する狙い目となる。

　例えば2022年8月7日のレパードステークスをキャリア8戦目で制覇したカフジオクタゴン（7番人気 単勝21.6倍）の追い切りは坂路で53.1秒 14.4-13.7-12.6-12.4秒のラップで典型的な矢作厩舎の狙い目となっていた。

※馬券画像はJRAのPAT投票画面で出力できる公式の物

　この矢作厩舎の狙い目（A2）を利用した面白いレアケースもある。札幌or函館でデビューした競走馬がその後に栗東に帰ってきて「**キャリアの中で初めて矢作厩舎の狙い目調教**」で出走してきたケースの成績は勝率25.0％ 複勝率75.0％。単複の回収率は230％を超えており、2021年以降から2024年4月末の段階では馬券外になった馬が1頭もいない。

　それも1番人気は0頭、2～9番人気のラインナップでこの成績だから宝探しをするような気持ちで矢作厩舎の札幌or函館デビュー組の馬のその後をチェックしてみてはどうだろう。

　「ここぞ」という時の見極めが尋常ではない矢作調教師の凄さを感じれば、きっと私と同じように調教というファクターがどれほど重要で面白いものなのか感じられるはずだ。

* 終い2F各12秒台まとめの加速ラップが矢作厩舎の真髄
* キャリア7戦目以降の1勝クラス以上の馬が狙い目

主要厩舎狙い目調教

すぎやま　はるき
杉山晴紀 栗東厩舎

2023リーディング順位　全国1位
55-49-30-40-26-159
(左から1、2、3、4、5着数、着外数)

坂路での終い11秒台の加速ラップは素直に信じたい

2023年のリーディング1位となった杉山厩舎。

2024年は2～4月にやや失速、それでも原稿執筆時点（7月21日開催まで）25勝の結果を残しており、今年も最終的にはリーディング上位争いをしているのではないか。

まず、杉山厩舎も栗東**坂路追い切りなら加速ラップに注目**するべきだ。単勝回収率に目が奪われるとB1が狙い目なのかと勘違いしてしまいそうだが、ここの単勝回収率が高いのは2019年に単勝万馬券が一本あるからだけなので注意が必要だ。

■杉山厩舎の栗東坂路調教ラップ別成績

ラップ種別	着別度数	勝率	連対率	複勝率	単勝回収率	複勝回収率
B3	0-3-1-6/10	0.0%	30.0%	40.0%	0%	92%
A3	14-9-5-35/63	22.2%	36.5%	44.4%	149%	84%
B2	11-10-15-85/121	9.1%	17.4%	29.8%	66%	87%
A2	53-41-31-238/363	14.6%	25.9%	34.4%	93%	84%
B1	5-2-5-48/60	8.3%	11.7%	20.0%	217%	107%
A1	53-33-34-259/379	14.0%	22.7%	31.7%	73%	87%

まず、Aから始まる加速ラップの勝率や連対率が軒並み高いことから、**加速ラップか減速ラップかという2つに分けるだけでも**馬券成績が上昇する。

その加速ラップの中でも極端に好成績なのが**終い11秒台の加速ラップ（A3）**となり、勝率が22.2%と極端に跳ね上がる。

休み明けでも使いつつでも、クラスを問わず杉山厩舎で終い11秒台の加速ラップで仕上げている時は他の予想要素などを気にせずに、「**杉山先生が自分に合図を送っているのだ**」と思い込んで信頼するぐらいの気持ちでも問題ない。

少なくとも私は2023年7月29日の関越ステークスで、近走勝ち切ることができなかったストーリアが得意の新潟出走に加え

て終い11秒台加速ラップ　栗東坂路56.7秒 16.4-16.0-12.4-11.9秒で出走してきた時は「俺への合図か？」などと考えて本命にしたものだ。

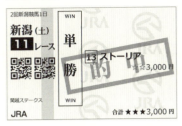

　また、杉山厩舎と言えば「**西村淳也騎手**」での好走が多く、杉山厩舎だと通常以上に見事な競馬を見せてくれることが多い。
　杉山厩舎と西村騎手のコンビは2019年から2023年まで単勝回収率が120％を超えている。

　そんな杉山厩舎のエルトンバローズが終い11秒台加速ラップ仕上げで西村騎手を鞍上に迎えた2023年の毎日王冠。
　ソングラインとシュネルマイスターの完全2強オッズの中、4番人気 単勝17.5倍でも勝利したことに何の不思議もなかった。

 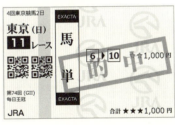

＊加速ラップか減速ラップかで成績差が大きい
＊終い11秒台加速ラップの時は素直に信じ続ける

友道康夫 厩舎（栗東）

ともみち やすお

2023リーディング順位　全国5位
41-39-36-18-19-135
（左から1、2、3、4、5着数、着外数）

終い1Ｆだけ12秒台の地味な加速ラップの時こそが狙い目

　調教のバリエーションが他厩舎より多いという印象がある一方で、注目度の高い馬がポリトラック調教で勝ったりする。だからといって「ポリトラックの友道厩舎」と考えるのは危険。

　ここ数年はドウデュースとポリトラック調教の印象が強いため、Ｇ１での何度かの好走が頭にすり込まれることもあるはず。まず、友道厩舎の調教コース別の成績を見てみよう。

■友道厩舎の調教コース別成績

追い切りコース	着別度数	勝率	連対率	複勝率	単勝回収率	複勝回収率
坂路	109-80-51-362/602	18.1%	31.4%	39.9%	86%	78%
ウッド	42-50-45-257/394	10.7%	23.4%	34.8%	49%	70%
ポリトラック	42-32-31-156/261	16.1%	28.4%	40.2%	94%	81%

　この表を見る限り「ポリトラックの友道厩舎」と呼んでも差し支えがないようにも見えるが、落とし穴がある。

　ポリトラックに関しては、実はダート戦で勝率28％もあり、加えて2019年に新馬戦で76.5倍の人気薄が１着になっていることで極端に**「見た目の良い単勝回収率」**になっている。

　ポリトラック追い切り該当数はダートの10倍ほど芝で多いが、全体の１割程度のダートを省いて「芝限定」とするだけで、**勝率14.8％ 単勝回収率59％まで低下**。実は「友道厩舎はポリトラックで買うべき」という印象は馬券収支を下げるだけだ。

　本当の狙い目はどこにあるのか。

　次の坂路追い切りのラップ別表を確認してみよう。

　極端に勝率も単勝回収率も高いのがA1。つまり**終い１Ｆだけ12秒台の地味な加速ラップ**の時。

　様々な調教コースで様々な時計を出す友道厩舎だから、複雑な迷路の先に答えがあると思いきや実は**「追い切りは終いだけ伸ばしておきました」**という目立たない調教の時に好走が多くなる。

■友道厩舎の栗東坂路調教ラップ別成績

ラップ種別	着別度数	勝率	連対率	複勝率	単勝回収率	複勝回収率
B3	1-1-0-2/4	25.0%	50.0%	50.0%	147%	105%
A3	2-1-1-7/11	18.2%	27.3%	36.4%	76%	59%
B2	12-8-10-44/74	16.2%	27.0%	40.5%	82%	73%
A2	18-17-7-81/123	14.6%	28.5%	34.1%	54%	60%
B1	5-3-4-31/43	11.6%	18.6%	27.9%	103%	83%
A1	50-31-14-111/206	24.3%	39.3%	46.1%	128%	98%

「それ以前に仕上げてきた」ということが多いため、友道厩舎は**追い切りが緩い時こそ最大限の自信がある時**なのだと考えることができる。

また、友道厩舎へのファンのイメージと好走調教のギャップが大きく、「地味な追い切りで調教を理由に人気にならない」という要素が含まれるため、単勝**回収率が高くなる**というロジックになる。

2024年7月7日に開催された七夕賞勝ち馬のレッドラディエンスは栗東坂路56.0秒 15.4-14.4-13.5-12.7秒の終いのみ12秒台の地味な加速ラップ（A1）。

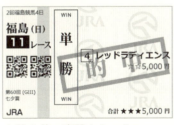

そこまでの3戦は2F各12秒台でまとめた加速ラップ（A2）で、全体時計も七夕賞で遅くなり「デキ落ち」などと言われていたが、結果は1番人気のキングズパレスに0秒3差の楽勝となった。

また、応用として最終はウッドの追い切りだが**レース前週の土日の栗東坂路で終いのみ12秒台加速ラップ（A1）を出している**場合は勝率が20.5％。これに対し、前週がそれ以外のウッド追い切りでは勝率10.5％と半分。友道厩舎は追い切りだけではなく**A1の形を見せている時には成績が上がる**傾向だと覚えておくと役に立つはず。

ここがポイント
* 地味な加速ラップの時こそ馬券のチャンス
* ポリトラックはダートで好成績であることは忘れずに

森 秀行

もりひでゆき

栗東 厩舎　2023リーディング順位　全国27位
31-22-25-24-11-167
（左から1、2、3、4、5着数、着外数）

全体が遅めでも２Ｆそれぞれ12秒台にまとめた加速ラップが◎

　森厩舎と言えば「鬼時計」が有名。競馬初心者でも「凄い調教時計だ！あれ？また森厩舎だ！」という経験をすることになるので、調教のことは詳しくないが「**森厩舎は坂路時計が速い**」特徴があると知っている人は多いはずだ。

　そして、ファンの思い込みや雑な印象ではなく事実であることを説明したい。

■森厩舎の栗東坂路調教ラップ別成績

ラップ種別	着別度数	勝率	連対率	複勝率	単勝回収率	複勝回収率
B3	16-8-12-69/105	15.2%	22.9%	34.3%	166%	119%
A3	11-6-2-23/42	26.2%	40.5%	45.2%	282%	152%
B2	26-30-27-338/421	6.2%	13.3%	19.7%	35%	71%
A2	31-21-29-201/282	11.0%	18.4%	28.7%	126%	88%
B1	9-15-8-131/163	5.5%	14.7%	19.6%	36%	82%
A1	7-6-8-72/93	7.5%	14.0%	22.6%	36%	61%

　札幌と函館開催は除く、森厩舎の出走馬全体で**栗東坂路51秒台以下の時計を出す馬の割合は近年特に増えて年間30〜40％**。他の厩舎は年間０頭のことも多く、全体の５％を超えている厩舎でも森厩舎を省いて20％あるかどうか。20％を平均で超えるのは音無厩舎と森厩舎しか存在しないというぐらいで、**いかに森厩舎の坂路時計が速いか伝わるはず。**

　森厩舎は坂路時計が極端に速い、ということは「減速ラップになることも多い」ことに繋がる。
　それどころかラップがめちゃくちゃな49秒台というケースも珍しくないことになるが、ラップ別の成績を見ると真実が見えてくる。

主要厩舎狙い目調教

・2F各12秒台にまとめた加速ラップ（A2）
・終い1F11秒台の加速ラップ（A3）
・2F11秒台の減速ラップ（B3）

綺麗な好ラップで加速している馬、2F11秒台を出した上で減速とラップ評価が良い時に好成績を出していることがわかる。

そして、これらの時は鬼時計である必要すらなく、全体時計で栗東坂路53秒台以下から大幅にプラスの成績になる。

以上から森厩舎は坂路で速い時計を出すことが多いが、その中でも**ラップが良い馬だけが極端に好走し、坂路好時計でもラップが悪い馬に関しては凡走率が上がる**ということが明確になる。

2023年9月24日の道頓堀ステークスに出走したグレイトゲイナーは、それまで坂路49秒台と破格の時計を連発しながらも凡走続きだったが、ここは坂路52.1秒まで落として14.2-13.0-12.5-12.4秒の2F各12秒台の加速ラップで激走の1着。

16頭立て15番人気、単勝125.3倍の高配当も、森厩舎では珍しいことではなく、森厩舎の調教について把握しておけば単勝万馬券も悩まずに買うことができる。

この調教に該当した森厩舎の馬はとにかく「前に行くこと」を重視し、勝ち馬の大半が逃げか先行した馬となっている。ただ、森厩舎の狙い目該当ラップの馬が出走するレースで、森厩舎が多頭数出ししている時「どちらも4角6番手以下」またもしくは「片方が4角5番手以内」しか起こらない。

つまり、どちらも前にいるというケースがなぜかほぼ起こっていない。これは不思議である。

* 森厩舎は鬼時計でも抑えても時計自体は気にしない
* 好成績のラップ3つだけをチェックすれば超人気薄でも獲れる

堀 宣行

美浦厩舎　2023リーディング順位　全国9位
38-30-22-16-10-109
(左から1、2、3、4、5着数、着外数)

前週土日は美浦坂路、当週美浦ウッド4F53秒台以下が狙い

堀厩舎は外国人騎手を起用することが多く、来日すれば片っ端から乗り替わりと、外国人騎手への熱量は尋常ではない。しかし、そうなることも理解できる。

2019年以降、堀厩舎の外国人騎手での勝利数が123(ルメール・M.デムーロ含む)に対し、日本人騎手での勝利数が117、しかも騎乗依頼の全体頭数は外国人騎手の方が300頭近く少ないのだから、「結果に繋がる選択肢を選んでいる」だけのこと。

さて、堀厩舎と言えば美浦のウッド追い切りが基本。そして時計別で見ると4Fからの時計が速いほど信頼度も単勝回収率も上がっていくことがわかる。

■堀厩舎の美浦ウッド4F時計別成績

ウッド4F時計	着別度数	勝率	連対率	複勝率	単勝回収率	複勝回収率
50.0〜51.9	48-30-17-130/225	21.3%	34.7%	42.2%	111%	101%
52.0〜53.9	79-35-38-227/379	20.8%	30.1%	40.1%	100%	86%
54.0〜55.9	50-35-28-174/287	17.4%	29.6%	39.4%	88%	85%
56.0〜57.9	3-5-4-27/39	7.7%	20.5%	30.8%	64%	88%

前週土日に美浦坂路調教をせず、本追い切りがウッドだと成績が落ちるため、リサーチできるなら最低でも前週土日どちらかに坂路調教をしている馬を抽出、その中で美浦ウッド追い切り4Fが53秒台以下の馬を選ぶと効果的。たったそれだけの条件をクリアしているだけで、特に人気サイドの馬は抜群に好走率が上がることを多くのファンは知らない。

■前週土日坂路調教馬かつ美浦ウッド追い切り4Fが53秒台以下の馬人気別成績

人気	着別度数	勝率	連対率	複勝率	単勝回収率	複勝回収率
1番人気	49-19-14-40/122	40.2%	55.7%	67.2%	85%	85%
2番人気	34-11-11-43/99	34.3%	45.5%	56.6%	128%	92%
3番人気	18-9-10-43/80	22.5%	33.8%	46.3%	135%	90%

3番人気の馬が競馬全体の2番人気ぐらいの信頼度へ、2番人気の馬が競馬全体の1番人気ぐらいの信頼度へ、1番人気の馬は4割も勝ってしまうほどに、堀厩舎は**ウッド4F 53秒台以下をクリアしている馬**は走る。

（もちろん4番人気以下でも単勝回収率は100％を超える）

　2023年11月18日 2番人気テイデが勝利したが、「勝率が1番人気を超える2番人気」という歪んだ状況を買わない理由はなかった。

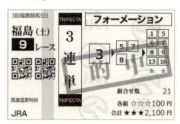

　相手が上手く入り、3連単22万馬券の高配当となったが、頭が固定できるとこれぐらいの配当は頻繁に獲れるもの。

　ところで堀厩舎はウッド追い切りが中心であることは事実だが、美浦坂路改修後の2023年10月から毎月2〜3頭を坂路追い切りにしていた。新坂路の様子を窺っているのだろうか？　と思って観察していたが、24年4月から毎月10頭近い馬を坂路で追い切るようになり、坂路追い切りでの勝率が21.4％まで上昇。

　全体時計が速いことは少ないものの、**終い12秒台の加速ラップ（A1）では勝率33.3％　単勝回収率135％**まで伸ばしてきている。

　本書が発売される頃にどうなっているかは断言できないが、堀厩舎は**新美浦坂路の何かを掴み、それを活用していくのではないか**と私は想像している。

*ウッドの4F時計が速いほど好成績
*坂路調教が徐々に増えている点は注視が必要

上村洋行（うえむら ひろゆき） 栗東厩舎

2023リーディング順位　全国7位
40-29-21-9-29-107
（左から1、2、3、4、5着数、着外数）

前週土日坂路で当週終い11秒台のウッド調教が◎

年々勝ち星を増やしつつ、ベラジオオペラで大阪杯を制覇するなど2018年に調教師となってから成績が右肩上がりの上村厩舎。

追い切りは栗東坂路でもウッドでも成績差がなく好成績だ、まず追い切りが坂路の場合のラップ別成績を確認してみよう。

■上村厩舎の栗東坂路調教ラップ別成績

ラップ種別	着別度数	勝率	連対率	複勝率	単勝回収率	複勝回収率
B3	0-1-1-2/4	0.0%	25.0%	50.0%	0%	67%
A3	0-5-0-4/9	0.0%	55.6%	55.6%	0%	274%
B2	13-7-6-71/97	13.4%	20.6%	26.8%	91%	73%
A2	39-32-21-160/252	15.5%	28.2%	36.5%	94%	87%
B1	4-4-2-27/37	10.8%	21.6%	27.0%	95%	62%
A1	31-22-27-169/249	12.4%	21.3%	32.1%	100%	93%

信頼度の部分を含めれば加速ラップが好成績となるが、**減速ラップの場合でも水準以上の成績**であることは他厩舎との違いと言える。

加えて、上村厩舎は栗東坂路追い切り53秒台以下とそれ以外では成績差があり、速いほど好成績。53秒台以下の場合でのラップ別成績も知っておきたいところだ。

■上村厩舎の栗東坂路53秒台以下ラップ別成績

ラップ種別	着別度数	勝率	連対率	複勝率	単勝回収率	複勝回収率
B3	0-1-1-2/4	0.0%	25.0%	50.0%	0%	67%
A3	0-2-0-3/5	0.0%	40.0%	40.0%	0%	54%
B2	11-5-5-53/74	14.9%	21.6%	28.4%	114%	80%
A2	24-13-9-73/119	20.2%	31.1%	38.7%	109%	96%
B1	2-1-2-14/19	10.5%	15.8%	26.3%	110%	65%
A1	3-2-2-18/25	12.0%	20.0%	28.0%	135%	76%

どれも好成績に見えるが、**2F各12秒台まとめの加速ラップ（A2）の勝率が20％を超え、連対率も30％を超えた上で単勝回収率が高くなっており、注目が必要**。

栗東ウッド追い切りの場合は**明確な成績差が生まれる**。

■上村厩舎の栗東ウッド1F時計別成績

ウッド1F時計	着別度数	勝率	連対率	複勝率	単勝回収率	複勝回収率
11.0～11.4	7-1-2-15/25	28.0%	32.0%	40.0%	114%	64%
11.5～11.9	14-8-8-50/80	17.5%	27.5%	37.5%	168%	85%
12.0～12.4	2-2-4-40/48	4.2%	8.3%	16.7%	39%	43%
12.5～	4-2-4-31/41	9.8%	14.6%	24.4%	59%	65%

表をご覧の通り、上村厩舎のウッド追い切りは**終い11秒台が馬券を買う目安の大前提**。12秒台以上だと「別の厩舎なのでは？」と思ってしまうほどに成績が悪くなる。

終い11秒台のウッド追い切りを合算すると勝率20.0% 単勝回収率155%もあるが、さらに成績を上げるポイントがある。

上村厩舎は前週土日坂路を使うことが多く、タイム的にも速めが多い。**前週土日坂路無しは成績が落ち、坂路有りでも最速時計が遅ければ成績は下がる**。栗東ウッドの1F時計をクリアした馬から前週土日坂路無しか最速60秒以上を除くと勝率24.1%、単勝回収率187%まで上がる。ウッド追い切りを狙う場合はここまで絞り込みたい。

上村厩舎は偏りなく調教コースを臨機応変に使うという特徴があるが、こうした万能厩舎は「変化」も見逃さない方が良い。

例えば、「**前走ウッド追い切りから坂路追い切りに変更**」だけで勝率19.4%、単勝回収率139%。

2023年のステイヤーズステークスで13戦ぶりの勝利を手にしたアイアンバローズも前走はウッド調教で負けており、このレースで坂路に戻した1頭だった。

* 坂路は全て好成績も加速ラップ（A2）は特に注目
* ウッドの終い時計に注意と前走ウッドから今走坂路変更は狙い目

木村哲也 美浦厩舎

2023リーディング順位　全国4位
44-24-23-20-15-85
(左から1、2、3、4、5着数、着外数)

前週土日美浦坂路時計55秒台以下で当週追い切りはウッドを狙う

　この厩舎の大前提として「勝ち星の半分以上がルメール騎手」という偏りがある事実は調教云々の前に覚えておくべきだ。

　ルメール騎手が落馬負傷中は厩舎が1カ月全敗など与える影響が大きくなる。

　さて、調教の特徴はほぼ美浦ウッド追い切りであること。

　さらにウッド追い切りであれば、**極端に終い時計が遅い場合以外は安定した成績を残しているということだ。**

■木村厩舎の美浦ウッド1F時計別成績

ウッド1F時計	着別度数	勝率	連対率	複勝率	単勝回収率	複勝回収率
11.0～11.9	82-48-46-240/416	19.7%	31.3%	42.3%	80%	77%
12.0～12.9	73-54-52-240/419	17.4%	30.3%	42.7%	105%	92%
13.0～13.9	8-4-10-53/75	10.7%	16.0%	29.3%	80%	62%

　最も重要なのがウッド追い切り前週土日の美浦坂路最速時計が速いほど好成績であることで、当週追い切り時計以上に確認しないといけないポイント。

■木村厩舎の前週土日美浦坂路最速時計別成績（当週ウッド追い切り）

土日坂路最速時計	着別度数	勝率	連対率	複勝率	単勝回収率	複勝回収率
52.0～53.9	38-16-15-76/145	26.2%	37.2%	47.6%	96%	76%
54.0～55.9	100-63-66-312/541	18.5%	30.1%	42.3%	106%	85%
56.0～57.9	7-7-14-76/104	6.7%	13.5%	26.9%	22%	69%
58.0～59.9	1-0-2-9/12	8.3%	8.3%	25.0%	10%	35%
60.0～	4-6-2-13/25	16.0%	40.0%	48.0%	167%	96%
無し	13-14-11-49/87	14.9%	31.0%	43.7%	64%	99%

　「美浦坂路時計55秒台以下を出しているケースで追い切りはウッド」に絞れば木村厩舎の回収率が低い部分を排除可能になる。

　60秒以上が好成績にも見えるが、これは母数が少ない上に穴馬が2回勝利しているだけで、ルメール騎手でも勝率が悪いパ

ターン。今後は成績が落ちていくことになると予測される。

先の条件をクリアしている場合にルメール騎手騎乗で勝率35.6%、**未勝利戦や1勝クラスまでなら40%以上のレースで木村厩舎とルメール騎手が勝ち名乗りを受けているほどに圧倒的**で、前半レースで確実に当てに行きたい時には頼りになる。

次に前週土日坂路の最速時計でのラップ別成績を確認したい。

■木村厩舎の前週土日美浦坂路最速時計ラップ別成績（当週ウッド追い切り）

ラップ種別	着別度数	勝率	連対率	複勝率	単勝回収率	複勝回収率
A3	10-8-2-11/31	32.3%	58.1%	64.5%	136%	96%
B2	2-0-2-5/9	22.2%	22.2%	44.4%	170%	90%
A2	39-24-23-92/178	21.9%	35.4%	48.3%	110%	83%
B1	1-1-0-12/14	7.1%	14.3%	14.3%	13%	22%
A1	73-36-42-202/353	20.7%	30.9%	42.8%	87%	85%

多くの場合で加速ラップとなっており、**A1、A2、A3の順に信頼度が高くなっていくと覚えておけば問題ない**。

この表では騎乗騎手を限定していないが、ルメール騎手騎乗では加速ラップ全ての合計で勝率39.6%となり、馬券的に重視することが重要……というよりそうするしかない成績だ。

2022年の有馬記念、イクイノックスもこのケースに該当。

どちらかと言えば的中率より回収率を求めてできるだけ人気薄の馬から狙うことを意識しているが、このイクイノックスのような桁違いに強い馬が木村厩舎とルメール騎手でこの調教パターンなら従うしかなかった。

何にしても木村厩舎に関してはこの定番の形こそベスト。逆に**人気馬でも調教に違和感がある時は外して穴を狙える**。

＊美浦ウッド追い切りだけでなく前週土日坂路最速時計の確認は必須
＊ルメール騎手が騎乗＋定番調教なら無理に逆らわない

中内田充正 栗東厩舎

なかうちだ　みつまさ

2023リーディング順位　全国3位
48-33-24-25-22-84
（左から1、2、3、4、5着数、着外数）

前週土日の栗東坂路最速時計が速いほど明らかに成績が上がる

　リーディング上位常連の中内田厩舎はどのような調教でも、全体のパターンでも極端に成績が悪いものがなく、やや成績が落ちる調教が他厩舎の勝負調教ぐらいの信頼度があるレベル。逆に言えば、これぞという狙い目は少ない。

　人気になることが多く回収率は高くはないが、**追い切りが栗東坂路加速ラップというだけでも勝率が20％を超え**、坂路ウッド問わず信頼度の差がなく、全て高めで「消し時」も極端に少なくなっている。

■中内田厩舎の栗東坂路調教ラップ別成績

ラップ種別	着別度数	勝率	連対率	複勝率	単勝回収率	複勝回収率
B3	0-1-0-0/1	0.0%	100.0%	100.0%	0%	130%
A3	5-3-0-14/22	22.7%	36.4%	36.4%	42%	48%
B2	12-8-6-36/62	19.4%	32.3%	41.9%	169%	82%
A2	28-17-11-76/132	21.2%	34.1%	42.4%	81%	65%
B1	4-4-3-19/30	13.3%	26.7%	36.7%	58%	77%
A1	25-16-13-62/116	21.6%	35.3%	46.6%	73%	74%

■中内田厩舎の栗東坂路調教時計別成績

追い切り坂路時計	着別度数	勝率	連対率	複勝率	単勝回収率	複勝回収率
50.0～51.9	3-0-0-7/10	30.0%	30.0%	30.0%	231%	56%
52.0～53.9	34-26-17-90/167	20.4%	35.9%	46.1%	96%	81%
54.0～55.9	36-22-19-112/189	19.0%	30.7%	40.7%	67%	63%
56.0～57.9	10-7-3-20/40	25.0%	42.5%	50.0%	91%	85%

　このようにバランスの取れた中内田厩舎でも抜けた好成績になる調教の条件・パターンがある。
　中内田厩舎の場合、**前週土日の栗東坂路最速時計が速いほど明らかに成績が上がる**。

■中内田厩舎の前週土日坂路調教の時計別成績

土日坂路最速時計	着別度数	勝率	連対率	複勝率	単勝回収率	複勝回収率
52.0～53.9	10-4-2-23/39	25.6%	35.9%	41.0%	100%	77%
54.0～55.9	54-27-24-128/233	23.2%	34.8%	45.1%	107%	85%
56.0～57.9	47-28-28-142/245	19.2%	30.6%	42.0%	66%	64%
58.0～59.9	24-17-19-68/128	18.8%	32.0%	46.9%	84%	86%
60.0～	77-61-41-244/423	18.2%	32.6%	42.3%	80%	71%
無し	50-33-34-161/278	18.0%	29.9%	42.1%	65%	75%

　当週追い切りの数日前、前週土日の段階で**追い切りと見間違う栗東坂路時計を出している中内田厩舎から感じるのは並々ならぬ勝負気配**だ。

　この場合、追い切りは坂路でもウッドでも他コースでも成績が良いが、**追い切りも坂路の場合が最も好成績**となる。

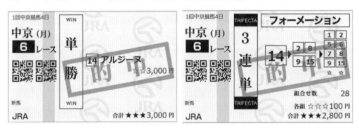

　また、川田騎手騎乗馬では前週土日栗東坂路最速時計が速い仕上げで勝負がかりになることが多くなる点も見逃せない。

　前週土日栗東坂路最速時計55秒台以下で川田騎手が騎乗するというだけで勝率42.9% 単勝回収率108%と好結果を残す。

　さらに、中内田厩舎の芝の新馬戦は当週栗東ウッド5F67秒台以下で追い切っていると勝率が50%に達するのも覚えておきたいポイント（前週土日坂路時計を問わず）だ。これには、リバティアイランドも該当していたが、その後活躍が続く馬も多く、新馬戦を当てつつ先々まで楽しむことができる。

　2023年1月の新馬戦で勝利したアルジーヌはその後に3勝しており、全5着以内と好走している良い例だ。

* 前週土日栗東坂路が速い時、特に川田騎手騎乗なら勝負モード
* 新馬戦は栗東ウッド時計に注目、その後のレースにも期待

吉岡辰弥 栗東厩舎

よしおか　たつや

2023リーディング順位　全国10位
38-20-23-27-18-121
（左から1、2、3、4、5着数、着外数）

他厩舎と比較し前週土日坂路時計が異常に速い

　吉岡厩舎は栗東坂路追い切りが多く、まれに栗東ウッドもあるが、こちらは成績が極端に落ちるため「**坂路**」**が重要**。さらに、当週追い切り時計に関しては**速いほど好成績**となる。

■吉岡厩舎の栗東坂路時計別調教成績

追い切り坂路時計	着別度数	勝率	連対率	複勝率	単勝回収率	複勝回収率
52.0～53.9	20-4-7-63/94	21.3%	25.5%	33.0%	167%	79%
54.0～55.9	56-47-36-278/417	13.4%	24.7%	33.3%	113%	87%
56.0～57.9	30-19-16-186/251	12.0%	19.5%	25.9%	87%	91%
58.0～59.9	5-5-5-46/61	8.2%	16.4%	24.6%	42%	79%

　しかし、吉岡厩舎の特徴はそこではなく、他厩舎と大きく違う点は「**前週土日坂路時計が異常に速い**」ケースが多いことだ。

　前週土日坂路最速時計で51秒台が飛び出すことも珍しくなく、52～53秒台なら普通に計時される。**一般的な追い切りの好時計を土日に消化することが多い**。

　その特徴がそのまま好成績に繋がり、**前週土日の段階で52.4秒以下を目安とした好時計**を出している時は**勝率が20％を超え**、単勝回収率も150％と狙い目になる。

■吉岡厩舎の前週土日坂路栗東調教時計別調教成績

土日坂路最速時計	着別度数	勝率	連対率	複勝率	単勝回収率	複勝回収率
51.0～52.4	28-12-11-84/135	20.7%	29.6%	37.8%	152%	77%
52.5～53.9	16-13-10-111/150	10.7%	19.3%	26.0%	66%	94%
54.0～55.4	6-8-5-31/50	12.0%	28.0%	38.0%	91%	94%
55.5～56.9	1-4-1-17/23	4.3%	21.7%	26.1%	63%	62%
57.0～	20-12-10-130/172	11.6%	18.6%	24.4%	58%	69%

　当然ながら、この場合は当週追い切りを緩めることが多くなる。

　多くのファンは当週追い切り時計や1週前の追い切り時計の確認が通常で、メディアも当週追い切り時計を伝えることが多いため、吉岡厩舎が前週土日の好時計から当週追い切りを緩めるケー

スが知られないまま、ということも多くなる。このパターンの好走率が高いなら狙わない理由はない。

このパターンは人気馬でも人気薄でも好走が珍しくない。現在は転厩しているが、当時吉岡厩舎所属だったシャドウレディーが単勝12番人気43.7倍の人気薄で勝利したレースも、前週土日坂路最速時計が速い馬で激走したケースだった。

私が吉岡厩舎を好きな理由は好成績を運んでくれることだけではない。多くの場合、転厩馬は以前の所属厩舎と近い内容の調教になるが、吉岡厩舎はウッドコース調教が多かったブローザホーンを転厩当初から坂路追い切り中心に切り替えた。その中で阪神大賞典、天皇賞・春と好走をさせていたので、宝塚記念では結果を残すと確信していた。プロの仕事とはこだわりと結果のはず。ブローザホーンを坂路調教に切り替えG1を勝たせたことは競馬の世界を越えて、「生き方」として尊敬に値することではないか。

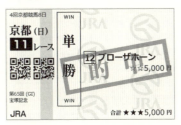

調教はプロである調教師の仕事であって、ファンはそれを信じて"利用"して馬券に繋げればいいという自分の考え方が正しいと再確認できたレースでもあった。

> **ここがポイント**
> * 当週追い切りと見間違うような前週土日坂路時計に大注目
> * シンプルに追い切りが速い時も信頼度が高い

野中賢二 栗東厩舎

2023リーディング順位　全国84位
17-25-17-23-21-123
(左から1、2、3、4、5着数、着外数)

ダート戦出走時の栗東坂路加速ラップが狙い目

2024は1月に5勝、2月に6勝、その後も勝利を重ね一時期リーディング1位に立っていたように目を見張る勢いがある野中厩舎。本書執筆時点で22勝、これは2019年と2021年の年間勝利数と同じといえば、その凄さが伝わるはず。

ただし、今年だけ目立っているわけではなく以前から**坂路加速ラップ仕上げ**の時は頼りになる厩舎だった。

■野中厩舎の栗東坂路調教ラップ別成績

ラップ種別	着別度数	勝率	連対率	複勝率	単勝回収率	複勝回収率
B3	0-1-0-5/6	0.0%	16.7%	16.7%	0%	30%
A3	1-0-2-10/13	7.7%	7.7%	23.1%	18%	32%
B2	5-9-2-55/71	7.0%	19.7%	22.5%	28%	49%
A2	26-14-14-119/173	15.0%	23.1%	31.2%	101%	84%
B1	1-0-1-26/28	3.6%	3.6%	7.1%	14%	25%
A1	16-13-7-80/116	13.8%	25.0%	31.0%	118%	99%

野中厩舎は芝勝率5.7%に対しダート勝率が14.7%と大きな差があり、シンプルに**ダート戦を得意**とする。栗東坂路ラップをダート戦に限定すると、以下の通りとなり、リーディング上位の名門厩舎と肩を並べるほどの好成績。

■野中厩舎のダート戦限定栗東坂路調教ラップ別成績

ラップ種別	着別度数	勝率	連対率	複勝率	単勝回収率	複勝回収率
B3	0-0-0-2/2	0.0%	0.0%	0.0%	0%	0%
A3	0-0-1-2/3	0.0%	0.0%	33.3%	0%	53%
B2	5-7-2-39/53	9.4%	22.6%	26.4%	37%	56%
A2	20-11-13-71/115	17.4%	27.0%	38.3%	114%	103%
B1	1-0-0-17/18	5.6%	5.6%	5.6%	22%	7%
A1	14-8-4-49/75	18.7%	29.3%	34.7%	168%	120%

区分け無しで加速ラップとしてまとめた場合の勝率が17.9%、単勝回収率135%、複勝率36.8%、複勝回収率110%と優秀。派手な厩舎ではないため人気的にも盲点になることが多く、今後も

その傾向は続くはず。

　2024年2月、前走強敵が揃った未勝利戦を完勝、続く昇級戦でも上位人気になるかと思ったスナークラファエロが17.1倍の中穴人気にまでしかならなかったということも、この厩舎が生み出してくれた妙味なのではないか。

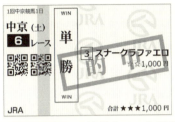

　もう1つ、ダート戦での野中厩舎の狙い目として、栗東坂路ではなく、栗東ウッド追い切りの場合に**前週土日坂路最速時計が60秒以上の遅い時**を狙う方法がある。

　野中厩舎は、前週土日から好時計を出す馬は成績が落ちる傾向にあり、足りないからこそ時計を出し、足りる馬は無理をさせないような傾向があるのではないか、と考えているが、実際に前週土日から好時計でないパターンは勝率16.9％、単複回収率が100％を超える。

　前週土日から好時計を出した調教で出走して負けたのに、次走での当週追い切りを坂路に戻さず、ウッドで調整、再度出走してきたクインズヴィヴィはなかなか怪しい馬だったというわけだ。

　最後に、時間に余裕がある人が実践すればよいと思うが、先述したように、前週土日の調教に余裕がある馬ほど成績が良い傾向があることと連動している点として「**前日坂路追い**」をしていない馬の成績が良い傾向にある（栗東の厩舎のため前日追いの有無は阪神・京都・中京での競馬に限定）。開催前日に時間がある時にはチェックしてみてほしい。

ここがポイント
＊ダート戦の坂路加速ラップが突出した好成績
＊土日坂路遅め時計からのウッド追い切りも狙いやすい

池添 学（いけぞえ まなぶ）

栗東厩舎　2023リーディング順位　全国22位
32-25-28-13-23-135
（左から1、2、3、4、5着数、着外数）

栗東坂路での終い11秒台加速ラップ（A3）の好走率が高い

基本的に栗東坂路での追い切りが多い厩舎だが、その他のコースも臨機応変に使いながら、時にトリッキーな調教での好成績を見せる池添厩舎なので、お伝えしたいポイントは多い。

代表的な狙い目となっているのが、**坂路での終い11秒台加速ラップ（A3）での好走率の高さ**だ。

■池添厩舎の栗東坂路ラップ別調教成績

ラップ種別	着別度数	勝率	連対率	複勝率	単勝回収率	複勝回収率
B3	1-2-1-9/13	7.7%	23.1%	30.8%	56%	94%
A3	13-7-8-41/69	18.8%	29.0%	40.6%	113%	95%
B2	21-14-14-93/142	14.8%	24.6%	34.5%	90%	89%
A2	38-29-32-220/319	11.9%	21.0%	31.0%	74%	75%
B1	4-4-2-26/36	11.1%	22.2%	27.8%	81%	57%
A1	25-28-30-176/259	9.7%	20.5%	32.0%	54%	73%

これでも2023年に成績を落としているが、該当馬出走の多くがオープン戦以上のレースだったため問題とは思わない。2024年に馬券内70%超と持ち直したことからも、今後も狙うべき条件と考えている。

様々な調教のパターンを見せる池添厩舎がシンプルに**終いを11秒台まで伸ばした時は馬券を買う側の我々もシンプル思考で問題ない**ということになる。

（2022年4月2日アジャストルートが単勝1番人気で勝利）

その中でも**1番人気馬では勝率が50%を超えている**点も覚えておきたい。

次に派生的な狙い方を紹介しよう。池添厩舎で**終い11秒台ラップを出した馬の「次走」を狙う方法**だ。

11秒台ラップを出している時が勝負であることは先述のようにはっきりとしているので、言い換えれば「それだけ期待がかかっている馬」だと考えることができる。

　この「**次走**」**を狙うケースは勝率20.6％　単勝回収率293％**もある。その結果が出てから「狙い目だ！」と後付けで紹介しているわけではなく、以前からこのパターンについてはYouTubeなどでも紹介していた。

　2022年のホープフルステークスではこれに該当したドゥラエレーデに目をつけて公開予想動画で買い目も全て掲載した上で単勝14番人気のドゥラエレーデの単勝、ワイド、馬連、馬単、3連複、3連単246万馬券を総取りすることができた。

　このドゥラエレーデを「無かったこと」にしても、この**狙い目パターンでの勝率は19.7％　単勝回収率154％**もあるという事実は馬券にきっと役立つはず。

　次に、「23年に気がついたばかり」の話となるが、池添厩舎はレース当週に調教を緩めて「**どれが追い切り時計？**」**とわからないぐらいになるケースがある**。

　2022年の太秦Sのヴィクティファルスがその例で、1週前に好時計を出してから、ろくな時計を出さず当週追い切りは栗東坂路で60.9秒の遅さ。「出走回避？」とすら思ったが、レースでは7番人気ながら余裕の勝利。過去を調べると**年に数頭は「追い切り時計はどれだ？」という当週の過ごし方をしている馬がおり**、該当馬は勝率も回収率も高いことがわかった。ぜひ狙ってほしい。

＊11秒台加速（A3）は今走も次走も狙い目
＊当週を大幅に緩めた調教は不安より期待が勝る

主要厩舎狙い目調教

高野友和 栗東厩舎

たかの　ともかず

2023リーディング順位　全国12位
36-31-23-34-19-117
（左から1、2、3、4、5着数、着外数）

栗東坂路時計55秒以上＋12秒台加速（A1）が安定株

　コンスタントに重賞・G1を勝利しており、ナミュールやジャンタルマンタルといった人気馬が増えてきたことで実績も知名度も上がってきている高野厩舎。

　厩舎の追い切りはほぼ栗東坂路で行われており、**全体の半数ほどが54〜55秒台と追い切りとしては遅く地味に見えるタイム**であるという特徴を持つ。

　ラップは、**加速ラップでの信頼度が高く、**減速ラップでは成績が大きく低下するわかりやすい結果になっている。

■高野厩舎の栗東坂路ラップ別調教成績

ラップ種別	着別度数	勝率	連対率	複勝率	単勝回収率	複勝回収率
B3	0-0-0-2/2	0.0%	0.0%	0.0%	0%	0%
A3	7-11-9-32/59	11.9%	30.5%	45.8%	48%	90%
B2	8-9-8-61/86	9.3%	19.8%	29.1%	41%	71%
A2	49-49-39-228/365	13.4%	26.8%	37.5%	63%	77%
B1	2-6-6-42/56	3.6%	14.3%	25.0%	28%	54%
A1	79-67-53-360/559	14.1%	26.1%	35.6%	88%	89%

　注目は**終いのみ12秒台加速ラップ（A1）**。他と比べ勝率などの成績は似たりよったりだが、単勝回収率だけ高くなっている。

　これは他の2F各12秒台加速ラップや11秒台加速ラップよりも**平均人気が低い**ことが理由で、最も狙いやすいゾーンだと言えよう。

　高野厩舎はこの「地味」に見える調教が周囲の目をくぐり抜けて（？）好走することが特徴で、**追い切り栗東坂路時計55秒以上＋12秒台加速（A1）**が最も成績が安定している。

　ここに加えて必ず確認するべき点が**前週栗東土日坂路最速時計**。

　前週土日坂路無しでは勝率11%、単勝回収率は40%程度のた

め手を出す必要はなく、60秒以上の遅い時計を出しただけでは勝率9％、単勝回収率は70％程度とこれも頼りない結果になる。

狙い目は**前週土日栗東坂路最速で58秒台以下**のタイムがある時で、これは「やや遅めから速め」まで含まれるが、最低でも、ある程度の時計を出しておいてからの先述した追い切りを行うのが高野厩舎のルーティンパターンで、成績が良いケースはこれにほぼ限定される。

勝率16％、単勝回収率は130％を超えており、特に芝レースに強い傾向がある。ナミュールやジャンタルマンタルも該当していたパターンのため、今後も大きなレースで高野厩舎の馬が活躍する時に何度も目にする「**地味な好調教**」になるはずだ。

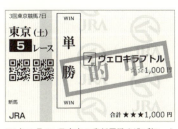

23年6月24日東京2歳新馬戦を逃げ切ったヴェロキラプトルのレース

重賞だけではなく、新馬戦での高野厩舎はこの調教パターンでの勝ち上がりが**46.7％**という**驚異的な結果**を残している。新馬戦で注目される要素となる調教の部分が目立たないことから、配当妙味が生まれて回収率が高くなる。

ナミュールもジャンタルマンタルも新馬戦から該当しており、**新馬戦で該当した馬がその後に1勝以上している率が70％**近くある点も注目される。

補足すれば、11秒台加速ラップの馬は人気になることが多いため単勝回収率が低いが、先程の表の通り、複勝率は高くなっているため、馬券内には入れておいた方が安全だろう。

＊地味な時計、地味な加速の馬が好走の定番
＊新馬戦で好走調教パターンで該当した馬はその後も好走することが多い

辻野泰之 栗東厩舎

2023リーディング順位　全国49位
26-23-24-18-13-121
(左から1、2、3、4、5着数、着外数)

加速ラップ＋芝レースで攻略ＯＫ

　キャリアは短くても調教の傾向がはっきりしている辻野厩舎。簡単な判断方法で馬券に大きなプラスをもたらしてくれる上にその頻度も多いことから特徴を覚えておきたい厩舎だ。

　極端にダートに弱く、**芝に強い厩舎**なので、芝レースでの坂路追い切りラップ別の成績を見ていただくが、一目瞭然で**「加速ラップ」を狙えば攻略完了**といえる成績となっている。

■辻野厩舎の栗東坂路ラップ別調教成績

ラップ種別	着別度数	勝率	連対率	複勝率	単勝回収率	複勝回収率
B3	1-0-0-6/7	14.3%	14.3%	14.3%	98%	35%
A3	1-1-0-3/5	20.0%	40.0%	40.0%	78%	52%
B2	4-4-4-25/37	10.8%	21.6%	32.4%	103%	100%
A2	13-10-6-40/69	18.8%	33.3%	42.0%	158%	113%
B1	1-3-4-17/25	4.0%	16.0%	32.0%	8%	99%
A1	13-10-6-50/79	16.5%	29.1%	36.7%	178%	113%

　辻野厩舎で**加速ラップ、芝レースというだけで勝率17.6％　単勝回収率166％**もあり、複勝率も39.2％　複勝回収率111％のため、このケースの単複ベタ買い作戦も立派な馬券攻略法の１つとなる。

　クラス不問、牝馬限定戦でもハンデ戦でも条件を選ばず好成績という点も特徴で、人気上位から穴馬まで好走。ラップを見てしまえば完結するので、競馬初心者や調教を利用することに慣れていない人の練習にも推奨できる厩舎だ。

　2023年６月の未勝利戦でデビューしたシルキーバローズは14.2-14.0-13.0-12.6秒の加速ラップだったが、レース経験馬に混ざってのデビュー戦でもあり単勝72.2倍の人気薄だった。

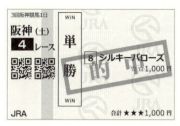

それが0.7秒差の圧勝。**辻野厩舎の加速ラップを狙う**という簡単な方法を知っていればこんな人気薄でも当てることができる。

ローズSで人気薄ながらレコード勝ちしたマスクトディーヴァは過去全戦が加速ラップの馬だが、この手の馬が急に減速ラップで出てきて負けるというケースは珍しくない。辻野厩舎のように極端に好走が多い一方で、その調教で連続好走しているタイプの馬に調教の変化があった時に注意が必要だ。

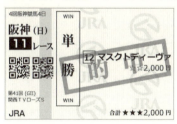

辻野調教師は本書発売時点でまだ43歳と若い。これから自分でも厩舎と調教を調べていこうと思っているファンの方はこのような若くて結果を残している厩舎から選択してほしい。

「数年は検証をしたい」という慎重派の人であれば、検証をしている間に、調教師が定年になってしまうこともあるからだ（実際に私のYouTube視聴者におられた）。シミュレーション期間を作ることより、瞬発力で目先の「今」を的中させるほうが重要ではないだろうか。

* 辻野厩舎は加速ラップで芝レースとだけ覚えておけばOK
* 競馬初心者や調教初心者の人の入口にオススメ

竹内正洋 美浦厩舎

2023リーディング順位 全国62位
22-24-28-19-24-136
(左から1、2、3、4、5着数、着外数)

美浦ウッド追い切り時計の速いor遅いで成績に大きな差

竹内厩舎の重賞未勝利（24年7月現在）が不思議で仕方なかったのだが、逆に考えるとその分まだ認知度が低いわけだから、注目されにくいというメリットがある。

例えば、竹内厩舎がこれほどまで美浦ウッド追い切り時計の速いor遅いで成績に大きな差があることはほとんどのファンは知らない事実だろう。

■竹内厩舎のウッド5F時計別成績

ウッド5F時計	着別度数	勝率	連対率	複勝率	単勝回収率	複勝回収率
64.0～65.9	7-1-2-19/29	24.1%	27.6%	34.5%	194%	144%
66.0～67.9	26-25-27-181/259	10.0%	19.7%	30.1%	125%	110%
68.0～69.9	19-21-21-240/301	6.3%	13.3%	20.3%	67%	65%
70.0～	6-6-11-76/99	6.1%	12.1%	23.2%	43%	68%

ここまで好成績な67秒台以下での平均人気は7番人気程度、68秒以上では平均人気が8番人気だから、差がない状況を生んでいる理由は目立たずに結果を残す忍者のような存在だからこそ。馬券の即戦力でもある。

竹内厩舎は以前から「好調」「不調」が多い厩舎で波のある傾向だが、この美浦ウッドで67秒台以下の仕上げでは2020年以降で2021年を除き回収率100%を超えて安定している。トータルでの勝率が11.6％、単勝回収率132％、複勝回収率もここ3年間はプラスになっており上昇傾向。

さらに、全体時計67秒台以下で終い1F時計を参考にすると半分まで狙い目を絞り込むことができる。

つまり、竹内厩舎の特徴はシンプルに「**ウッドで全体も終いも良い時計**」であること。

■竹内厩舎のウッド5F67秒以下でのウッド1F時計別成績

ウッド1F時計	着別度数	勝率	連対率	複勝率	単勝回収率	複勝回収率
11.0〜11.4	5-2-0-10/17	29.4%	41.2%	41.2%	174%	68%
11.5〜11.9	16-11-20-73/120	13.3%	22.5%	39.2%	182%	119%
12.0〜12.4	7-4-6-64/81	8.6%	13.6%	21.0%	67%	59%
12.5〜	4-9-1-44/58	6.9%	22.4%	24.1%	107%	115%

　2024年日本ダービーの直前のレース、青嵐賞で人気のコスタレイとダノンターキッシュを寄せ付けない0.3秒差の楽勝を見せたアームブランシュや、大郷特別で単勝1倍台のクオレスを下したイサチルシーサイドなど人気馬を負かすことが多い厩舎だ。

　障害戦での成績も良く、どのような条件でも竹内厩舎が先述した時計を満たしてくれば狙っていくことが重要。
　美浦坂路に関しては勝ち馬頭数はそこそこいるが、勝率が10％付近にあるのは、2F各12秒台の加速ラップ（A2）ぐらいなので、そこまで必死に追いかける必要はないだろう。

　本書締切間際で24年新潟記念のシンリョクカの重賞制覇のニュースが飛び込んできた。このときもウッド5F67秒以下で、最後の1Fは11秒台。本稿指摘のとおりの好走パターン。今後も狙ってみてほしい。

ここがポイント
＊美浦ウッド追い切り時計で成績が大幅に上下する
＊単複で好成績なので人気問わず馬券にセット

主要厩舎狙い目調教

斉藤崇史

さいとう たかし

栗東厩舎

2023リーディング順位　全国35位
29-22-34-27-26-165
（左から1、2、3、4、5着数、着外数）

芝なら栗東ウッド、ダートは栗東坂路と使い分け

斉藤崇史厩舎は栗東ウッド追い切りを10とするなら栗東坂路追い切りが9で栗東ポリトラックが1ぐらいの頻度になっており、坂路追い切りが中心の厩舎が多い栗東の中では、目立ってウッドの割合が多いのが特徴。ウッド追い切りに関しては「**速いほど好成績**」である傾向が強いので、まずは5F時計を確認することが最優先となる。

■斉藤厩舎の栗東ウッド5F時計別成績

ウッド5F時計	着別度数	勝率	連対率	複勝率	単勝回収率	複勝回収率
64.0～65.9	12-8-3-22/45	26.7%	44.4%	51.1%	192%	173%
66.0～67.9	39-26-21-150/236	16.5%	27.5%	36.4%	103%	83%
68.0～69.9	37-20-23-167/247	15.0%	23.1%	32.4%	85%	67%
70.0～	14-8-6-75/103	13.6%	21.4%	27.2%	49%	56%

67秒台以下での信頼度の高さ、**65秒台以下となると信頼度が増し単勝回収率も高くなる。絞り込んで買いたい人は65秒台以下を推奨**するが、個人的には67秒台以下から買うようにしている。というのも、斉藤厩舎にはこのウッド時計の傾向に加えてもう1つ重要なポイントがあり、それを加えることで成績が伸びる傾向があるからだ。

そのポイントとは**ウッド追い切りを行った週の水曜日～金曜日に坂路調教もしているか否か。**

坂路調教有り　勝率22.4％、複勝率44.8％、単勝回収率144％、複勝回収率110％

坂路調教無し　勝率11.2％、複勝率29.0％、単勝回収率73％、複勝回収率77％

坂路の有無によって、ここまで成績に違いがあり、勝負気配の差がある。

人気馬から人気薄まで好走することが珍しくないこの調教パ

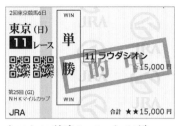

ターンでは、レシステンシア、タイセイビジョン、サトノインプレッサ、ルフトシュトロームの4強と見られていたNHKマイルカップを9番人気で完勝した**ラウダシオン**もこれに該当していた1頭。

斉藤厩舎の特徴として芝で好成績は栗東ウッド追い切り、ダートで好成績は栗東坂路追い切りとなっており、ダートは坂路の頻度が上がる。

次の表はダート戦での坂路ラップ別成績だが**加速ラップでの勝率が目を疑うほどに高くなっている**。

■斉藤厩舎の栗東坂路調教ラップ別成績

ラップ種別	着別度数	勝率	連対率	複勝率	単勝回収率	複勝回収率
B3	0-0-1-1/2	0.0%	0.0%	50.0%	0%	145%
A3	1-0-0-1/2	50.0%	50.0%	50.0%	65%	55%
B2	5-4-9-48/66	7.6%	13.6%	27.3%	23%	104%
A2	10-6-7-28/51	19.6%	31.4%	45.1%	63%	81%
B1	4-4-2-44/54	7.4%	14.8%	18.5%	24%	34%
A1	9-2-2-19/32	28.1%	34.4%	40.6%	306%	102%

デビューから連勝を続けるヤマニンウルスもダートでは坂路の加速ラップ仕上げばかり。

・芝で信頼度と回収率の高いウッドのパターン
・ダートで信頼度の高い坂路のパターン

斉藤厩舎はこの2つの長所があるので、厩舎の調教パターンで狙う戦略の腕試しにも適している。

タイミングにもよるが、本書のこのページを読んでから実践をすれば比較的すぐ「**厩舎と調教で的中した**」という充実感とモチベーションを得られることになるはずだ。

＊芝ではウッド追い切りが狙い目、時計が速い馬を狙う
＊ダートでも坂路追い切り加速ラップの信頼度を馬券に利用

主要厩舎狙い目調教

よしむら けいじ
吉村圭司 栗東厩舎

2023リーディング順位　全国30位
30-32-28-18-28-142
（左から1、2、3、4、5着数、着外数）

栗東坂路2F各12秒台まとめ加速ラップ（A2）が勝負

池江泰寿厩舎の調教助手から調教師になっているということもあり、池江厩舎の調教傾向と似ていることが特徴。

池江厩舎は栗東坂路で2F各12秒台まとめの加速ラップ（A2）で好成績となっており、そこが勝負の目安でもあり馬券を買う時の注目点だが、吉村圭司厩舎もまさにそこが狙い目。

■吉村厩舎の栗東坂路調教ラップ別成績

ラップ種別	着別度数	勝率	連対率	複勝率	単勝回収率	複勝回収率
B3	0-0-1-0/1	0.0%	0.0%	100.0%	0%	140%
A3	1-1-1-7/10	10.0%	20.0%	30.0%	37%	65%
B2	7-4-19-78/108	6.5%	10.2%	27.8%	82%	90%
A2	46-31-30-182/289	15.9%	26.6%	37.0%	146%	102%
B1	2-8-2-50/62	3.2%	16.1%	19.4%	69%	90%
A1	17-21-15-148/201	8.5%	18.9%	26.4%	43%	59%

勝率の高さが他のラップの時と桁違いで、単複の回収率も高く馬券の軸にするには最適。全体時計の速さや土日坂路最速時計の速さに関わらず、好成績。ラップを見れば何とかなるシンプルさも大きな魅力だ。

※前週土日坂路最速は速いほど好成績だが、遅くても成績が良い。

芝かダートかを問わず、クラス別でもバランス良く好成績のため見つけたらチェックするという作業を追い切り日にしておくだけでOKだ。

■吉村厩舎の栗東坂路加速ラップA2での出走コース成績

コース	着別度数	勝率	連対率	複勝率	単勝回収率	複勝回収率
芝	26-12-16-97/151	17.2%	25.2%	35.8%	157%	91%
ダート	20-18-14-82/134	14.9%	28.4%	38.8%	138%	113%

2024年ラジオNIKKEI賞で後方から凄い脚で混戦を断ち切ったオフトレイルもこの加速ラップに該当、YouTubeの公開予想でも本命だった。

オフトレイルは過去2勝もこの2F各12秒台まとめの加速ラップの時だけで、それ以外は勝ち切れていないということも重要なポイントだった。

吉村厩舎で**加速ラップ（A2）の場合は人気馬でも人気薄でも好走率が高い**。

人気	着別度数	勝率	連対率	複勝率	単勝回収率	複勝回収率
1番人気	10-7-6-11/34	29.4%	50.0%	67.6%	70%	86%
2番人気	9-5-3-13/30	30.0%	46.7%	56.7%	136%	94%
3番人気	8-3-4-18/33	24.2%	33.3%	45.5%	149%	86%
4番人気	1-5-4-9/19	5.3%	31.6%	52.6%	36%	106%
5番人気	9-3-5-18/35	25.7%	34.3%	48.6%	284%	145%
6番人気	4-4-4-14/26	15.4%	30.8%	46.2%	188%	151%
7番人気	1-1-1-15/18	5.6%	11.1%	16.7%	102%	75%
8番人気	2-1-1-10/14	14.3%	21.4%	28.6%	397%	130%
9番人気	1-2-0-15/18	5.6%	16.7%	16.7%	320%	144%
10番人気	1-0-1-10/12	8.3%	8.3%	16.7%	175%	99%

また、補足として、併せ馬の結果が確認できる場合は**併せで遅れた馬**を除くとより成績が上がる。

全体的に言えることだが、併せ馬の結果は先着している馬の成績が最も高く、遅れている馬の成績は最も低くなっている。

* 坂路追い切り加速ラップ（A2）を確認することが最重要
* 確認できるケースなら併せ馬で遅れた馬を除いていく

寺島 良

てらしま りょう

栗東厩舎　2023リーディング順位　全国24位
31-23-33-20-35-218
（左から1、2、3、4、5着数、着外数）

前週土日栗東坂路最速時計のラップに注目

　毎年安定して30勝前後の寺島厩舎。**圧倒的にダートでの好走**が多く、出走頭数に大きな差はないものの芝の2倍ほど1着数が多いことが特徴。栗東坂路追い切りの頻度は少なく、ほとんどの場合栗東ウッドで追い切りを行うため、寺島厩舎所属馬が**ウッド追い切りでダート戦に出てくるケース**から狙い馬を探していくことが重要。

　追い切りタイムが速い時の成績が良いが、速いほど良いというより、65秒台以下の好時計以外なら特に気になる差は見られないという印象だ。

■寺島厩舎の栗東ウッド5F調教時計別成績

ウッド5F時計	着別度数	勝率	連対率	複勝率	単勝回収率	複勝回収率
64.0～65.9	18-11-12-52/93	19.4%	31.2%	44.1%	108%	134%
66.0～67.9	30-23-33-186/272	11.0%	19.5%	31.6%	70%	71%
68.0～69.9	25-17-19-172/233	10.7%	18.0%	26.2%	80%	65%
70.0～	10-10-8-63/91	11.0%	22.0%	30.8%	58%	89%

　寺島厩舎の大きな特徴は**前週土日栗東坂路最速時計のラップ**にある。当週追い切りはウッドでも、ここぞというレースでは前週土日の段階から坂路で動かしておくという傾向が強い。

■寺島厩舎の前週土日栗東坂路調教ラップ別成績

ラップ種別	着別度数	勝率	連対率	複勝率	単勝回収率	複勝回収率
A3	0-1-0-0/1	0.0%	100.0%	100.0%	0%	110%
B2	3-2-0-2/7	42.9%	71.4%	71.4%	178%	108%
A2	1-0-2-11/14	7.1%	7.1%	21.4%	22%	35%
B1	1-0-0-3/4	25.0%	25.0%	25.0%	447%	142%
A1	21-10-11-82/124	16.9%	25.0%	33.9%	102%	120%

　頻度を考えると**終いのみ12秒台の坂路加速ラップ（A1）**を経て、ウッド追い切りを行うパターンが定番の勝負調教となり、2F各12秒台の減速ラップ（B2）でも成績が良いことから、頻度

は少なくても A2 や A3 の成績も上がる可能性が高いのではないかと推測できる。

狙う順序としては、前週土日坂路で目立つラップを見せてからの当週ウッド追い切りというケース、次に絞り込めば坂路 A1 からウッド追い切りのパターンを狙うということになる。

ダノングリスターは 1 勝クラスの昇級初戦で坂路 A1 からのウッド追い切りで 2 着になったものの、その後は非該当調教が続き人気を背負いながら 4 連続馬券外。4 連敗の最後は芝レースでもあったが、そこから再度ダートに戻したレースで**A1 からのウッド追い切り**での久々の仕上げ。

大幅に人気を落とすもここで 1 着。3 連単 50 万馬券を超える高配当となった。

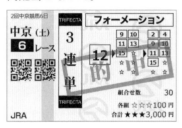

人気薄はもちろん、人気サイドの馬の活躍も目立つ。特に寺島厩舎が**ダート戦で当週ウッド追い切りというだけの条件でも 1 番人気で勝率 47.1%**もある。

もう 1 点、寺島厩舎は数年前まで芝でもダートでも前走ウッド追い切りから急に栗東ポリトラック追い切りに変更し人気馬が好走することがあり、**厩舎の裏勝負パターン**になっていた。

ここ数年では過去の 1 割程度までポリトラック追い切りが減っており、このパターンが復活することがあれば、該当馬を見つけた時に狙ってみてもいいかもしれない。

---

*ダート戦とウッド追い切りが厩舎の主戦場と主たる調教
*加速ラップ（A1）を土日坂路で出している馬は要チェック

安田翔伍 栗東厩舎

やすだ しょうご

2023リーディング順位 全国46位
27-18-31-19-14-128
(左から1、2、3、4、5着数、着外数)

栗東ウッド4F52秒台以下の馬を狙いたい

2024の日本ダービーをダノンデサイルで勝利し、42歳で史上最年少のダービートレーナーとなった安田翔伍調教師。

父である安田隆行厩舎は栗東ウッドの終い好時計や栗東坂路11秒台加速ラップが勝負調教だったが、安田翔伍厩舎ではどうだろうか。

■安田厩舎の栗東坂路調教ラップ別成績

ラップ種別	着別度数	勝率	連対率	複勝率	単勝回収率	複勝回収率
B3	0-0-0-1/1	0.0%	0.0%	0.0%	0%	0%
A3	0-1-0-1/2	0.0%	50.0%	50.0%	0%	160%
B2	9-9-13-84/115	7.8%	15.7%	27.0%	51%	60%
A2	8-9-16-101/134	6.0%	12.7%	24.6%	63%	111%
B1	6-2-8-74/90	6.7%	8.9%	17.8%	30%	34%
A1	9-15-7-68/99	9.1%	24.2%	31.3%	45%	84%

その11秒台加速ラップ成績云々より、そもそも行うことがほぼない。むしろ、表を見ての通り、**加速ラップでも好成績になっておらず、他厩舎と比較しても成績が悪くなっている。**

要するに「**坂路追い切り全体で成績が悪い**」ということを意味している。

安田厩舎は栗東坂路追い切りの勝率6.3%、回収率60%に対して栗東ウッド追い切りでは勝率13.5% 回収率82%だから**ウッドに軍配**が上がる。しかも追い切りの頻度はややウッドが多い程度。

次にウッド追い切りの判別方法は、**4F時計が速いほど好成績**という特徴がある。

特に近年はこのウッド速めでの勝負気配が強くなっており、4F52秒台以下の馬の勝率や回収率が右肩上がり、現在3年連続で単勝回収率100%を超えている。

■安田厩舎の栗東ウッド4F時計別成績

ウッド4F時計	着別度数	勝率	連対率	複勝率	単勝回収率	複勝回収率
50.0～50.9	4-1-1-10/16	25.0%	31.3%	37.5%	138%	75%
51.0～51.9	13-10-11-62/96	13.5%	24.0%	35.4%	90%	83%
52.0～52.9	27-14-22-115/178	15.2%	23.0%	35.4%	98%	93%
53.0～53.9	16-13-13-99/141	11.3%	20.6%	29.8%	77%	70%
54.0～54.9	9-7-14-44/74	12.2%	21.6%	40.5%	65%	89%
55.0～	6-6-8-35/55	10.9%	21.8%	36.4%	58%	85%

それ以前もこのパターンでの好走馬は多く、平安ステークスのオメガパフュームなどを勝たせており、さらに磨きがかかったという表現が一番しっくりくる。

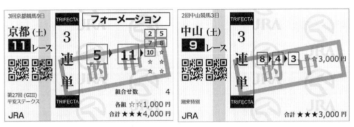

※2020年平安ステークス　オメガパフュームの馬券

イレギュラーとして横山典弘騎手が騎乗する場合は安田厩舎の調教セオリーから外れても問題ない。

安田厩舎だけではなく他の厩舎に関しても横山典弘騎手が騎乗する（特にお手馬）場合、**その馬の過去の調教とも厩舎の定番調教とも違う追い切りになる**ことが増えている。

「横山典弘騎手の提案でこの調教に」という言葉を某調教師のインタビュー記事で目にしたこともあり、同騎手の提案が反映された調教は増えているのではないか。

通常とは違う調教で仕上げた馬に騎乗した横山典弘騎手が好結果を出すことが増えてきているので、同騎手が多く騎乗する安田厩舎には注意も注目も必要ということになる。

＊栗東ウッド追い切りでタイムが速めの馬を狙うことが基本
＊横山典弘騎手が騎乗する場合は調教に違和感を覚えても問題無し

主要厩舎狙い目調教

藤原英昭　栗東厩舎

2023リーディング順位　全国18位
33-18-28-20-27-160
（左から1、2、3、4、5着数、着外数）

坂路は「11」秒に注　ウッドは併せ馬先着か単走が◎

「名門」と呼ばれるトップ厩舎の1つとして活躍を続ける藤原厩舎。厩舎全体での勝率は13％、週単位で見ればおおよそ半分の週で1着馬、馬券内に1頭も来ないで終わる週は珍しいという成績を見せている。

藤原厩舎は栗東坂路追い切りの時計別では極端な傾向は見られないものの、**ラップに関しては驚くべき結果を残している。**

■藤原厩舎の栗東坂路調教ラップ別成績

ラップ種別	着別度数	勝率	連対率	複勝率	単勝回収率	複勝回収率
B3	5-1-1-7/14	35.7%	42.9%	50.0%	405%	135%
A3	17-8-7-28/60	28.3%	41.7%	53.3%	97%	98%
B2	8-6-8-71/93	8.6%	15.1%	23.7%	59%	56%
A2	22-32-25-151/230	9.6%	23.5%	34.3%	39%	82%
B1	0-1-0-6/7	0.0%	14.3%	14.3%	0%	38%
A1	19-11-12-75/117	16.2%	25.6%	35.9%	62%	60%

表の通り、**終い11秒台加速ラップ（A3）と2F11秒台の減速ラップ（B3）で高い勝率と複勝率を出す。**

2つの合算で勝率29.7％ 単勝回収率155％、これを平均4番人気・平均オッズ15倍で叩き出している。

藤原厩舎でこの調教を行った馬に多く騎乗していたのが現役時代の福永祐一調教師で、藤原厩舎が福永騎手で勝負という時に見られる調教だった。

※ 2020年クイーンC・ミヤマザクラの馬券

そのケースでの勝率は45.5％と高く、2020年のクイーンカップを制覇したミヤマザクラやルージュスティリアが印象深い。

毎年のようにプラス収支に

なる調教のため、**藤原厩舎の栗東坂路追い切りでは「11」の数字を真っ先に探してほしい。**

栗東坂路では極端にラップで成績が変わる藤原厩舎だが、栗東ウッドに関してはベタ買いでプラスになるほど好成績。
ウッドに関しては**調教の併せ馬の結果で大きな差が生まれており、併せ馬をしているなら先着馬、そして単走で仕上げた馬**の2つだけが極端に好成績となっている。勝率16.8％、単勝回収率185％と毎年のように好成績で同厩舎で絞り込むならこの2つ。

「時間に余裕がある人」にチェックしてほしいのは「**レース前日の坂路追いの有無**」。
藤原厩舎は栗東所属のため阪神・京都・中京だけが対象、**前日追いがある場合の回収率が60％程しかなく、人気上位の馬でも勝率が下がる傾向にある。**
逆に前日に坂路追いをしていないケースでは回収率120％もあるので「前日追いをして万全に」ではなく**少し足りないと思われる時に前日追いを入れている**可能性がある。

最初に紹介した11秒台加速ラップや減速ラップ（A3とB3）の場合でも、前日坂路追いがある馬は回収率が60％台まで低下する。前日追い有りの重賞で勝率2.7％、無しの場合では11.4％という結果からも、試しに**重賞だけでもチェックしてみて**はどうだろうか？

＊坂路ラップ、ウッド追い切りとそれぞれの狙いを絞りたい
＊前日追いがあると成績が下がる傾向に

大竹正博 美浦厩舎

おおたけ まさひろ

2023リーディング順位　全国47位
27-18-23-14-20-160
(左から1、2、3、4、5着数、着外数)

前週土日坂路57秒台以下 当週ウッドの芝戦を狙え

「個性的な馬が多い」という印象のある大竹厩舎だが、厩舎としても**個性的な成績傾向**がある。それは**圧倒的に芝レースで回収率が高い**こと。2019年以降、芝レースの単勝回収率が１０５％、ベタ買いでプラスに対し、ダートは単勝回収率47％と倍以上違うのだから、芝レースを狙うことが正解。

大竹厩舎は美浦ウッド追い切りが多いが、重要な点は前週土日の坂路時計別の成績（芝レース出走で当週追い切りウッド時の成績）。

■大竹厩舎の前週土日美浦坂路最速時計別成績

土日坂路 最速時計	着別度数	勝率	連対率	複勝率	単勝 回収率	複勝 回収率
54.0〜55.9	14-8-9-75/106	13.2%	20.8%	29.2%	137%	72%
56.0〜57.9	39-27-27-225/318	12.3%	20.8%	29.2%	107%	84%
58.0〜59.9	1-2-4-37/44	2.3%	6.8%	15.9%	9%	59%
60.0〜	3-5-5-27/40	7.5%	20.0%	32.5%	78%	90%
無し	5-4-6-43/58	8.6%	15.5%	25.9%	31%	81%

前週土日の坂路最速時計が速いほど好成績、というより、「**57秒以下**」の速いときだけが好成績になっている。

2024年は年明け早々から何頭も好走しており、初富士ステークスのグランベルナデットも勝利した。

前週土日美浦坂路57秒台以下、当週追い切りでウッドの流れからの芝レースが大竹厩舎の狙い目パターンとなるわけだが、こ

の調教を所属馬に「最初に」行った時も勝負気配を強く感じる。

「最初」のため新馬戦でも問題ないが（単勝回収率100％超）、12週以上の休み明けでこの調教パターンだと、**勝率20.7％　単勝回収率340％と好成績、前走2着の馬が今走初該当で勝率50％**と半数が勝利している。

前日の美浦坂路追いは東京か中山開催の時に低い頻度ながら「行った時は好成績」という傾向がある。
例えば今回紹介した狙い目である前週土日美浦坂路57秒台以下、当週追い切りで美浦ウッドの流れからの芝レース出走に関しても、土日から坂路を速めて、ウッドで追い切り、さらに前日坂路まで使うハードスケジュールに成績がより良くなる。

以前から気づいていたのだが、2024年に関してはその頻度が増えているようだ。7月時点で例年の倍程度該当数が増えており、大きな変化と言える。勝率は19％、単勝回収率は200％を超えており、大成功という状況。
美浦坂路は2023年に改修工事を行い、同10月から新美浦坂路として使用されているが、同時期から徐々に前日坂路追いを増やし成績が伸びているというのは関連性があるかもしれない。

これは大竹厩舎だけではなく美浦全体の話になるが、坂路改修工事後に坂路での追い切りも**前週土日坂路最速時計も含み、加速ラップ（A1、A2、A3）を刻んでいる上に前日にも坂路追いをしている馬がベタ買いで回収率100％を超えている**。今後「前週土日坂路が速い厩舎」や「坂路前日追いが好成績に繋がっていた厩舎」は成績が上がっていく可能性があるだろう。

＊前週土日美浦坂路時計が速いウッド追い切り馬を芝で狙う
＊前日坂路追いの頻度や成績は定期的に確認しておきたい

4章 特徴を掴んでおきたい厩舎30選

池江泰寿 栗東厩舎

いけえ やすとし

2023リーディング順位 全国13位
35-38-32-28-17-155
（左から1、2、3、4、5着数、着外数）

2F各12秒台まとめ加速（A2）や11秒台加速（A3）に注

追い切りは栗東坂路が多くウッドが少なめで、回収率ではウッドが坂路の半分以下。坂路追い切りでの特徴を掴んでおくことが重要となる。

■池江厩舎の栗東坂路調教ラップ別成績

ラップ種別	着別度数	勝率	連対率	複勝率	単勝回収率	複勝回収率
B3	1-1-0-6/8	12.5%	25.0%	25.0%	47%	38%
A3	10-6-3-36/55	18.2%	29.1%	34.5%	65%	75%
B2	8-10-6-69/93	8.6%	19.4%	25.8%	110%	69%
A2	61-41-37-225/364	16.8%	28.0%	38.2%	96%	74%
B1	1-1-2-20/24	4.2%	8.3%	16.7%	69%	43%
A1	16-20-13-109/158	10.1%	22.8%	31.0%	36%	61%

加速ラップが好成績も、終いのみ12秒台の加速ラップ（A1）ではなく2F各12秒台まとめの加速ラップ（A2）や11秒台加速ラップ（A3）での高い勝率や複勝率に注目したい。

このA2とA3該当栗東坂路追い切り馬で、前週土日の坂路最速時計が60秒以上の遅い時計を除くと勝率18.3%、単勝回収率101%の結果を残しており、**池江厩舎で最も信頼できるパターン**と言える。

1番人気馬が該当した場合は勝率が45%もあるので、無理に逆らわないほうがいいだろう。

池江厩舎が先述した調教をこなした時に最も多く騎乗しているのが川田将雅騎手、次が松山弘平騎手となるが、二人とも**勝率60%を超える成績**を残しており、このケースは逆らわず、馬券に組み込みたい。

* A2、A3栗東坂路調教馬で
前週土日坂路最速時計60秒未満が◎

清水久詞 厩舎 （栗東）

しみず ひさし

2023リーディング順位　全国8位
39-31-43-36-36-294
（左から1、2、3、4、5着数、着外数）

栗東ウッド追い切りの障害戦で妙味

　頭数だけでなく、人気馬の出走も多いものの、バランスが良い"普通"の成績のため調教以外のファクターを使ってもつかみどころのない清水久詞厩舎。

　調教は坂路とウッドの頻度に大きな差がなく、タイム別やラップ別で見ても偏りがない。調教から際立った特徴が見えて来ないので、「清水厩舎で勝負！」という機会はなかなかない。

■清水厩舎の栗東坂路調教ラップ別成績

ラップ種別	着別度数	勝率	連対率	複勝率	単勝回収率	複勝回収率
B3	3-3-3-20/29	10.3%	20.7%	31.0%	177%	65%
A3	4-5-4-14/27	14.8%	33.3%	48.1%	48%	138%
B2	17-24-28-209/278	6.1%	14.7%	24.8%	38%	72%
A2	24-37-31-232/324	7.4%	18.8%	28.4%	70%	71%
B1	9-3-7-68/87	10.3%	13.8%	21.8%	122%	79%
A1	34-25-31-229/319	10.7%	18.5%	28.2%	84%	84%

　唯一「これは調教で買いたい」と思う条件が障害戦。清水厩舎は障害で好成績を残すが、障害戦に関して調教のばらつきがなく、ほぼ**ウッド追い切りに固定**されており、タイム別に分析をすると**好時計の時に素直に成績が上がる**ことがわかった。

　現在、エンデュミオンとホッコーメヴィウス他数頭しか障害馬がいないが、今後障害戦に戦いの場を転向する馬が出てきた場合にはウッド追い切りの時計をチェックした方が良さそうだ。

■清水厩舎の栗東ウッド5F時計別成績

ウッド5F時計	着別度数	勝率	連対率	複勝率	単勝回収率	複勝回収率
66.0～669	3-3-3-1-7/14	21.4%	42.9%	50.0%	143	102
67.0～67.9	4-6-2-8/20	20.0%	50.0%	60.0%	128	189
68.0～68.9	3-5-2-13/23	13.0%	34.8%	43.5%	46	86
69.0～	5-5-4-16/30	16.7%	33.3%	46.7%	77	94

ここがポイント　＊障害馬の場合は栗東ウッド5F好時計を狙え

斎藤　誠（さいとう　まこと）

美浦　厩舎

2023リーディング順位　全国11位
37-26-30-31-25-227
（左から1、2、3、4、5着数、着外数）

人気薄でも好走が多い坂路追い切りに注

　斎藤誠厩舎は美浦坂路とウッド追い切りが半々ぐらいで、勝率など成績部分も大きな差がないが、回収率は極端に坂路が勝っており、「坂路追い切りで人気薄でも好走が多い」厩舎となる。

　坂路時計は53秒台以下をクリアしていれば、ラップ問わず回収率187％と高く、しかも一発の穴で回収率が高いのではなく毎年のように高回収率を叩き出している。

　さらに、上記時計をクリアした馬の**前週土日美浦坂路時計**に注目してほしい。

■斎藤厩舎の前週土日坂路最速時計別成績

土日坂路最速時計	着别度数	勝率	連対率	複勝率	単勝回収率	複勝回収率
54.0〜55.9	1-2-0-11/14	7.1%	21.4%	21.4%	82%	84%
56.0〜57.9	14-8-16-72/110	12.7%	20.0%	34.5%	184%	141%
58.0〜59.9	13-12-7-87/119	10.9%	21.0%	26.9%	289%	110%
60.0〜	7-7-5-63/82	8.5%	17.1%	23.2%	90%	58%
無し	1-0-1-11/13	7.7%	7.7%	15.4%	18%	23%

　極端な好時計（土日としては）55秒台以下は母数が少ないためこの結果だが、**56〜59秒台の場合は爆発的な回収率**だ。

　やや遅め〜やや速めぐらいの坂路調教を行ってから追い切りも継続して坂路、そして追い切りではしっかりとした時計を出した時が好成績のパターンとなる。

　1番人気で勝率40％近くありながら、単勝万馬券でも勝たせており、オッズで言えば1倍台から200倍台まで好結果を残しつつ、ほぼ毎年回収率が100％を大幅に超えているのだから、偶然ではなく狙いの調教だと考えた方がよい。

　本書執筆前の2024年6月にもこの狙い目で単勝46.8倍（24年6月29日福島7Rアッシュバーグ）を的中することができた。

　＊前週土日坂路最速時計56〜59秒台が狙い目

中竹和也 栗東厩舎

なかたけ かずや

2023リーディング順位 全国37位
28-36-32-23-26-202
(左から1、2、3、4、5着数、着外数)

前週土日に栗東坂路調教を行っているかどうかがカギ

　栗東坂路追い切りの多い中竹厩舎だが、追い切りの前週土日に坂路を使っているかどうか？　が重要。

　再確認として書いておくが、この前週土日坂路というのは本書では「土日いずれかでも両方でも該当」として話を進めている。

　土日坂路時計有り⇒単勝回収率99％

　土日坂路時計無し⇒単勝回収率78％

　（札幌と函館開催除く）

　前週土日坂路時計有りの馬だけ買えば、単勝回収率100％を超えている年が頻繁にあり、加えて**坂路で前日追いを入れている場合だと単勝回収率が132％**となっている。

　追い切りにも特徴があり、中竹厩舎は坂路でもウッドでも**極端な好時計の時に勝負がかり、好成績**というわかりやすい合図を送ってくれる。

　栗東坂路追い切り51秒台以下 or 栗東ウッド追い切り5F65秒台以下で勝率16.0％、単勝回収率230％、複勝回収率でも120％を超えている。

　休み明けの場合は急仕上げも含まれるからか成績が落ちるが、叩き2戦目以降では、その分上積みがあり、大幅に成績が良くなることも重要な傾向だ。

　特別戦であれば、登録馬が日曜に確認できるので、毎週「中竹厩舎の馬が土日に坂路調教があるかどうか」を確認、「追い切りでは好時計であるか」を確認、そして「レース前日には前日追いの有無」を確認するようにしている。

　これを行っておけば中竹厩舎はファンの強い味方になってくれるはずだ。

ここがポイント　＊坂路でもウッドでも極端な好時計の時に勝負がかりで好成績

武 英智 (たけ ひでのり)

栗東厩舎 2023リーディング順位 全国21位
32-26-21-36-24-188
(左から1、2、3、4、5着数、着外数)

栗東ウッド4F時計が速いほど高信頼度

栗東ウッド追い切りで好成績、栗東坂路追い切りでは回収率が大幅に低下とはっきりした傾向のある武英智厩舎。なぜか徐々にウッド追い切りの頻度が減っている点は気になるところ。

それでもウッドが好成績であることに変わりはなく、4F時計が速いほど信頼できるという点は継続されている。

■武英厩舎の栗東ウッド4F時計別成績

ウッド4F時計	着別度数	勝率	連対率	複勝率	単勝回収率	複勝回収率
50.0～51.9	7-11-5-39/62	11.3%	29.0%	37.1%	136%	144%
52.0～53.9	21-15-10-142/188	11.2%	19.1%	24.5%	115%	93%
54.0～55.9	11-13-5-114/143	7.7%	16.8%	20.3%	126%	88%
56.0～57.9	3-4-1-23/31	9.7%	22.6%	25.8%	78%	72%

53秒台以下は特に安定しており、本書執筆時点でも2024年は単勝回収率89%、複勝回収率168%と好成績。例年ほぼ単複のいずれかor両方の回収率100%を超えている点も馬券を組み立てる上で重要なポイント。

この場合、前週土日の栗東坂路を使っていない場合には大幅な好成績となるのだが、裏を返せば、前週土日に栗東ウッドを使っているということになる。

つまり、武英智厩舎は「ウッド」が好成績を生み出す調教コースとなっており、栗東の厩舎としては珍しい傾向を持つ個性的な厩舎だといえる。

2025年に使っていただく話になるが、武英智厩舎は札幌と函館に滅法強い厩舎なので何か特徴は無いか？ と探ってみたが、**普段坂路追い切りの多い馬を連れて行っているようで、それらの馬が好成績になっているようだ**。なにか武英智調教師の中には秘密の「北海道攻略法」があるのだろうか？

ここがポイント ＊ウッドが好調教を生み出す個性的な厩舎

大和田成 （おおわだ なる）

美浦厩舎　2023リーディング順位 全国104位
15-16-18-14-14-175
（左から1、2、3、4、5着数、着外数）

美浦ウッド追い切り＋前週土日坂路時計有りが◎

　美浦坂路追い切りの成績が悪く、頻度として半分の美浦ウッド追い切りで好成績になっている大和田厩舎。

　ここ2年回収率が低下しているが、2019年から原稿執筆現在の成績ではウッド追い切り＋前週土日坂路時計有りというだけで勝率10.1％、単勝回収率183％もある。

　今後成績が再度上昇してくる可能性は高いと考えておきたい。

　大和田厩舎に関しては細かいタイムや条件の狙い目よりも遥かに知っておきたい**勝負ポイント**が存在する。

　それは「**原オーナー**」の馬での勝負パターンだ。大和田厩舎は近年「**オメガ**」の冠馬で活躍を見せており、オメガギネスやオメガシンフォニーなどで多数好走を繰り返している。

　大和田調教師からしても絶対に結果を残したいだろうし、勝負に出るなら必ず勝つぐらいの気持ちになっているはず。大和田厩舎が管理する原オーナーの馬の成績は勝率20.5％、単勝回収率195％とそれだけで素晴らしいが、追い切りが**美浦ウッドで5F67秒台以下の場合には何と勝率が60％**もある。

　逆に遅めの68秒台以上となると勝率は10.5％まで低下するので、無理をさせずに次の機会を狙っていると考えた方が良さそうだ。

　調教師は経営者でもあるので、この騎手の時、この馬主の時はいつも以上に勝負傾向があるのだな、という調教傾向があることは珍しくはない。

　本書で調教に興味を持ってくださった方にはこうした馬主、騎手という方向からも調べていくと、さらに調教分析が楽しくなるはずだ。

＊「原オーナー」の馬での勝負パターンを覚えておきたい

松永幹夫 栗東厩舎

まつなが みきお

2023リーディング順位　全国23位
31-28-32-27-35-176
（左から1、2、3、4、5着数、着外数）

坂路でもウッドでもバランス良く好成績な万能厩舎

騎手時代の騎乗最終日にブルーショットガンで勝利したことや、天皇賞秋でのヘヴンリーロマンスの勝利とその後の振る舞いがあまりに鮮明に記憶に残っているため、調教師に転身してからすでに20年近く過ぎていると思えない松永幹夫調教師。

厩舎の特徴としては栗東坂路でも栗東ウッドでもバランス良く好成績を出している万能さが光っており、特に**坂路調教では加速ラップ仕上げの時に好結果**を残している。

■松永厩舎の栗東坂路調教ラップ別成績

ラップ種別	着別度数	勝率	連対率	複勝率	単勝回収率	複勝回収率
B3	0-4-2-18/24	0.0%	16.7%	25.0%	0%	47%
A3	4-2-4-13/23	17.4%	26.1%	43.5%	57%	72%
B2	27-28-25-215/295	9.2%	18.6%	27.1%	56%	64%
A2	26-33-22-158/239	10.9%	24.7%	33.9%	122%	107%
B1	12-8-16-117/153	7.8%	13.1%	23.5%	42%	95%
A1	23-20-18-133/194	11.9%	22.2%	31.4%	140%	101%

ウッド追い切りの場合は5F70秒以上の遅い時計になっているときを除けば単勝回収率が100％を超えていることから、チェックする項目がシンプルで調教ファクターを活用しやすい厩舎だと言える。

ウッド追い切りを中心とした馬で坂路を全く使っていない馬の好成績が目立つという傾向があったのだが、**徐々に坂路を全く使わないケースが減っている**ので今後数年でウッド追い切り馬に関しての傾向が変わっていく可能性もある。

その辺りはリアルタイムで気がついたことがあればYouTubeなどで紹介する予定だ。

＊坂路調教では加速ラップ仕上げの時に好結果

すがい なおすけ
須貝尚介 栗東厩舎

2023リーディング順位　全国33位
29-25-24-20-28-164
(左から1、2、3、4、5着数、着外数)

人気馬で坂路加速ラップでならヒモに入れたい

　常にリーディング上位から中位に安定して位置しており、毎月多数の好走馬が出ることから馬券対象にしなくてはいけない厩舎だが、買い方に関しては難しさがある。

　この難しさがどこから生まれているかというと、ラップ別の成績からもわかることだが、勝率が高い好走条件はあっても回収率が低く、イコール「人気馬での好走」に偏っているということになる。

■須貝厩舎の栗東坂路調教ラップ別成績

ラップ種別	着別度数	勝率	連対率	複勝率	単勝回収率	複勝回収率
B3	3-3-5-15/26	11.5%	23.1%	42.3%	55%	84%
A3	3-2-2-22/29	10.3%	17.2%	24.1%	25%	39%
B2	23-25-34-177/259	8.9%	18.5%	31.7%	44%	68%
A2	32-31-25-182/270	11.9%	23.3%	32.6%	71%	85%
B1	8-7-11-87/113	7.1%	13.3%	23.0%	144%	62%
A1	12-14-8-78/112	10.7%	23.2%	30.4%	56%	58%

　的中率のために馬券構成に組み込む必要があるが、回収率には悪影響が出るため、扱いが難しくなるということだ。

　個々の考え方に委ねるしかないものの、個人的には、須貝厩舎は**坂路加速ラップで人気馬ならヒモに入れる**のが安全と考えている。では、須貝厩舎から勝負するケースは無いのか？　と言われると、決してそうではなく、**2〜3歳馬で前週土日坂路調教有りからのウッド追い切り1F 11秒台仕上げのパターン**は毎年好成績で、単勝回収率100％を超えない年度の方が少ない。

　このケースに該当した場合は新馬戦や未勝利戦の勝率が20％と、勝ち上がる馬が多い。須貝厩舎からの勝負馬券はこの条件がオススメ。

ここがポイント　＊2〜3歳馬で前週土日坂路調教有りから
ウッド追い切り1F11秒台仕上げが◎

音無秀孝 厩舎（栗東）

2023リーディング順位　全国43位
27-29-22-38-22-227
（左から1、2、3、4、5着数、着外数）

栗東坂路51秒台以下での信頼度が高い

　本書のテーマの1つである「長く使っていただける競馬本にしたい」という観点から、若い調教師を中心に掲載しているが、2025年3月で定年になる音無調教師はどうしても掲載しておきたい。

　まず、栗東坂路ラップ別では"11秒台"がある時が極端に好成績だとわかる。

■音無厩舎の栗東坂路調教ラップ別成績

ラップ種別	着別度数	勝率	連対率	複勝率	単勝回収率	複勝回収率
B3	12-7-6-51/76	15.8%	25.0%	32.9%	176%	89%
A3	3-2-0-3/8	37.5%	62.5%	62.5%	262%	118%
B2	62-51-64-429/606	10.2%	18.6%	29.2%	69%	81%
A2	19-18-13-105/155	12.3%	23.9%	32.3%	60%	81%
B1	38-43-38-477/596	6.4%	13.6%	20.0%	38%	54%
A1	7-3-4-30/44	15.9%	22.7%	31.8%	122%	66%

　坂路全体の時計が速い馬での好走率が高くなっており、**51秒台以下での信頼度が高くなる点**が音無厩舎の特徴。

　特に**前週土日の坂路最速時計を60秒以上と控え目にしておいてから、追い切りを坂路51秒台以下の好時計、併せ馬先着**では勝率が20％近くあり単勝回収率は170％を超える。

　本書発売後、音無調教師引退までには数ヶ月しかないが、引退を目前に控えた厩舎はどの厩舎でも勝負調教が増えることが多いため「一度も狙えずに引退してしまった」ということは無いはず。

　引退までの特に重賞戦、そして引退週とその前週は特にこの調教パターンに注目が必要。関係性の深い騎手に注意し、こういう時に強い武豊騎手とのタッグでも勝負レースがあるはず。

　調教師の定年直前＋勝負調教＋関係性の深い騎手＝好走が多い。この法則はどこの厩舎でも該当することだ。

＊定年直前＋勝負調教＋関係性の深い騎手＝好走が多い

国枝 栄
くにえだ さかえ

美浦厩舎 2023リーディング順位 全国6位
41-30-22-25-24-147
(左から1、2、3、4、5着数、着外数)

美浦ウッド追い切りの好走調教パターンを狙いたい

音無厩舎からの流れで2026年3月に定年となる国枝調教師についても紹介をしたい。

インタビュー記事を拝見すると、キャリア終盤になった今でも「これまでの歴史で戦う」のではなく「新しいことにも挑戦していく」姿勢が強く、美浦ウッド追い切りの多い厩舎なのに新美浦坂路が完成してからは少し坂路の追い切り頻度が増えるなど言葉だけではなく実際に行動していることがわかる。

それでもやはり国枝厩舎といえば**ウッド追い切り**なので、この**ウッド追い切りのパターンを知る**ことが最優先事項となる。

難しいことではなく、前週土日美浦坂路調教が無いケースは最も信頼度と回収率が低く、土日坂路最速時計が60秒以上の遅いケースが最も多いが、これが国枝厩舎の平均そのものの成績。つまり、残された**前週土日坂路最速時計が59秒台以下になっているケースが好成績**になる。

勝率20.8％、回収率114％まで上昇し、厩舎としての勝率から7％近く上昇、単勝回収率は40％以上高くなっている勝負パターンだ。加えて1番人気であれば勝率は40％を超えて、2番人気でも33％と抜群の信頼度。

国枝調教師が挑める日本ダービーは残り1回、2025年だけとなるが、ここへ出走する馬がいるのであれば、今回紹介した調教になる可能性も高いだろうし、個人的には国枝調教師がダービートレーナーになってほしいと願っている。

＊前週土日坂路最速時計が
59秒台以下になっているケースが好成績

藤岡健一

栗東 厩舎

2023リーディング順位　全国42位
28-17-18-17-28-156
（左から1、2、3、4、5着数、着外数）

追い切りの時計より前週土日坂路の時計をチェックしたい

　藤岡厩舎を応援しているファンは自動的に回収率が高めになるのではないかと思ってしまうほど全方位で成績が良いのが特徴。

　栗東の坂路でもウッドでもポリトラックでも高回収率になっており、人気馬は安定して好走しつつ、中穴から大穴まで定期的に激走する。高いレベルでのバランスの良さではナンバーワンかもしれない。

　バランスが良い厩舎は狙い目が少ないという結果になるため、**藤岡健一厩舎も「ここぞ狙い目」という調教パターンは多くない**。

　ただ「面白い」傾向があり、藤岡厩舎は**併せ馬で遅れた馬での中穴どころから人気薄の好走が多く**、普通なら「**人気薄で調教も地味**」で嫌ってしまうような馬の回収率が高い。

　加えて**前週土日の坂路最速時計が57秒台以下、土日としては速めの坂路時計を出している馬の成績が良く**、この条件を加えると回収率が200％を超える。

　それ以外の全ての調教を含めても藤岡厩舎は**土日坂路最速時計で57秒以下を出している時の信頼度が上昇**する傾向にあるため、追い切りの時計より前週土日の時計をチェックしておく方が絞りやすい。

　やはり触れないわけにはいかないので、ひと言。
　父である藤岡健一厩舎に騎乗する藤岡康太騎手の姿、ずっと見ていたかった……。

ここがポイント　＊併せ馬で遅れた馬での中穴どころから人気薄の好走が多い

武幸四郎 栗東厩舎

たけ こうしろう

2023リーディング順位 全国20位
32-32-27-19-20-139
（左から1、2、3、4、5着数、着外数）

２Ｆ各12秒台まとめの加速ラップで仕上げた時の信頼度が高い

騎手から調教師に転身後着実にステップアップしている印象。

年間30勝前後することが当たり前になっており、新馬戦や未勝利戦で人気薄の馬を勝たせることが多い傾向にある。

栗東坂路とウッドではウッド追い切りの成績が良いが、坂路追い切りの場合に２Ｆ各12秒台まとめの加速ラップで仕上げた時の信頼度が急激に高くなることは覚えておきたいポイントだ。

■武幸厩舎の栗東坂路調教ラップ別成績

ラップ種別	着別度数	勝率	連対率	複勝率	単勝回収率	複勝回収率
B3	0-1-0-4/5	0.0%	20.0%	20.0%	0%	22%
A3	0-0-1-2/3	0.0%	0.0%	33.3%	0%	143%
B2	10-9-15-78/112	8.9%	17.0%	30.4%	34%	71%
A2	17-10-16-51/94	18.1%	28.7%	45.7%	90%	126%
B1	6-9-11-72/98	6.1%	15.3%	26.5%	91%	99%
A1	9-8-12-52/81	11.1%	21.0%	35.8%	68%	132%

ウッド追い切りに関しても傾向が極端で、４Ｆが速い時計で勝率や回収率が跳ね上がる。

■武幸厩舎の栗東ウッド４Ｆ時計別成績

ウッド4F時計	着別度数	勝率	連対率	複勝率	単勝回収率	複勝回収率
50.0～51.9	20-10-13-87/130	15.4%	23.1%	33.1%	154%	86%
52.0～53.9	29-35-36-239/339	8.6%	18.9%	29.5%	35%	63%
54.0～55.9	13-20-14-101/148	8.8%	22.3%	31.8%	69%	76%
56.0～57.9	0-4-2-11/17	0.0%	23.5%	35.3%	0%	60%

この２つを覚えておくと武幸四郎厩舎を狙いやすくなるが、追加で覚えておきたいことが「騎乗騎手」。

好調教で人気が控え目の馬が狙い目となる厩舎で、武豊騎手騎乗の「兄弟コンビ」は過剰人気が多く、また、ルメール騎手も過剰人気で、いずれも単勝回収率50％台と馬券的には地雷。

＊栗東ウッド4F時計の速いときが狙い目

四位洋文 厩舎（栗東）

しい ひろふみ

2023リーディング順位　全国52位
24-32-14-19-13-123
（左から1、2、3、4、5着数、着外数）

坂路追い切りで2F、1Fと加速する馬が勝利の共通点

　騎手時代は日本ダービーを牝馬のウオッカで制覇するなど大活躍し、多くのファンに語られ愛された四位騎手が調教師になって2024年で5年目。

　厩舎としてはまだ歴史が浅いが着実に勝ち星を積み重ねている。

　追い切りは栗東ウッド6：栗東坂路4ぐらいの比率だが、坂路の場合は加速ラップの馬が好走しているというより**減速ラップの馬で勝っていないぐらいに極端な結果。**

■四位厩舎の栗東坂路調教ラップ別成績

ラップ種別	着別度数	勝率	連対率	複勝率	単勝回収率	複勝回収率
B3	0-0-0-1/1	0.0%	0.0%	0.0%	0%	0%
A3	1-0-0-0/1	100.0%	100.0%	100.0%	310%	160%
B2	0-1-1-13/15	0.0%	6.7%	13.3%	0%	31%
A2	4-2-3-24/33	12.1%	18.2%	27.3%	254%	88%
B1	0-3-1-12/16	0.0%	18.8%	25.0%	0%	59%
A1	4-9-7-45/65	6.2%	20.0%	30.8%	27%	82%

　本書の定義のラップからはズレていても（ラップが綺麗な加速ではない場合や13秒台の加速ラップなど）**2F、1Fで加速している馬が四位厩舎の坂路追い切りで勝利している馬の共通点**で、減速している馬の信頼度は低くなる。

　また、大きな特徴として坂路でもウッドでも**前週土日坂路最速時計が57秒以下**の速めの時に成績が良く、これに該当する場合、勝率9.3％、単勝回収率142％と高く、特にウッド追い切りの場合、勝率11.7％ 単勝回収率184％と狙い目になる。

　週の前半に特別登録馬を確認し、土日の坂路時計が速いかどうかを確認しておくとその週の予想作業が捗るはず。

＊**前週土日坂路最速時計57秒以下が優秀**

蜑名正義　美浦厩舎

えびな　まさよし

2023リーディング順位　全国81位
18-16-10-16-15-106
（左から1、2、3、4、5着数、着外数）

美浦坂路改修工事後から坂路追い切り馬の成績が上昇

騎手時代通算2541勝と実績を持つ蜑名調教師だが、調教師としては2024年で4年目の若手。2022年は11勝、2023年は18勝、本書を書いている時点では10勝と目立つ成績ではないが、すでに現時点で「傾向」と見てよい調教パターンがある。

美浦の厩舎のため定番でもあり、何の不思議でもないが**前週土日坂路最速時計の速い方が好成績**に繋がっており、**遅い時計の場合や坂路無しの場合は成績が落ちている**。

■蜑名厩舎の美浦前週土日坂路調教時計別成績

土日坂路最速時計	着別度数	勝率	連対率	複勝率	単勝回収率	複勝回収率
52.0～53.9	1-0-0-2/3	33.3%	33.3%	33.3%	343%	93%
54.0～55.9	7-6-3-41/57	12.3%	22.8%	28.1%	67%	53%
56.0～57.9	6-6-10-82/104	5.8%	11.5%	21.2%	81%	71%
58.0～59.9	6-5-3-32/46	13.0%	23.9%	30.4%	209%	88%
60.0～	7-9-5-69/90	7.8%	17.8%	23.3%	45%	50%
無し	6-6-5-40/57	10.5%	21.1%	29.8%	43%	79%

56～57秒台で勝率が低いものの、キャリアを重ねて母数が増えてくればこの成績は向上すると予測できる。その前後の時計で成績が良いことが推測材料で、競馬では多くの場合でそれが裏付けになることが多い（調教以外のファクターでも）。

蜑名厩舎の素晴らしいのは、前週土日坂路調教無しや60秒以上の遅い時計を除いた場合、追い切りが坂路でもウッドでも単勝回収率１００％を超えている点。

また、前週土日坂路調教の有無を問わず、美浦坂路改修工事後から**坂路追い切り馬の成績が上がっている**ことにも注目したい。

キャリアが浅いため、長年使った既存の坂路のイメージをあまり持たずに、工事後の坂路に合わせていきやすいのかもしれない。

＊前週土日坂路最速時計の速い方が好成績

田中博康（たなか ひろやす）美浦 厩舎

2023リーディング順位 全国26位
31-22-25-24-20-117
（左から1、2、3、4、5着数、着外数）

前週土日坂路55秒台以下は好走確率高い

まだ38歳の田中博康調教師は幾度となく海外で修行して経験や見聞を深め、2016年に調教師試験を一発で合格。騎手出身としてJRA史上最年少で調教師へ転身した。

毎年20～30勝を安定してマーク。またレモンポップでフェブラリーS、チャンピオンズカップ、南部杯などを制覇とすでにG1勝利厩舎となっている。

芝とダートではダート戦で成績が良く、美浦の坂路とウッドならウッドで成績が良い厩舎だが、ダート戦なら坂路でもウッドでも大きな差がなく安定していることも特徴。

飛び抜けて狙える調教パターンはないが、**前週土日坂路が55秒台以下のような追い切りと見間違う時計を出している時は好走**することが多く、それだけの条件で勝率が20％近くもある。

負けることの方が珍しい戦歴のレモンポップに関しても、フェブラリーSとチャンピオンズカップはこれに該当していたので、いつも以上に勝負がかりだったと推測できる。

また、**戸崎騎手が騎乗**する場合にこの調教時計になる頻度が高く、それに応えるように戸崎騎手は勝率37.1％を叩き出し、**1番人気では何と勝率73.3％**、馬券外になったことはこの5年半で1回だけという確勝と呼べる勝負レースになっている点は覚えておきたい。

 ここがポイント ＊戸崎騎手騎乗レースでの好走調教パターンで勝負したい

中村直也 栗東厩舎

なかむら なおや

2023リーディング順位　全国54位
24-18-22-16-22-152
（左から1、2、3、4、5着数、着外数）

「減速ラップで好成績」の珍しい厩舎

2022年の開業だが、初年度17勝、2023年24勝と好スタート。

まだ短いキャリアなので今後ガラッと変わるかもしれないが、栗東坂路追い切りのラップ別成績を見ると**栗東の厩舎とは思えないような傾向**になっていることが興味深い。

■中村厩舎の栗東坂路調教ラップ別成績

ラップ種別	着別度数	勝率	連対率	複勝率	単勝回収率	複勝回収率
B3	3-1-0-11/15	20.0%	26.7%	26.7%	130%	60%
A3	2-1-2-6/11	18.2%	27.3%	45.5%	72%	75%
B2	13-11-9-88/121	10.7%	19.8%	27.3%	199%	104%
A2	7-7-12-68/94	7.4%	14.9%	27.7%	38%	73%
B1	1-3-2-32/38	2.6%	10.5%	15.8%	6%	51%
A1	4-5-9-60/78	5.1%	11.5%	23.1%	33%	66%

加速ラップで好成績になることは競馬全体の常識のようなものだが、中村直也厩舎に関しては2F各12秒台まとめの減速ラップ（B2）と2F11秒台の減速ラップ（B3）が好成績。

11秒台の加速ラップも好成績で信頼度では一番と言えるが、加速ラップより**減速ラップで成績が良い厩舎は珍しい**。

月に1～5頭の頻度で栗東坂路追い切り51秒台以下の好時計で出走させるが、芝レースでは勝率が22％、単勝回収率は153％と高くなる。芝レースで坂路51秒台以下、ラップB2・B3・A3に限定すると勝率は30％を超えており、単勝回収率も200％。この勝負パターンがわかっていれば、素直に乗りたい。

現状、中村直也厩舎の追い切りはほぼ坂路なので、調教をチェックする時も簡単。パソコン用競馬ソフトTARGETを使っている人なら中村直也厩舎だけの調教一覧を表示させれば、該当馬がいるかいないかの判別までを10秒程度で完了できる。

 ＊芝レースで栗東坂路51秒台以下、ラップB2・B3・A3を狙え

大久保龍志 <small>栗東厩舎</small>

おおくぼ　りゅうじ

2023リーディング順位　全国28位
31-18-27-26-26-157
（左から1、2、3、4、5着数、着外数）

栗東坂路A3とB3で人気上位馬をしっかり勝たせる

勝ち馬の単勝平均配当が6倍程度で人気薄の好走は目立たないが人気上位に推された馬での好走率が安定している大久保厩舎。

競馬は人気で走るわけでないが、人気上位に推されるのは近走結果や内容が良い馬がほとんどのため、能力の高い馬をしっかり走らせる厩舎という意味になる。

このような特徴がある厩舎は**好走の多い勝負調教**がしっかりあることが多い。頻度の多い栗東坂路追い切りのラップ成績を見ると11秒台を含むラップで勝負気配が強いことが推測できる。

■大久保厩舎の栗東坂路調教ラップ別成績

ラップ種別	着別度数	勝率	連対率	複勝率	単勝回収率	複勝回収率
B3	5-1-0-14/20	25.0%	30.0%	30.0%	115%	61%
A3	9-3-5-23/40	22.5%	30.0%	42.5%	75%	74%
B2	20-16-17-138/191	10.5%	18.8%	27.7%	58%	56%
A2	59-49-44-294/446	13.2%	24.2%	34.1%	58%	73%
B1	5-4-5-45/59	8.5%	15.3%	23.7%	74%	62%
A1	18-27-11-147/203	8.9%	22.2%	27.6%	88%	71%

A3とB3の信頼度が高く、この調教の多くは1～3番人気になった人気上位馬で行われており、そこに限定をすると勝率は40％近く、単勝回収率は120％。**さらにオープン戦以上のレースでは馬券外になることがほとんどない。**

該当数の少ないウッド追い切りも目立つ内容の時に好走率が高く、4F51秒台以下で勝率16％、単勝回収率210％のため、まれに訪れる大きな狙い目として覚えておきたいパターンだ。

また、ウッド追い切り好時計の場合は人気薄の好走もあるので、**坂路好ラップは人気サイドで狙いつつ、ウッド好時計なら人気薄でも狙うようにしていくことがセオリー。**

* 坂路好ラップは人気サイドで、
　ウッド好時計なら人気薄でも狙う

橋口慎介 栗東厩舎

はしぐち しんすけ

2023リーディング順位　全国17位
33-24-26-19-20-151
（左から1、2、3、4、5着数、着外数）

栗東坂路2F各12秒台まとめの加速or減速（A2・B2）が◎

　父、橋口弘次郎調教師（2016年定年引退）の後を引き継ぐ形でスタートした橋口慎介厩舎。調教に関しても**傾向が完璧に引き継がれている**。

　橋口弘次郎厩舎は**栗東坂路追い切りで2F各12秒台まとめの加速or減速（A2・B2）の時だけ勝率**が10%を超えていたが、橋口慎介厩舎に関してもその特徴はほぼ一致する。

■橋口厩舎の栗東坂路調教ラップ別成績

ラップ種別	着別度数	勝率	連対率	複勝率	単勝回収率	複勝回収率
B3	2-0-1-7/10	20.0%	20.0%	30.0%	64%	59%
A3	1-2-0-10/13	7.7%	23.1%	23.1%	36%	73%
B2	33-34-28-196/291	11.3%	23.0%	32.6%	109%	89%
A2	29-28-23-168/248	11.7%	23.0%	32.3%	61%	68%
B1	8-8-9-93/118	6.8%	13.6%	21.2%	82%	90%
A1	12-14-8-120/154	7.8%	16.9%	22.1%	44%	42%

　ほとんど坂路追い切りだった父とは違い、ウッドの追い切りもそれなりにあったが、年々坂路追い切りが増加、2023年からはウッド追い切りの回数が少なくなってきた。2023年は30勝の大台に乗る33勝、勝率も上昇している。

　このラップに該当した時の**全体時計は53秒台以下**がベストで、勝率12.8%、単勝回収率は94%と高くなっており、これも昨年から勝率が上がり（2023年は15.6%）2023年以降では単勝回収率126%まで上昇している。

　断言はできないが、父と全く同じことをやっていれば「真似をしているだけ」という雑音も聞こえてきそうなので、開業当初は父と違う形を目指したのではないかとも考えてみた。ただ大きな実績のある父のやり方に近付けて行くのは不思議ではない。

ここがポイント　＊年々栗東坂路追い切りが増加　それに比例して成績もアップ

栗田 徹 (くりた とおる)

美浦 厩舎

2023リーディング順位　全国67位
20-23-23-15-20-188
（左から1、2、3、4、5着数、着外数）

坂路改修工事後に増えた「前日坂路追い」

タイトルホルダーの活躍で知名度を上げた栗田厩舎。

美浦の厩舎のためウッド追い切りが多いものの、他厩舎と比べれば坂路追い切りも多くなっている。

ただ、美浦坂路追い切りでの成績は良いとはいえず、51秒台以下の好時計を出した場合だけ勝率20.7%、単勝回収率135%と狙い目になるが、それを除いた坂路追い切りでは単勝回収率が40%程度となる。

美浦ウッド追い切りの場合は前週土日坂路最速時計57秒台以下の場合に単勝回収率が100%近いところまで高くなるが、それ以外は40%台と、わかりやすい傾向のある厩舎だという印象。

それ以上に特徴的なのは**前日坂路追い**。まれに新潟や福島開催ですら前日追いを入れる栗田厩舎だが、東京と中山での出走へ向けて前日追いをしている場合は回収率が100%を超えている。

この傾向は元々あったが、美浦坂路改修工事から数ヶ月過ぎた**辺りで前日追いをする頻度が驚くほど増えた。**

2024年に関しては単勝回収率が120%を超え、栗田厩舎の勝ち馬の多くが前日に坂路を使っていた。

坂路改修工事後に調教の頻度やタイムなど変化が生まれた厩舎は少なからずあるが、栗田厩舎は前日追いというあまりファンが見ない部分を変化させており、それで成績が上昇しているので興味深いところだ。

＊勝ち馬は前日美浦坂路追いから生まれる

奥村 豊

おくむら ゆたか

栗東厩舎

2023リーディング順位　全国53位
24-30-21-24-20-191
（左から1、2、3、4、5着数、着外数）

栗東ウッドの追い切り時計が遅くなるほど好成績

　栗東の厩舎では珍しくウッド追い切りが多めだが、坂路追い切りはその半分ぐらいあり、ポリトラック調教も珍しくないというどのコースも活用している奥村厩舎。

　調教コースを様々使い分けて、偏りが少ない藤岡健一厩舎に所属していたことが影響しているのではないかと思われる。

　藤岡健一厩舎とは全く違う傾向となっているのがウッド追い切り時計別の成績。

■奥村厩舎の栗東ウッド5F時計別成績

ウッド5F時計	着別度数	勝率	連対率	複勝率	単勝回収率	複勝回収率
64.0～65.9	0-0-3-6/9	0.0%	0.0%	33.3%	0%	74%
66.0～67.9	8-7-14-79/108	7.4%	13.9%	26.9%	53%	84%
68.0～69.9	20-23-28-179/250	8.0%	17.2%	28.4%	33%	74%
70.0～	25-19-21-177/242	10.3%	18.2%	26.9%	180%	90%

　全体時計が速いほど成績が良くなる厩舎が多い中で、**遅くなるほど勝率が上がっていく**というのは大きな特徴・個性となる。

　このことから、奥村厩舎で狙っていきたい馬に関してはメディア・個人問わず「好時計！」と持ち上げられることがなく、調教がきっかけで無駄な人気を背負うことがないことが馬券を買う側のメリットになる。

　また、**5F 70秒以上の遅い追い切り時計の馬に加えて、前日坂路追いがあると成績が上がる傾向**で、抜群の勝率14.5％、単勝回収率は392％。

　どこかの1レースだけ大穴をあけて回収率が高いという結果ではなく、2019年から4年連続単勝回収率200％を超えていることからも今後も好成績になる可能性は高い。

 ここがポイント

＊ウッド5F70秒以上の遅い追い切り時計＋前日坂路追いがあると◎

かとう たかゆき
嘉藤貴行 美浦厩舎

2023リーディング順位 全国103位
15-18-12-14-12-105
(左から1、2、3、4、5着数、着外数)

勝率9.9% 単勝回収率220%のウッド追い切りが◎

　競馬に関わりがない世界からダビスタがきっかけで騎手を目指したという嘉藤貴行調教師。騎手デビュー当初は19勝を挙げるなど好成績もその後苦戦し、2022年に師匠の田中清隆厩舎を引き継ぐ形で調教師へ転身。騎手時代を超えるようなペースで勝利し、師匠同様、騎手からの調教師転身を成功させようとしている。

　調教に関して相当な確信や自信があったのか、嘉藤厩舎としてスタートしてから2年半のキャリアであれこれ試すような調教のばらつきがなく、**追い切りの9割は美浦ウッド**で行っている。

　そしてその**ウッド追い切りで勝率9.9% 単勝回収率220%**を叩き出し、人気サイドから人気薄までどこを取っても平均以上に好走させているのだら調教師としての実力は確たるものだろう。

　このウッド追い切りのケースをさらに絞り込む手段が**前週土日の美浦坂路調教**。他の多くの厩舎とは違い、前週土日坂路最速時計が59秒台以下の時にほぼ1着になることがなく、**前週土日の坂路最速時計が60秒以上の遅い時、もしくは前週土日にウッドで調教をしている時**だけに好走が偏っている。

　嘉藤厩舎の1着馬や好走馬はほぼ全てこの調教内に該当している上に単勝回収率が250%もあるため、今後も期待して狙っていきたい調教パターンとなっている。

ここがポイント　＊前週土日坂路最速時計60秒以上、前週土日ウッド調教に注目

石橋 守 いしばし まもる

栗東 厩舎
2023リーディング順位 全国60位
23-16-16-26-20-160
（左から1、2、3、4、5着数、着外数）

栗東坂路11秒台加速ラップ（A3）が今後の勝負調教に

2006年皐月賞でメイショウサムソンを本命視、調教師転身後も応援しているが、正直、騎手時代より勝たせてもらっている。

石橋厩舎は**坂路追い切りが多く、ウッド追い切りで成績が悪い**ため、坂路追い切りに特徴があれば攻略できるという状況を踏まえてラップ別の成績を確認してほしい。

■石橋厩舎の栗東坂路調教ラップ別成績

ラップ種別	着別度数	勝率	連対率	複勝率	単勝回収率	複勝回収率
B3	0-0-0-8/8	0.0%	0.0%	0.0%	0%	0%
A3	4-3-2-15/24	16.7%	29.2%	37.5%	135%	72%
B2	8-8-8-97/121	6.6%	13.2%	19.8%	53%	57%
A2	31-17-15-175/238	13.0%	20.2%	26.5%	128%	74%
B1	1-2-1-82/86	1.2%	3.5%	4.7%	29%	35%
A1	14-21-22-224/281	5.0%	12.5%	20.3%	103%	85%

加速ラップで好成績、減速ラップは避けた方が良い、狙いを絞るなら2F各12秒台加速ラップ（A2）と11秒台加速ラップ（A3）に限定することが最も馬券に直結する。

また**11秒台加速ラップ（A3）は2024年に6連続馬券内（内3勝）に入着するなど、頻度が増えていることから今後石橋厩舎の勝負調教として成績を伸ばしていく可能性**もありそうだ。

加速ラップA1～A3の牝馬の場合、**休み明けや休み明け2戦目の勝率と単勝回収率が最も高く、勝負がかりのことが多い。**牝馬の調教は少し緩める厩舎も珍しくないが、ビシッと追い切った牝馬こそ狙い目となる傾向になる。

余談だが、2019年以降の石橋守厩舎における加速ラップ仕上げ馬の中で最も回収率が高い種牡馬をご存じだろうか？

これが"メイショウサムソン"なのだから競馬はやめられない。

**＊栗東坂路2F各12秒台加速ラップ（A2）と
11秒台加速ラップ（A3）を狙え**

牧浦充徳 栗東厩舎

まきうら みつのり

2023リーディング順位 全国55位
24-15-23-23-20-159
(左から1、2、3、4、5着数、着外数)

終いのみ12秒台の加速ラップ（A1）が多く好成績

　森厩舎に所属していた経歴を持つ牧浦調教師だが、だからと言って森厩舎のような坂路鬼時計を連発する特徴はなく、むしろ坂路追い切りでタイムは控え目なことが多い。

　ただ、森厩舎と少し似ているところもある。それは**坂路ラップ別の成績**にはっきりした傾向があるところだ。

■牧浦厩舎の栗東坂路調教ラップ別成績

ラップ種別	着別度数	勝率	連対率	複勝率	単勝回収率	複勝回収率
B3	0-1-0-0/1	0.0%	100.0%	100.0%	0%	110%
A3	0-0-0-2/2	0.0%	0.0%	0.0%	0%	0%
B2	8-4-3-33/48	16.7%	25.0%	31.3%	372%	149%
A2	13-10-3-89/115	11.3%	20.0%	22.6%	105%	62%
B1	3-6-1-51/61	4.9%	14.8%	16.4%	39%	56%
A1	28-24-21-256/329	8.5%	15.8%	22.2%	146%	87%

　終いのみ12秒台の加速ラップ（A1）の頻度が多く、それでいて単勝回収率は146％と高い。また、2F各12秒台の加速（A2）と減速（B2）は勝率が高く回収率も高くなっている。

　これらの該当馬は人気上位でも中穴でも好走が多く、2022年以降でたった32頭しかいない単勝100倍以上の馬を3勝もさせているのだから驚きだ。2、3着馬はいないが、4着に3頭も入り、3着馬とタイム差無しが2頭、0.1差が1頭という結果。単勝万馬券の**大穴32頭で3勝4着3回は偶然ではない**はず。

　と、書いている最中に新潟最終レース（7月28日）でグッジョブが勝利。X（旧Twitter）で推奨していた馬だが、これも牧浦厩舎の加速ラップ（A2）に該当していた。

　本書は7月21日までの結果をベースに書いており、この勝利はすでに本書に書かれている未来での的中ということになる。

＊2F各12秒台加速（A2）と減速（B2）は高回収率

松下武士 栗東厩舎

まつした たけし

2023リーディング順位　全国51位
25-14-20-21-18-175
(左から1、2、3、4、5着数、着外数)

２F各12秒台の加速ラップ（A2）、11秒台加速ラップ（A3）が◎

キャリア10年を超え中堅に差し掛かってきた松下調教師だが、1980年生まれの44歳。まだまだ追い続けたい厩舎。

松下調教師は調教師試験合格後、技術調教師として矢作厩舎で学んでいたこともあり、現時点では**矢作厩舎と調教の特徴が似ている**。

■松下厩舎の栗東坂路調教ラップ別成績

ラップ種別	着別度数	勝率	連対率	複勝率	単勝回収率	複勝回収率
B3	1-2-1-6/10	10.0%	30.0%	40.0%	46%	90%
A3	4-4-2-9/19	21.1%	42.1%	52.6%	121%	94%
B2	6-9-11-88/114	5.3%	13.2%	22.8%	73%	133%
A2	23-14-14-167/218	10.6%	17.0%	23.4%	120%	70%
B1	5-3-7-89/104	4.8%	7.7%	14.4%	37%	136%
A1	31-24-27-275/357	8.7%	15.4%	23.0%	67%	74%

矢作厩舎と言えば２F各12秒台の加速ラップ（A2）が代名詞だが、松下厩舎もその頻度が多く、それでいて**勝率10.6％、単勝回収率120％**と好成績を残している。

頻度は少ないものの11秒台加速ラップ（A3）も好成績。これはレシステンシアの代表的なラップだったので、基本的には**矢作厩舎の好成績と同じ加速ラップの形こそ松下厩舎の狙い目**と考えた方が良さそうだ。

矢作厩舎と異なるのは**全体時計を加えた成績**。矢作厩舎は53秒台以下の速い時計で２F各12秒台まとめの加速ラップが好成績だが、松下厩舎も好成績ラップは同じでも全体時計は54秒以上で遅めの時計の時に好成績になっている。

ウッドはスルーでもいいが、**前走坂路から急にウッド追い切りに切り替えた時の好走馬**が増える。これも矢作厩舎との共通点だ。

＊技術調教師として学んだ矢作厩舎と似た調教パターンで好成績

新谷功一 （栗東厩舎）

2023リーディング順位 全国108位
14-18-21-25-26-157
（左から1、2、3、4、5着数、着外数）

森イズムを感じる坂路好時計で好成績もラップは減速狙い

　調教師になるまでに様々な厩舎で調教助手を務めた新谷調教師だが、全てのルーツとなるのは森厩舎に所属をしていた長い期間だと思われる。インタビューを拝見した時に森調教師への尊敬がひしひしと伝わってきたし、それは調教からも感じることだ。

　新谷厩舎は坂路追い切りで51秒台以下の好時計を出した時に勝率が18.4%、回収率126%と好成績。厩舎としての勝率が7.6%なのだから**森イズムを感じる坂路好時計の時に勝率が10%も上がっている**ことになる。

　ラップに関しては、森厩舎が**加速ラップや11秒台のある減速ラップが好成績**だったのに対し、新谷厩舎は**減速ラップの方が好成績**。

■新谷厩舎の栗東坂路調教ラップ別成績

ラップ種別	着別度数	勝率	連対率	複勝率	単勝回収率	複勝回収率
B3	4-5-1-13/23	17.4%	39.1%	43.5%	119%	103%
A3	1-0-0-1/2	50.0%	50.0%	50.0%	260%	95%
B2	6-3-1-21/31	19.4%	29.0%	32.3%	172%	77%
A2	2-2-1-6/11	18.2%	36.4%	45.5%	44%	90%
B1	0-0-0-5/5	0.0%	0.0%	0.0%	0%	0%
A1	無し					

　しかし、頻度として減速ラップが多いのは表の通りで、51秒台以下での加速ラップは簡単に出せるものでもない。

　この好成績は**終い4F目から13秒台、もしくは3F目に12秒台を出して2F目で一気に加速して最後は多少緩める**という流れを意図的に行っているからこそ出せるはずだ。

　余談だが、森厩舎と新谷厩舎が同一レースで坂路51秒台以下の時の戦歴は新谷厩舎1勝2着1回、森厩舎3着1回となる。

ここがポイント
＊坂路4F目13秒台、または3F目12秒台
2Fで一気に加速し最後緩める調教

菊沢隆徳 美浦 厩舎

きくざわ たかのり

2023リーディング順位　全国57位
23-31-17-25-12-140
(左から1、2、3、4、5着数、着外数)

成績急上昇は、新美浦坂路がカギ？

2024年7月21日の開催が終わった時点で17勝の菊沢隆徳厩舎は例年より早いペースで勝ち星を増やしている。

2020年、2021年は年間17勝だったので、すでにそこに並んでおり、年間勝率も現時点では最高の11.6%を記録している。

なぜ急に成績が上がったのか？　この理由は美浦の坂路改修工事が影響している可能性がある。菊沢隆徳厩舎は**美浦の厩舎にしては珍しく、坂路追い切りが多い厩舎**。全体数ではウッドの方が多いが、ウッドの2割減ぐらいの頭数を坂路で追い切っている。

そんな菊沢厩舎の坂路追い切り、改修工事前で勝率7.7%、単勝回収率65%、複勝率が22.9%と冴えない成績だったが、改修工事後勝率13.0%、単勝回収率122%、複勝率41.3%と急上昇している。

勝率の変化も凄いが、複勝率が20%近く上がっているのは何かしらの影響があるからこそだと思われ、それが新美浦坂路の影響である可能性は低くはないだろう。

■菊沢厩舎の美浦坂路調教ラップ別成績

ラップ種別	着別度数	勝率	連対率	複勝率	単勝回収率	複勝回収率
B2	0-2-0-4/6	0.0%	33.3%	33.3%	0%	51%
A2	6-4-5-12/27	22.2%	37.0%	55.6%	147%	101%
B1	0-0-0-2/2	0.0%	0.0%	0.0%	0%	0%
A1	4-6-5-21/36	11.1%	27.8%	41.7%	178%	101%

その中でも**坂路加速ラップを刻んでいる馬が好走し、減速ラップでは勝ち切れていない**という結果も新美浦坂路の効果と菊沢厩舎の好成績を裏付けるものになるのではないか。

ここがポイント　＊坂路加速ラップで好走、減速ラップでは勝ち切れない

しかと ゆういち

鹿戸雄一

美浦 厩舎

2023リーディング順位　全国16位
33-34-24-20-24-154
（左から1、2、3、4、5着数、着外数）

特徴を掴んでおきたい厩舎30選

坂路工事後、前週土日坂路最速時計55秒台以下の馬が増えて好成績

ウッド追い切りが多い鹿戸厩舎は**前週土日の美浦坂路最速時計が55秒台以下の速め**であるケースが多く、この時には信頼度が増す。

坂路追い切りの時でも前週土日坂路が速いことが珍しくなく、どちらにしても**追い切りより前週土日坂路に注目する**と面白いことは以前から変わらない。

その以前から変わらない流れの中で、2023年10月以降の坂路改修工事後の成績がどうなっているかに注目してみたい。

まず、工事後に前週土日坂路最速時計55秒台以下を出す頻度が上がった。その変化が影響していることは間違いないと思われるが、**改修工事後にこの時計をクリアした馬は追い切りのコースや時計を問わず勝率15.6％、単勝回収率96％**と高い成績を残している。複勝率37.7％、複勝回収率106％の数字からもわかるように人気問わず馬券内に好走している。

さらに**前週土日に坂路で2F各12秒台加速ラップ（A2）や終い11秒台加速ラップ（A3）を出してからの当週ウッド追い切りでは勝率20％を超えており、単勝回収率139％**の好成績になっている。

本書が発売される頃にやっと「新美浦坂路になって1年」ぐらいの短い歴史だが、現時点ですら関東の様々な厩舎に影響が出ていると推測できるので。これからも調べ続けていく必要がある。

 ＊追い切りよりも前週土日坂路調教に注目したい

久保田貴士 美浦厩舎

2023リーディング順位　全国41位
28-18-22-14-18-148
(左から1、2、3、4、5着数、着外数)

前日美浦坂路追いの有無で勝率、単勝回収率が変わる

　毎年安定して20勝以上、人気薄の好走も珍しくなく回収率が高い厩舎。2019年から久保田厩舎出走馬を全て買っていたら単勝回収率135％だったというぐらいだ。

　追い切りも美浦坂路やウッドでは好成績。ポリトラック追い切りだけ除外すればさらに回収率が上がるため、基本データと調教の大まかな傾向を知っているだけで馬券を有利に買えるはずなのだが、「なぜか儲からない？」「相性が悪い？」と思う一部のファンがいるかもしれない。

　そんな方が気づいてない**久保田厩舎の重要な傾向**がこれ。

　前日坂路追い有り⇒勝率12.8％　回収率281％
　前日坂路追い無し⇒勝率6.1％　回収率36％

　前日追いなので**東京・中山にほぼ限定**されるのだが、当然関東の厩舎であり、その東京と中山での出走が多くなるため、この2場でいかに久保田厩舎を上手く買うかは馬券成績に直結する。

　また、久保田厩舎と言えば田辺騎手とのコンビで東京・中山で毎年多くの勝ち星を手にしている。好相性のこのコンビは狙い目であると紹介されている情報を目にするが、**前日追いがある場合は勝率24.1％、回収率150％に対して前日追い無しの場合は勝率16.5％、回収率75％まで急落**する。

　どちらを買うべきか、言うまでもないだろう。

＊前日美浦坂路追い有り＋田辺騎手レース騎乗を狙いたい

加藤士津八 厩舎 美浦

(かとう しづや)

2023リーディング順位 全国75位
19-19-19-20-17-174
(左から1、2、3、4、5着数、着外数)

特徴を掴んでおきたい厩舎30選

坂路改修後の美浦坂路追い切り馬単勝回収率が681%

本書の中でどうしても"こっそり"紹介したかった加藤士津八厩舎。

美浦の厩舎では大変珍しく、**ウッド追い切りの3倍ほど坂路追い切りが多いレアな厩舎**ということもあって、坂路改修工事に良い影響が出るのではないか? と気になっていたのが2023年のこと。

単刀直入に書いてしまうと、坂路改修工事が終わった2023年10月以降の美浦坂路追い切り馬の単勝回収率が681%。

恐らく"競馬のデータ"にこれまで多く触れてきた人で、騙された経験もある人は即座に「単勝万馬券が1回だけの成績でしょ?」と思ったはず。

だが、答えはNOだ。

この回収率は**単勝1倍台の馬から単勝万馬券の馬まで勝利している上での成績**となっており、23年10月に回収率1234%、1月に回収率298%、2月に回収率2106%、5月に回収率133%、6月に回収率1340%と改修工事後10ヶ月中6ヶ月で大幅プラスになった上でのトータルの成績。

他厩舎でもいくつか紹介したパターンだが、**坂路が多めの美浦厩舎は改修工事後から成績が上昇していることが多い。**

この事実は馬券を買う上で看過できないファクターであり、その中でも回収率モンスターとなった「坂路がウッドの3倍多い美浦厩舎」である加藤士津八厩舎を追いかけていけば、近い内に高額配当を手にすることができるかもしれない。

 ＊「坂路がウッドの3倍多い美浦厩舎」は追い続ける必要あり

福永祐一 栗東厩舎

2023年調教師免許取得
2024年新規開業

厩舎の基本は坂路の加速ラップ追い切りで狙い目でもある

名騎手が調教師となり第二の競馬人生へ。2024年からスタートした福永厩舎。デビューとなった3月は未勝利に終わったが、8頭中5頭が馬券内に入ると、4月には一気に5勝の固め打ち。しかしその後は5・6・7月と1勝もできず、複勝率がやけに高い、というもどかしい日々が続いている。

福永祐一"騎手"からの流れを考えれば、様々な調教師の影響から多様な調教パターンを見せてくると想像していたが、実際には**栗東坂路が圧倒的に多い**。もちろんデータは少ないが、現時点での坂路ラップを確認しておくと以下表のようになっている。

■福永厩舎の栗東坂路調教ラップ別成績

ラップ種別	着別度数	勝率	連対率	複勝率	単勝回収率	複勝回収率
B3	0-0-0-1/1	0.0%	0.0%	0.0%	0%	0%
A3	0-0-0-1/1	0.0%	0.0%	0.0%	0%	0%
B2	0-0-2-4/6	0.0%	0.0%	33.3%	0%	311%
A2	1-3-1-9/14	7.1%	28.6%	35.7%	52%	95%
B1	1-0-0-0/1	100.0%	100.0%	100.0%	430%	180%
A1	0-2-3-4/9	0.0%	22.2%	55.6%	0%	138%

よりによって競馬全体で最も成績が悪い調教の1つである、2F12秒台の減速ラップ（B1）の馬が1戦1勝しているので視覚的印象が奪われてしまうが、**冷静に見れば加速ラップの時しか2着馬がいない**ことがわかる。

ここから調教の常識と騎手時代の経歴などから未来を想像するなら、**坂路の加速ラップ追い切りが厩舎の基本**で、率ではなく頭数では最も馬券内に絡んでくるはず。そしてまれに行われる**ポリトラックやウッド追い切りはダートや芝の長めの時に好走する**感じだろうか。この答え合わせは次回作があれば、その時に。

＊調教パターンは栗東坂路が圧倒的に多い

5章 調教だけで狙える厳選20コース

東京ダート1600m

栗東坂路加速ラップと前週土日栗東坂路調教有りを狙え

約半数のレースで関西馬が参戦しているが、当然関東馬より頭数が圧倒的に少ない中で勝率33％。

西高東低感を強く感じる東京ダートマイル戦に関しては、**関西馬で成績が良い調教をチェックしておくことが重要**となる。

まずは**栗東ウッド追い切りに関しては終い１Ｆ時計が速いほど好成績**となっている。覚えやすくて、確認しやすい。馬券への影響が大きいためこれはポイント。

■東京ダ1600m戦栗東ウッド時計別成績

ウッド1F時計	着別度数	勝率	連対率	複勝率	単勝回収率	複勝回収率
11.0～11.9	15-6-9-89/119	12.6%	17.6%	25.2%	124%	83%
12.0～12.9	12-11-16-119/158	7.6%	14.6%	24.7%	81%	115%
13.0～13.9	0-0-0-14/14	0.0%	0.0%	0.0%	0%	0%

栗東ウッド追い切り組は前週土日坂路調教時計の有る方が好成績となり、その**最速時計が速いほど信頼度が上がっていく**ということも重要。

ウッド追い切りが多い馬でイマイチ好結果を残せていない馬が、**東京ダートマイル戦で一変する時に該当することも珍しくない調教パターン**。これを馬券に活用していくと予想の幅も広がる。

次に坂路追い切りに関しては、これもシンプルに**加速ラップが好成績**となっている。

栗東坂路加速ラップの馬は平均該当数２頭。その頭数から１着

■東京ダ1600m戦栗東坂路調教ラップ別成績

ラップ種別	着別度数	勝率	連対率	複勝率	単勝回収率	複勝回収率
B3	0-1-2-21/24	0.0%	4.2%	12.5%	0%	28%
A3	5-3-2-21/31	16.1%	25.8%	32.3%	128%	137%
B2	13-12-9-144/178	7.3%	14.0%	19.1%	49%	85%
A2	19-23-23-145/210	9.0%	20.0%	31.0%	63%	115%
B1	3-7-4-67/81	3.7%	12.3%	17.3%	17%	52%
A1	22-17-13-133/185	11.9%	21.1%	28.1%	123%	96%

馬が出ている確率が22.8％もあるのだから、これを黙って見過ごすと痛い目に遭う。

良い例としては2021年ユニコーンステークス。加速ラップ該当馬7番人気スマッシャーが勝利しているが、**追い切り栗東坂路加速ラップだったのは1着のスマッシャーと2着のサヴァ（14番人気）だけ**。

波乱の決着ではあるが、調教から狙っていると大きな驚きはない結果だったといえる。

美浦に関しては好走の傾向が弱めではあるが、**坂路の追い切りで53秒台以下の時計を出している馬**が定期的に人気薄で好走していることは特徴だと考えて良さそうだ。

美浦でウッドではなく坂路追い切りで時計が速めとなれば、当然該当数も少なくなるため、レース単位で該当しても1～2頭ばかりだが単勝回収率は148％もある。

関西馬不在のレースに限定すると、頭数が多いウッド追い切り馬の中で5F時計が1～2位で1～3番人気の馬が安定して好走しており、単勝回収率が100％を超えているという結果もある。

馬券のことを考えれば**関西馬の中でコース相性の良い調教をしている馬が出走しているなら狙う**ぐらいが丁度良いだろう。

 ＊コース相性の良い調教をしている関西馬が出走しているなら狙う
＊美浦坂路追い切り53秒台以下の馬を人気薄で狙う

東京芝1600m

栗東も美浦もA1ラップの坂路追い切り馬に注目

　安田記念やNHKマイルカップで数多くの名勝負を生んできた東京マイル戦。コースの仕組み上、位置取りが前ほど勝率も回収率も高い（ほぼ全てのコースの共通項）のだが、勝ち馬の頭数では**逃げ＋先行の合計数と差し＋追い込みの合計数に大きな差が無い**ことが特徴の1つだ。

　このコースでは長い直線を華麗に差し切る馬も数多くおり、その終いの脚が実戦ではどうなるのかを調教を目安に探れないだろうか？　と考えると面白い傾向が見えてくる。

　本書の加速ラップの定義を使うと、多くの場合で**加速ラップが好成績**となり、その成績はA3が最も高くA2が次、そしてA1という順番になるコースが多い。
　しかし東京芝1600mに関しては**栗東坂路追い切り馬も美浦坂路追い切り馬もA1の勝率と回収率が最も高くなっている。**

■東京芝1600m戦栗東坂路調教ラップ別成績

ラップ種別	着別度数	勝率	連対率	複勝率	単勝回収率	複勝回収率
B3	3-0-1-6/10	30.0%	30.0%	40%	236%	73%
A3	4-3-1-24/32	12.5%	21.9%	25.0%	36%	46%
B2	7-10-9-89/115	6.1%	14.8%	22.6%	27%	52%
A2	10-15-18-119/162	6.2%	15.4%	26.5%	26%	63%
B1	0-0-0-23/23	0.0%	0.0%	0.0%	0%	0%
A1	14-9-8-81/112	12.5%	20.5%	27.7%	267%	90%

■東京芝1600m戦美浦坂路調教ラップ別成績

ラップ種別	着別度数	勝率	連対率	複勝率	単勝回収率	複勝回収率
B3	0-1-0-2/3	0.0%	33.3%	33.3%	0%	36%
A3	0-1-2-1/4	0.0%	25.0%	75.0%	0%	142%
B2	2-14-11-89/116	1.7%	13.8%	23.3%	11%	47%
A2	9-13-13-126/161	5.6%	13.7%	21.7%	60%	84%
B1	5-6-7-134/152	3.3%	7.2%	11.8%	138%	57%
A1	18-23-22-220/283	6.4%	14.5%	22.3%	62%	89%

そこから何が推測できるか？

A1は終いのみ12秒台の加速ラップだから、A2と違い2F・1Fの時計は青天井となるため、東京芝1600mでは調教で終いを大きく伸ばした馬が好走しているのではないかということだ。

そこで、出走馬を東西問わず**「坂路追い切り組」**だけに絞り、その中から2F・1Fで何秒加速したかを順位付けることにする。

もちろん減速馬ばかりしかおらず、「減速しているけど1位」では本末転倒なので、加速している馬だけを対象とするとやはり好成績なのは上位の馬になる。

　1～3位⇒勝率9.3%　　回収率149%
　4位以下⇒勝率4.8%　　回収率41%

終いを伸ばすことが多く、成績の良い厩舎が東京芝1600m戦に初めて出走する時も狙い目。

もう1つ覚えておきたいのは、関東のコースなので**美浦ウッド追い切り組が多い**こと。

馬券構成を考える中でウッド追い切り組を入れないことはありえない状況だが、**美浦ウッド追い切りで終い11秒台を出している馬が前週土日坂路最速時計57秒台以下の良い時計だと勝率18.3%　複勝率42.2%**と好成績になっており、該当馬が1頭以上いるレースでいずれかが勝利している確率は31.8% 馬券内には60.3%も入っていることは覚えておくべきポイントだ。

* 調教で終いを大きく伸ばした馬が好走するコース
* 美浦ウッド終い11秒台＋前週土日坂路最速時計57秒台以下

主要コース狙い目調教

東京芝2400m

前週土日坂路調教や追い切りで坂路加速ラップがある馬が好走

　日本ダービー、オークス、ジャパンカップなどが開催されるコースとなるため、ファンに対して「頭の中でレース映像を思い浮かべてください」と言った場合、最も脳内再生されるコースなのではないか。

　関東馬の出走頭数が多く、それは当然「追い切りは美浦ウッド組が圧倒的に多い」ことになるが、その状況下においても**東西の坂路追い切り加速ラップ組**がしっかり好走している。

　次の表は東西合算の坂路ラップ別成績だが、加速ラップの勝率が高めになっていることがわかる。

■東京芝2400m戦美浦・栗東坂路調教ラップ別成績

ラップ種別	着別度数	勝率	連対率	複勝率	単勝回収率	複勝回収率
B3	2-0-0-4/6	33.3%	33.3%	33.3%	111%	48%
A3	0-4-0-10/14	0.0%	28.6%	28.6%	0%	88%
B2	5-11-8-71/95	5.3%	16.8%	25.3%	19%	55%
A2	18-15-15-103/151	11.9%	21.9%	31.8%	125%	83%
B1	5-6-7-71/89	5.6%	12.4%	20.2%	50%	79%
A1	26-24-27-183/260	10.0%	19.2%	29.6%	56%	78%

　加速ラップ組のレース単位での平均頭数は2.8頭だが、レース単位の勝率は28.6%となっているため、約3割の馬が坂路加速ラップ組ということになる。

　また、最も該当数の多い美浦ウッド追い切り組に関しても**前週土日の坂路調教が加速ラップであると成績が急上昇**しており、加速ラップに該当した場合の勝率20.6%、複勝率42.1%に対してそれ以外のウッド追い切り組は勝率10.8%、複勝率27.6%となっている。

　木村厩舎が頻繁にルメール騎手とのコンビで好走しているコースで、坂路加速ラップからの美浦ウッド組に好走例が多く、「**厩舎の得意な調教**」と一致している。「ルメール騎手が騎乗した場

合に、この調教パターンが増える木村厩舎」なので成績が良くなっているのではないか。

このようなことは珍しいことではなく、本書でここまでに紹介した厩舎の狙い目とこれから紹介していくコースの狙い目の一致は競馬予想を捗らせることができるファクターとなる。これを応用すると「あの厩舎の調教パターンなら、このコースに初出走する時が狙い目かな？」というように先々の買いタイミングを事前に想定しておくことも可能になる。

話を東京芝 2400 mに戻すが、特に日本ダービーとオークスは**前週土日坂路調教**や**追い切りで坂路加速ラップがある馬が多数好走**しており、2010 年以降の両レースではどちらも半分の勝ち馬がこれに該当する。

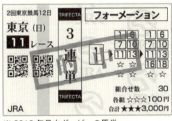

※ 2019 年日本ダービーの馬券

2019 年日本ダービーで大波乱を起こしたロジャーバローズも加速ラップに該当していた馬の 1 頭。

YouTube で事前にアップして的中できたことで大きな反響を得たが、基本的に毎年日本ダービーとオークスでは**加速ラップの馬を重視して予想**を届けているので、それだけ重要な項目だと確信しているのだ。

これからは美浦坂路の改修工事後の世界になっていくため、初入厩時から新美浦坂路調教の世代が増えていくことになる。今後、美浦坂路加速ラップ組、また前週土日坂路調教加速ラップからウッド追い切りで仕上げられた馬の成績が上昇する可能性があるのでその点を注視してほしい。

二大調教コースの 1 つである坂路形状が変化したことが、結果に影響しないことは考えられないからだ。

＊ダービー、オークスは坂路加速ラップ組を狙う
＊前週土日坂路調教加速ラップから美浦ウッド追い切りの今後に注目

中山ダート1800m

前週土日美浦坂路最速時計＋追い切りウッドで好時計の関東馬

重賞しか馬券を買わないライトファンだとマーチステークスの印象が強いと思うので、関西馬が多く参戦しているイメージになってしまうはずだが、コース全体で見れば関西馬参戦は少ない。

関東馬同士の戦いを基本として考えると、美浦ウッド追い切り組と坂路追い切り組では**ウッド組が倍ほど該当し若干成績が上**になっている。

美浦坂路に関しては**2F各12秒台の加速ラップ**がやや優勢、11秒台を含むラップは母数が少なすぎるのであてにならないデータではあるものの、11秒台のあるラップはどの状況下でも成績が良いため、注目しておくべきだ。

■中山ダ1800m戦美浦坂路調教ラップ別成績

ラップ種別	着別度数	勝率	連対率	複勝率	単勝回収率	複勝回収率
B3	2-0-1-7/10	20.0%	20.0%	30.0%	491%	164%
A3	2-0-0-7/9	22.2%	22.2%	22.2%	103%	37%
B2	19-19-17-233/288	6.6%	13.2%	19.1%	54%	80%
A2	24-30-29-248/331	7.3%	16.3%	25.1%	161%	81%
B1	17-23-23-358/421	4.0%	9.5%	15.0%	40%	56%
A1	41-47-56-478/622	6.6%	14.1%	23.2%	64%	106%

次に美浦ウッドに関してだが、**5F時計が速いほど好成績**になる傾向が見られる。

■中山ダ1800m戦美浦ウッド5F時計別成績

ウッド5F時計	着別度数	勝率	連対率	複勝率	単勝回収率	複勝回収率
64.0～65.9	25-20-19-162/226	11.1%	19.9%	28.3%	81%	95%
66.0～67.9	155-160-142-1361/1818	8.5%	17.3%	25.1%	83%	79%
68.0～69.9	157-194-163-1945/2459	6.4%	14.3%	20.9%	65%	68%
70.0～	75-67-67-829/1038	7.2%	13.7%	20.1%	89%	91%

素直に **67秒以下が狙いの目安**だと考えることがベストだが、ここに前週土日坂路最速時計を加えると、より明確に買いのポイントを炙り出すことができる。

　土日坂路最速時計 60 秒以上（遅め）⇒勝率 7.8％、回収率 50％
　土日坂路最速時計 59 秒台以下（やや遅め〜速め）⇒勝率 11.2％、回収率 134％
　土日坂路最速時計無し（坂路を使っていない）⇒勝率 8.1％、回収率 84％

　以上から、**土日に遅すぎない坂路最速時計がある馬で追い切りがウッドで良い時計になっている関東馬を狙うのが基本となる。**
　これは中山ダート1800mでほぼ毎年ベタ買いで単勝回収率100％を超える調教のため、単勝・馬単・3連単の単系統の馬券の頭として使い続けることができる。

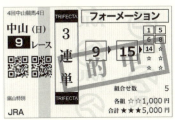

※ 2020 年鋸山特別の的中馬券

　ウッドの全体時計が速めの馬が狙い目であることと連動して、終い1Fに関しては11秒台でも12秒台でも成績の差はない。

　このことから、終い時計が11秒台前半で騒がれているが、全体時計は遅い馬が人気になる時に、**全体時計が良く終いが地味な馬を狙う**というのも効果的な馬券戦略となる。

＊美浦ウッドが好成績も、5F時計が速くなればなるほど良い
＊全体時計が重要　終いが地味目の馬が狙い目

中山芝1200m

「早い話が調教から速い馬が速い」コース

スプリンターズステークスの舞台であり「電撃戦」という言葉で表現されることもある中山芝1200m。

しかし調教の部分でも電撃戦と言える結果が生まれていることを知る方は多くないはずだ。

美浦坂路、栗東坂路ともに追い切りで51秒台以下を出している馬の成績が勝率14.2％、単勝回収率99％、複勝率33.0％、複勝回収率120％の好成績となっている。

当然「複数頭該当する場合」や「1頭も存在しない場合」などケースは様々だが「**1頭以上該当しているレース全体**」で**坂路51秒台以下の馬が勝利している率**という計算をすれば**勝率23.5％、複勝率50.0％**あるということは必ず覚えておきたいポイントだ。

※競馬で使われる確率は母数計算が多いが、このように現実として起こっている確率（馬券に置き換えた時の確率と考える）を知っておくことは、得た情報を馬券に活用する上で非常に重要となる。

「早い話が調教から速い馬が速い」ということになるため、この一節をラップ調で口ずさめるようにしておくだけで中山芝1200mの攻略が出来てしまう……と言うとふざけているように聞こえるかもしれないが、本気過ぎるほどに本気でお伝えしているポイントである。

例えば2021年のスプリンターズステークスの坂路時計上位を並べてみると次のようになる。

モズスーパーフレア　50.0 秒
シヴァージ　51.6 秒
ビアンフェ　51.6 秒
ピクシーナイト　52.1 秒
レシステンシア　52.1 秒

　51秒台以下は3頭、ギリギリ足りていなかったが誤差範囲の人気馬が2頭という構図になっていた。
該当馬の中で最低人気なのはシヴァージで10番人気。
これを狙わない手があるだろうか？（結果3着）

　本書では調教は難しく考えずに簡単に使うということをテーマとしているが、この中山芝1200ｍは最もそのテーマに近い傾向を持っているコースとなる。

　残念なことに本書が発売されるのは2024年のスプリンターズステークスより後になってしまうのだが、年末の中山開催で該当馬を見つけたらぜひ狙ってみてほしい。

| ここが ポイント | ＊美浦坂路、栗東坂路ともに追い切り51秒台以下の馬を狙え |
| ＊「1頭以上該当レース全体」で坂路51秒台以下が複勝率50.0％ |

中山芝2000m

前週土日坂路調教＋追い切りがウッド終い1F11秒台が特注

　数々の好勝負が生まれた皐月賞が開催されるコース。坂路追い切りとウッド追い切りでの差はあまり目立たないが、絞り込むと**極端に成績が良い条件が存在**する。

　東西ともに**前週土日坂路を使っている馬で追い切りがウッド終い1F11秒台**。これが好成績のパターンとなる。

　母数の少ない栗東（関西馬）に関しては勝率10.9％ 単勝回収率173％の好成績で、特にホープフルステークスでは毎年好走馬が出ていることから、この年末の大一番でチェックしてみてほしい。

　次に美浦（関東馬）に関しては、栗東ほどの好成績ではないもの極端に成績の優劣が出ているので以下の表の通り馬券に活用するには十分な結果となっている。

■中山芝2000m戦前週土日坂路調教＋美浦ウッド1F時計別成績

ウッド1F時計	着別度数	勝率	連対率	複勝率	単勝回収率	複勝回収率
11.0～11.9	63-51-45-344/503	12.5％	22.7％	31.6％	80％	73％
12.0～12.9	66-66-62-627/821	8.0％	16.1％	23.6％	67％	69％
13.0～13.9	13-27-14-187/241	5.4％	16.6％	22.4％	37％	79％

　近年の弥生賞はほぼこの調教に該当した馬しか勝っておらず、この調教パターンに該当した馬が中山芝2000mで1着になっている確率は45％もあるため、この該当馬から馬券を買えば頻繁に的中することに繋がる。

　※母数計算の勝率とレース単位の勝率の違いを意識して理解して馬券を買うべし、である。

　この調教パターンは併せ馬をしているなら先着、していない単走だけに限定すると単勝回収率147％まで上昇することも特徴。

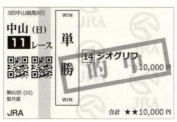

　そこまで手が回らないという人はそれでも全く問題はない。少なくとも調教を簡単かつ"効果的"に、ある程度使うだけで有利になるのが馬券の世界。

　やり込みすぎて嫌になるぐらいなら、自分が楽と思える範囲で使えばいい。

　ただ、1つアドバイスがあるとすれば、複数該当した場合には**人気薄から買うことが鉄則である**。これは他のファクターでも同じことがいえるが、誰しもが買うからこそ1番人気になっている馬のプラスの買い要素を探していくのは時間と回収率の無駄でしかないだろう。

　他のファンが知らないことを時間を使って努力して探したのに、着地点が支持率1位である1番人気になってしまっては面白さも、配当の美味しさもないのだから。

＊前週土日坂路調教＋ウッド終い1F11秒台
＊美浦ウッドは上記に「併せ馬先着、単走」で絞り込みたい

阪神ダート1800m

主要コース狙い目調教

回収率を上げるには、東西ポリトラック組を狙え

　勝ち馬の年間平均配当が1000円に届かないことが多く、回収率を伸ばすのが難しいコース。

　栗東坂路追い切りも栗東ウッド追い切りも全く差がなく回収率が低く、坂路のラップ別成績で見ても「これだけのっぺりしたコースは少ない」としか言いようがない。

■阪神ダ1800m戦栗東坂路調教ラップ別成績

ラップ種別	着別度数	勝率	連対率	複勝率	単勝回収率	複勝回収率
B3	7-4-5-21/37	18.9%	29.7%	43.2%	72%	113%
A3	4-4-2-25/35	11.4%	22.9%	28.6%	61%	62%
B2	89-89-80-619/877	10.1%	20.3%	29.4%	69%	88%
A2	95-91-83-671/940	10.1%	19.8%	28.6%	69%	73%
B1	41-51-45-617/754	5.4%	12.2%	18.2%	59%	68%
A1	100-82-95-829/1106	9.0%	16.5%	25.0%	69%	69%

■阪神ダ1800m戦美浦坂路調教ラップ別成績

ラップ種別	着別度数	勝率	連対率	複勝率	単勝回収率	複勝回収率
B3	-	-	-	-	-	-
A3	-	-	-	-	-	-
B2	0-0-0-16/16	0.0%	0.0%	0.0%	0%	0%
A2	2-0-0-14/16	12.5%	12.5%	12.5%	33%	20%
B1	0-0-1-11/12	0.0%	0.0%	8.3%	0%	32%
A1	1-1-2-24/28	3.6%	7.1%	14.3%	10%	35%

　関東馬が遠征してきたとしても成績が悪く、調教では何ともならない阪神ダート1800mなのだが、「1つだけ」不定期に訪れるボーナスタイムがあることをご存知だろうか。

　それは**栗東のポリトラック追い切り馬が好成績**であること。

　勝率は12％程だが単勝回収率は150％近くあり、母数が少ないわりにはプラス収支になる年度が多く安定感も兼ね備えている。

PAT投票画面での馬券イメージ画像の保存などを失念してしまったが、2024年のアンタレスステークスのミッキーヌチバナは事前の公開予想をしつつ、X(旧Twitter)での生配信でもポリトラック追い切りに注目して推していた。

　美浦ポリトラック組が出走することは年に一桁だが、それでも過去5年で勝ち馬は出ており回収率もプラス。

　ポリトラック追い切りの成績が良いコースはかなり少なく、ここ5年で二桁勝利をしていて勝率が10%を超えている上、単勝回収率100%を超えているのは阪神ダート1800mだけとなっている。

　レース全般でポリトラック調教の成績が低いという特徴も組み合わせると、普段ポリトラック調教が多くて、結果がイマイチな**馬が最初に阪神ダート1800mに出走する時**は狙う価値が高い。

　まぁ、そのタイミングでポリトラックから坂路やウッドになる馬を見て苦笑いすることも珍しくないのだが……。
　このコースほどの好成績ではないが、**東京ダート2100mも東西ポリトラック組の成績が高めで年度別の回収率もプラスになる**ことが多い。西の阪神ダート1800mと東の東京ダート2100mだけは記憶しておくことをオススメしたい。

* 栗東ポリトラック追い切りの成績が良い
* ポリトラック調教型で結果ひと息の馬がこのコースに初出走する時は注

阪神芝1400m

当週でも前週土日でも坂路時計が速くなれば◎

中央競馬の中には、「速いは正義」という言葉で表現できるコースがいくつか存在する。

阪神芝1400mはその代表的なコースの1つとなっており、**栗東坂路追い切り時計が51秒台以下の好時計**だと成績が素晴らしいのが特徴。

■阪神芝1400m戦栗東坂路全体時計別成績

追い切り坂路時計	着別度数	勝率	連対率	複勝率	単勝回収率	複勝回収率
50.0～51.9	21-25-12-98/156	13.5%	29.5%	37.2%	141%	103%
52.0～53.9	61-53-68-592/774	7.9%	14.7%	23.5%	53%	87%
54.0～55.9	48-48-64-599/759	6.3%	12.6%	21.1%	44%	71%
56.0～57.9	7-10-10-138/165	4.2%	10.3%	16.4%	77%	98%

表を見ての通り、勝率も回収率も桁が1つ違う。この5年で阪急杯、フィリーズレビュー、京都牝馬Sは各2勝しており、もちろん重賞以外でも好成績を残している。

複勝率も40％近くある上に単勝回収率はプラスだから、馬券の買い方としては単勝など頭に置く馬券を中心にしつつ、馬連や3連複の軸としても使いやすい。

※2023年12月3日
12R阪神芝1400m
戦の的中馬券

また「速いは正義」は**ウッド追い切りに対しての前週土日坂路最速時計**にも当てはまる。

次の表は東西合算での成績だが、前週土日の段階で坂路時計が追い切りと見間違うほど速い55秒台以下が好成績だ。

■阪神芝1400m戦ウッド追い切り+前週土日東西坂路調教時計別成績

土日坂路最速時計	着別度数	勝率	連対率	複勝率	単勝回収率	複勝回収率
52.0〜53.9	9-7-5-45/66	13.6%	24.2%	31.8%	130%	84%
54.0〜55.9	20-13-14-134/181	11.0%	18.2%	26.0%	100%	68%
56.0〜57.9	35-41-34-303/413	8.5%	18.4%	26.6%	73%	84%
58.0〜59.9	32-39-33-353/457	7.0%	15.5%	22.8%	82%	89%
60.0〜	70-75-88-969/1202	5.8%	12.1%	19.4%	46%	75%
無し	44-31-35-460/570	7.7%	13.2%	19.3%	60%	64%

競馬予想に調教ファクターを一切使わない人にはかなり不利になるコースで、調教の坂路時計を見るだけで回収率100％以上の予想をスタートできるコースでもある。調教を利用した予想をこれからやってみようという人には最適かもしれない。

なお、美浦ウッドコース追い切り馬の成績も良く、関東からの遠征馬を軽視してはならないコースでもある。

■阪神芝1400m戦美浦ウッド5F時計別成績

ウッド5F時計	着別度数	勝率	連対率	複勝率	単勝回収率	複勝回収率
64.0〜65.9	1-1-1-6/9	11.1%	22.2%	33.3%	74%	90%
66.0〜67.9	4-3-2-27/36	11.1%	19.4%	25.0%	246%	73%
68.0〜69.9	6-4-1-37/48	12.5%	20.8%	22.9%	107%	72%
70.0〜	1-2-0-17/20	5.0%	15.0%	15.0%	29%	35%

■阪神芝1400m戦美浦ウッド1F時計別成績

ウッド1F時計	着別度数	勝率	連対率	複勝率	単勝回収率	複勝回収率
11.0〜11.9	8-5-2-37/52	15.4%	25.0%	28.8%	115%	69%
12.0〜12.9	2-3-3-41/49	4.1%	10.2%	16.3%	155%	65%
13.0〜13.9	1-2-0-20/23	4.3%	13.0%	13.0%	46%	42%

ここがポイント
＊栗東坂路追い切り時計が51秒台以下
＊東西ウッド追い切り＋前週土日坂路調教55秒台以下

阪神芝1600m

栗東坂路11秒台加速（A3）、2F11秒台からの減速（B3）に注

続いてこちらも「速いは正義」の阪神芝1600m。

阪神芝1400mから1F伸びても坂路時計が速い馬の好成績は変わらず、**栗東坂路追い切りで51秒台以下の馬**は次の表の通り飛び抜けている。

■阪神芝1600m戦栗東坂路全体時計別成績

追い切り坂路時計	着別度数	勝率	連対率	複勝率	単勝回収率	複勝回収率
50.0～51.9	23-9-16-125/173	13.3%	18.5%	27.7%	171%	85%
52.0～53.9	83-85-93-786/1047	7.9%	16.0%	24.9%	66%	76%
54.0～55.9	80-88-65-823/1056	7.6%	15.9%	22.1%	90%	82%
56.0～57.9	11-18-14-209/252	4.4%	11.5%	17.1%	35%	68%

この舞台で行われる朝日杯フューチュリティステークスでは2020年勝ち馬グレナディアガーズや22年勝ち馬ドルチェモアなども該当。

好時計と一部重なるが、ラップ別で見ると**11秒台加速ラップ（A3）の勝率が高く、2F11秒台からの減速ラップ（B3）の複勝率が高い**ことがわかる。

■阪神芝1600m戦栗東坂路調教ラップ別成績

ラップ種別	着別度数	勝率	連対率	複勝率	単勝回収率	複勝回収率
B3	5-6-8-30/49	10.2%	22.4%	38.8%	38%	124%
A3	13-13-4-55/85	15.3%	30.6%	35.3%	93%	69%
B2	34-26-46-315/421	8.1%	14.3%	25.2%	126%	102%
A2	55-63-62-472/652	8.4%	18.1%	27.6%	69%	71%
B1	5-7-8-230/250	2.0%	4.8%	8.0%	6%	34%
A1	43-53-30-430/556	7.7%	17.3%	22.7%	72%	83%

これに加え、栗東ウッドでも**終い時計が"速い"馬**の成績が目立っており、1F11.5秒（誤差範囲として11.6秒以下として一応の定義をする）前週土日坂路調教時計無しの馬を除くと、勝率

10.7％、単勝回収率158％と好成績。坂路51秒台以下の馬より該当数も多くなるため、このコースで馬券を買う時は主力になってくれる。

例えば、2022年11月の1勝クラス、長期休み明けだったレベレンシアはこれに該当、人気馬達を撃破。1番人気ポーカーは坂路が地味な馬、2番人気マイシンフォニーは前週土日坂路を使わない馬だった。

人気馬を負かす理由を「調教から探す作業」は複雑なようで実は簡単。
1点注意があるとすれば、調教での動きや馬体といった主観の入った「感想」や、人気や実績などの「他のファンの人気にすり寄る」というようなことをしなければ良いだろう。

■阪神芝1600m戦栗東ウッド1F時計別成績

ウッド1F時計	着別度数	勝率	連対率	複勝率	単勝回収率	複勝回収率
11.0〜11.9	52-41-47-373/513	10.1%	18.1%	27.3%	93%	94%
12.0〜12.9	40-36-39-500/615	6.5%	12.4%	18.7%	105%	61%
13.0〜13.9	3-1-3-68/75	4.0%	5.3%	9.3%	109%	75%

なお、阪神芝1400mと同様、美浦ウッドコース追い切り馬の成績も良く、これは注視したいポイントである。

＊栗東坂路追い切りで51秒台以下
＊栗東ウッドも終い時計の速さが必要

主要コース狙い目調教

京都ダート1800m

栗東坂路加速ラップA1とA2とA3とB3を押さえるだけでOK

　京都開催中に頻繁に使われるダート1800m戦を得意とできるか苦手とするかで京都競馬場での馬券収支は大きく変化する。

　しかし、この京都ダート1800mを得意にすること自体は難しくない。なぜなら栗東坂路追い切りのラップを見るだけで収支の上がる可能性が高いからだ。

■京都ダ1800m戦栗東坂路調教ラップ別成績

ラップ種別	着別度数	勝率	連対率	複勝率	単勝回収率	複勝回収率
B3	3-1-1-6/11	27.3%	36.4%	45.5%	92%	93%
A3	3-2-1-8/14	21.4%	35.7%	42.9%	63%	65%
B2	33-36-29-318/416	7.9%	16.6%	23.6%	71%	85%
A2	55-46-38-297/436	12.6%	23.2%	31.9%	133%	93%
B1	20-33-32-378/463	4.3%	11.4%	18.4%	50%	60%
A1	45-54-45-396/540	8.3%	18.3%	26.7%	102%	67%

　回収率の高い**加速ラップA1とA2**に加えて信頼度が非常に高いラップである**11秒台が含まれているA3とB3を狙う**ことで、調教による京都ダート1800m攻略は完了したも同然。

　京都競馬場のリニューアルによって路盤も改修されたことから、この傾向が変わるのではないかと心配した時期もあったが、結果は以下の通りで「微動だにせず」だ。

　改修前2019～2020年⇒勝率10.3%、単勝回収率114%
　改修後2023～2024年⇒勝率10.8%、単勝回収率115%

　ホッとしたと同時に「ここまで数字が同じだと不気味だな」とすら思ってしまったが……

改修前も改修後もこの狙いで馬券を当てることができており、改修工事中の開催がなくデータ上の母数は減るが「この変化のなさ」は母数の多さを超えた信頼感がある。

 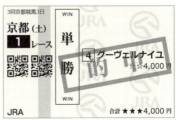

※ 2024年4月27日1R京都ダ1800m戦の的中馬券

　該当馬が少ないためオマケ的な話だが、このコースはブラックタイド産駒で坂路追い切り53秒台以下orウッド5F67秒台以下に該当した馬が勝率26％、単勝回収率300％を超えている。

　これも京都競馬場リニューアル前後でどちらも好成績なので、見かけたら狙ってみてほしい。

　なお、栗東ウッド追い切り組に関しては、年度別のバラツキはあるにしても終い11秒台で仕上げた馬の勝率が10％程、回収率は150％近くある。
　人気上位なら信頼度がより高くなる傾向なので絞り込み過ぎず、該当馬を素直に馬券構成に加える意識を持っておきたい。
　美浦ウッド追い切り組はシンプルに集計すると回収率が高い傾向だが、2024年に単勝90.4倍で勝ったゴーゴーユタカの影響が大きい。2着ミラクルティアラがハナ差で勝っていたと仮定すれば美浦ウッド組の回収率は40％程度しかない。

ここがポイント
＊コース改修前後でも好成績調教パターンは変わらず
＊ブラックタイド産駒の好走調教パターンも狙ってみては

小倉ダート1700m

栗東坂路追い切り馬がウッドの2倍も成績はウッドが上

　小倉開催中はこのコースの予想をする回数が多くなるわけだが、的中"頻度"を下げてでも実益を取る方法をお伝えしたい。

　まず、小倉ダート1700mに出走する馬の多くが栗東坂路追い切り。ウッド追い切りの馬は大体その3分の1ぐらいと考えてほしい。

　ウッドでの勝ち馬の頭数は坂路での勝ち馬に対して3分の1ではなく2分の1であるということ、これはかなり重要な点だ。要するにウッド追い切り組の成績が良い。

　加えて、次のように栗東坂路追い切りのラップを見ても積極的に狙いたいポイントがない。

■小倉ダ1700m戦栗東坂路調教ラップ別成績

ラップ種別	着別度数	勝率	連対率	複勝率	単勝回収率	複勝回収率
B3	1-2-1-22/26	3.8%	11.5%	15.4%	10%	31%
A3	3-4-6-40/53	5.7%	13.2%	24.5%	16%	40%
B2	36-37-35-403/511	7.0%	14.3%	21.1%	69%	73%
A2	70-59-52-512/693	10.1%	18.6%	26.1%	85%	76%
B1	8-23-19-315/365	2.2%	8.5%	13.7%	32%	55%
A1	70-66-60-657/853	8.2%	15.9%	23.0%	55%	79%

　成績の通りウッド組を狙うべきなのだが、小倉に行くことを考えて追い切るためか、時計の部分ではばらつきが大きく、顕著な傾向は出ていない。

　そこで推奨したいのが**ウッド追い切り馬の中で終い1F時計が1位の馬**。11秒台前半で「速くて1位」もあれば12秒台半ばで「地味だけど1位」というケースもあるが、時計別の差が出ていなく

ても順位別で見た時の1位は勝率11%、単勝回収率129%と好成績。

　終いだけではなく、**ウッド5F時計の1位も単勝回収率110%**あることから、相手との比較でウッド時計が速い立場になっているかどうか、が重要な裏付けになるコースだと考えている。

■小倉ダ1700m戦栗東ウッド5F時計別成績（参考）

ウッド5F時計	着別度数	勝率	連対率	複勝率	単勝回収率	複勝回収率
64.0〜65.9	5-7-4-37/53	9.4%	22.6%	30.2%	39%	97%
66.0〜67.9	34-24-26-249/333	10.2%	17.4%	25.2%	109%	91%
68.0〜69.9	29-28-18-327/402	7.2%	14.2%	18.7%	60%	97%
70.0〜	16-11-17-162/206	7.8%	13.1%	21.4%	153%	89%

■小倉ダ1700m戦栗東ウッド1F時計別成績（参考）

ウッド1F時計	着別度数	勝率	連対率	複勝率	単勝回収率	複勝回収率
11.0〜11.9	32-31-28-285/376	8.5%	16.8%	24.2%	144%	94%
12.0〜12.9	53-51-38-490/632	8.4%	16.5%	22.5%	80%	87%
13.0〜13.9	12-8-10-102/132	9.1%	15.2%	22.7%	111%	117%

　ウッドの終い時計1位の馬とウッドの5F時計1位の馬（両方兼ねる場合もあるが）が1着になっている確率がレース単位で16.1%あり、合算の回収率で120%を超えているということも頭の中に描きながら予想をしてみていただきたい。

　さすがに2頭での1・2着決着はあまり起こらないので（昨年馬連万馬券が出たこともあるがレアケース）あくまでも単勝・単系統の馬券でのイメージを持つことが重要となる。

* 栗東坂路の時計では大きな見どころなし
* 成績良いウッドでは終い1F時計や5F時計が「1位」の馬に注

中京ダート1200m

主要コース狙い目調教

栗東坂路加速ラップ（A1）が優秀

大きなレースが行われないコースで、妙に堅い時期と荒れる時期が偏るため、もし、コースの人気投票を行ったらかなり下の方になるのではないかと思われるコース。

ただ、このコースには他のコースにはあまり見られない坂路追い切りラップの偏りがある。

以下は栗東坂路追い切り馬のラップだが、**終いのみ12秒台に伸ばした加速ラップ（A1）が抜けた成績**になっていることがわかる。

■中京ダ1200m戦栗東坂路調教ラップ別成績

ラップ種別	着別度数	勝率	連対率	複勝率	単勝回収率	複勝回収率
B3	3-1-3-27/34	8.8%	11.8%	20.6%	43%	50%
A3	1-4-3-22/30	3.3%	16.7%	26.7%	17%	57%
B2	37-35-21-302/395	9.4%	18.2%	23.5%	53%	61%
A2	34-34-38-291/397	8.6%	17.1%	26.7%	57%	82%
B1	14-16-10-203/243	5.8%	12.3%	16.5%	130%	94%
A1	48-23-34-312/417	11.5%	17.0%	25.2%	168%	94%

競馬データあるあるの「数回の高配当で一時期だけ好成績だった名残」ではなく、**多くの年度で回収率が高く、勝ち馬が多い安定した結果を残しているラップ**だ。

好結果に繋がっている理由は、A1ラップ該当馬の約4割が**レースで上がり3F5位以内の脚を使えている**こと。

そして、加速ラップではあるものの、一見すると地味な調教時計の馬が多いことも理由か、11秒台加速ラップだった馬の平均オッズが約12倍、2F各12秒台の加速ラップだった馬の平均オッ

ズが32倍に対して、このA1ラップでは平均オッズ約52倍と高くなっている。

　注目度が低いのに好走率が高い＝回収率が高いということ。
　単勝二桁オッズから単勝万馬券まで人気薄がよく好走するため、常に狙っているコースだ。

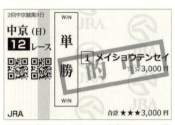

※2020年10月4日12R中京ダ1200m戦で勝ったメイショウテンセイは単勝34.2倍

　また、東西ともポリトラック組が他コースと比べて好走しているのも特徴。
　栗東ポリトラック追い切りの馬は複勝率が25％近く、複勝回収率が200％。全体の母数が少ない前提としても、近年ポリトラック追い切り出走馬が増加傾向で成績が良くなっているため、一部の厩舎では「ポリトラックと相性が良いコース」という認識になっているのだろうか？
　美浦に関しては、中京＋関東馬＋ポリトラックとなると栗東以上に母数は減るが、なぜか多くの年度で勝ち馬が出ており単勝回収率が300％を超える。
　東西で好走しているとなれば、何らかの理由があると考える方が正しいのではないか。

＊ラップ（A1）で上がり3F5位以内の脚が使えそうな馬に注
＊A1は多くの年度で回収率が高く、勝ち馬の多い安定した結果に

主要コース狙い目調教

中京ダート1900m

東西問わず「ウッド追い切り」が好成績

中京でのダートは1800m戦が多い。わずか100mの差とはいえ、気になってしまうのが1900m戦ではないだろうか？

この手のクセの強いイメージがあるコースは実は調教相性にもクセが出ることが多く、このコースだと極端に**ウッド追い切りの成績が良い傾向がある。**

栗東坂路追い切りの馬は単勝回収率が50％程度、関東馬の美浦坂路追い切りでは回収率30％程度しかないが、**栗東ウッド追い切り馬は回収率150％を超える。**
美浦ウッドに関しても単勝回収率が70％程あるため坂路の倍以上となる。

栗東ウッド追い切りに関して、少し絞るなら**4F時計で53秒台以下を推奨**したい。時計が遅めの馬を省く作業をするだけで勝率10.7％、単勝回収率183％ならやって損はないはずだ。

補足として、人気上位馬がウッド追い切りで出走してくると信頼度が高いコースという特徴がある。
特に1番人気の勝率は40％を超えており、人気であっても、期待値が高くなるため馬券のアタマにして狙っていくべきだろう。

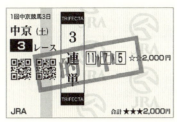

※2019年1月26日3R中京ダ1900m戦の的中馬券

　そういえばここ数年「期待値」という言葉を回収率などに関わる意味ではなく、自分の予想の中でその馬への期待が大きいことを「期待値が高い」とSNSなどで発信している人を目にすることが増えたように思う。

　初心者の人はその手の表現に惑わされないよう注意してほしい。

■中京ダ1900m戦栗東ウッド1F時計別成績（参考）

ウッド5F時計	着別度数	勝率	連対率	複勝率	単勝回収率	複勝回収率
11.0〜11.9	18-14-8-121/161	11.2%	19.9%	24.8%	65%	67%
12.0〜12.9	34-30-38-243/345	9.9%	18.6%	29.6%	189%	108%
13.0〜13.9	8-9-8-57/82	9.8%	20.7%	30.5%	79%	105%

■中京ダ1900m戦美浦ウッド1F時計別成績（参考）

ウッド5F時計	着別度数	勝率	連対率	複勝率	単勝回収率	複勝回収率
11.0〜11.9	2-2-2-43/49	4.1%	8.2%	12.2%	47%	43%
12.0〜12.9	5-6-7-85/103	4.9%	10.7%	17.5%	65%	73%
13.0〜13.9	4-4-6-40/54	7.4%	14.8%	25.9%	71%	89%

ここがポイント
＊栗東ウッドなら4F53秒台以下を推奨
＊人気上位馬がウッド追い切りで出走時は信頼度が高い

主要コース狙い目調教

中京芝1200m

「坂路時計が良く、ラップも良い」馬を狙えば◎

　馬券的な意味で、中京開催で最も「**攻撃的**」に向き合ってほしいコースが中京芝1200m。

　このコースで攻めるべき理由はシンプルに「**坂路時計が良く、ラップも良い**」馬を狙っていれば勝ててしまうということにある。

　以下の表は栗東坂路追い切り全体時計53秒台以下でのラップ別成績となる。

■中京芝1200m戦栗東坂路53秒台以下調教ラップ別成績

ラップ種別	着別度数	勝率	連対率	複勝率	単勝回収率	複勝回収率
B3	5-6-3-28/42	11.9%	26.2%	33.3%	105%	88%
A3	8-6-2-23/39	20.5%	35.9%	41.0%	117%	103%
B2	10-12-10-135/167	6.0%	13.2%	19.2%	111%	54%
A2	20-10-14-119/163	12.3%	18.4%	27.0%	124%	83%
B1	3-2-1-44/50	6.0%	10.0%	12.0%	221%	103%
A1	2-1-1-19/23	8.7%	13.0%	17.4%	52%	39%

　回収率に惑わされるとB1やB2も一緒にしてしまうので注意が必要だが、見るべきところは**A2・A3・B3の勝率と単勝回収率の高さ**だ。

　この良い時計で良いラップの馬、レース平均2.5頭の該当でいずれかの馬が勝利しているレース勝率は34.4%。

　単勝回収率は約120%と高く、2020年〜2023年の4年連続で年間単勝回収率120%を超えているほどの好相性。

　特に**11秒台加速ラップは信頼度が抜群に高く**、2023年のＣＢＣ賞では該当馬のジャスパークローネとサンキューユウガが人気薄で1・2着となり、馬連で231倍、馬単で500倍を超える配当となった。

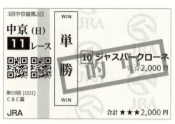

　該当馬に関しては単勝の多点買いになったとしても買っておくべき。まれに**単勝は1点しか買わない**というこだわりを持っている人がいるが、それは「単」という言葉に惑わされているだけだ。

　例えば、馬連10倍台を5点買って当てた人が単勝20倍以上の馬を3点買って当てた人に対してマウントを取ろうとするのは不思議ではないだろうか？

■中京芝1200m戦栗東坂路時計別成績（参考）

追い切り坂路時計	着別度数	勝率	連対率	複勝率	単勝回収率	複勝回収率
50.0〜51.9	14-15-8-69/106	13.2%	27.4%	34.9%	72%	84%
52.0〜53.9	36-27-28-339/430	8.4%	14.7%	21.2%	116%	68%
54.0〜55.9	25-30-23-289/367	6.8%	15.0%	21.3%	56%	70%
56.0〜57.9	6-8-7-68/89	6.7%	15.7%	23.6%	62%	76%

＊栗東坂路追い切り53秒以下でA2・A3・B3が優秀
＊中でも11秒台加速ラップは特注

主要コース狙い目調教

中京芝1600m

栗東坂路加速ラップ＋前週土日坂路調教で絞り込みたい

　血統派はロードカナロア産駒の好走が多いというイメージを持つと思われる中京芝1600mだが、調教フリークなら考えるよりも先に「**栗東坂路加速ラップが狙い目だよな**」と言葉が出るようにしておきたいコース。

■中京芝1600m戦栗東坂路調教ラップ別成績

ラップ種別	着別度数	勝率	連対率	複勝率	単勝回収率	複勝回収率
B3	1-3-0-13/17	5.9%	23.5%	23.5%	18%	48%
A3	8-5-5-21/39	20.5%	33.3%	46.2%	185%	120%
B2	20-13-27-220/280	7.1%	11.8%	21.4%	116%	76%
A2	42-42-51-276/411	10.2%	20.4%	32.8%	115%	86%
B1	3-6-6-112/127	2.4%	7.1%	11.8%	57%	55%
A1	32-32-28-257/349	9.2%	18.3%	26.4%	76%	89%

　加速ラップ全般で良い結果とまとめてもいいが、少し手間を加えて2F各12秒台加速ラップ（A2）と終い11秒台加速ラップ（A3）を重点的に狙う方が大きな見返りを得ることができる。

　中京競馬場だから、栗東馬が多く出走するだけあり、上記どちらかのラップに該当する馬が1頭以上いるレースの方が多く、平均では2.3頭となっている。

　その少ない頭数で勝率25％程あり、単勝回収率120％台まであるだから開催中はしっかり狙っていくべきだろう。

　このラップの該当馬では、前週土日坂路時計無しの馬は回収率が33％しかなく、**前週土日坂路時計がある馬は単勝回収率137％**だから回収率が100％以上違っていることになる。

　知っているといないではあまりにも大きな差がある特徴だと言えようか。

2021年シンザン記念でラップも前週土日坂路該当馬は4頭いたが、その中でも終い11秒台加速ラップだったピクシーナイトがククナやバスラットレオンを寄せ付けず勝利している。

単勝13倍と派手な馬券ではないが、ピクシーナイトの生涯で最高単勝配当なのだから、個人的には良い思い出だ。

関東馬に関しては頭数が少ない上にほぼウッド追い切りなので、坂路追い切りは母数が少ないが、一応坂路追い切りでの勝ち馬は加速ラップの馬が多くなっている。

そのことから、美浦坂路改修工事後のこれからはより成績が良くなる可能性もあると考えている。

■中京芝1600m戦美浦坂路調教ラップ別成績

ラップ種別	着別度数	勝率	連対率	複勝率	単勝回収率	複勝回収率
B3	-	-	-	-	-	-
A3	0-1-0-1/2	0.0%	50.0%	50.0%	0%	85%
B2	1-0-1-12/14	7.1%	7.1%	14.3%	165%	72%
A2	2-0-1-15/18	11.1%	11.1%	16.7%	36%	26%
B1	0-1-0-23/24	0.0%	4.2%	4.2%	0%	31%
A1	4-3-1-27/35	11.4%	20.0%	22.9%	310%	154%

* 栗東坂路2F各12秒台加速(A2)と終い11秒台加速(A3)を狙う
* 美浦も今後は坂路追い切りに注意

主要コース狙い目調教

新潟ダート1800m

前週土日坂路調教は速め、当週追い切りは緩めの栗東馬が好成績

新潟競馬場の開催は春、夏が中心で10月にも行われるが、全体的に見た場合に気温の高い時期が多い。

小学生の頃「寒いからプールが中止になりました」なんてことがあったが、今では「暑すぎて外に出るのは危険なのでプールが中止になりました」という時代。

新潟は4～5月でも真夏のような日があり、2023年11月は、28度の夏日になるようなこともあった。

スタミナも求められるダートの中距離戦、暑い時期の開催が多い舞台、そこへの輸送なども含めて馬のことを考える厩舎が増えているのか、前週土日の坂路をしっかり行ってから、当週追い切りを緩めた栗東馬の成績が良い傾向だ。

■新潟ダ1800m戦栗東坂路時計別成績

追い切り坂路時計	着別度数	勝率	連対率	複勝率	単勝回収率	複勝回収率
50.0～51.9	3-3-3-19/28	10.7%	21.4%	32.1%	50%	66%
52.0～53.9	43-29-46-303/421	10.2%	17.1%	28.0%	72%	72%
54.0～55.9	67-57-52-460/636	10.5%	19.5%	27.7%	67%	86%
56.0～57.9	16-21-15-164/216	7.4%	17.1%	24.1%	67%	88%

■新潟ダ1800m戦栗東ウッド１F時計別成績

ウッド1F時計	着別度数	勝率	連対率	複勝率	単勝回収率	複勝回収率
11.0～11.9	14-14-9-99/136	10.3%	20.6%	27.2%	54%	71%
12.0～12.9	34-31-29-257/351	9.7%	18.5%	26.8%	72%	92%
13.0～13.9	3-3-1-58/65	4.6%	9.2%	10.8%	19%	20%

土日坂路最速時計が57秒台以下のやや速め～速め。そして追い切りが坂路なら54秒以上、ウッドなら終い１Fは12秒台というのが狙い目の条件。

　この**前週土日にしっかり、追い切りは地味に**という流れは勝率14.6％、単勝回収率137％と好成績。

　追い切りが地味なため、調教を理由とした人気が集まることがなく、好走率も高いことから回収率がグッと伸びる点が魅力だ。

　これに該当していた11番人気のララメダイユドールの単勝を的中したことがあるが、このレースでもう1頭該当していた12番人気のカルロスミノルが3着だったことは痛恨の極み。2着なら馬連馬単万馬券と3連単28万馬券だったからだ。

　2024年の新潟は猛暑対策で日中時間帯に休憩を設け、後半レースを18時25分まで開催する「テスト」を実施したが、夕方とはいえ、普通に暑いわけで……ドーム型の競馬場を考える時期なのではないか。

＊前週土日栗東坂路最速時計が57秒台以下
＊追い切り栗東坂路54秒以上、栗東ウッド終い1F12秒台

新潟芝1000m

調教にこだわらなくても良い唯一のコース

　これは狙い目のコースとして紹介するというよりは「調教にこだわりすぎるな」という例として紹介することにした。

　多くのファンは自分の中で得意なファクター、苦手や嫌いなファクターがあると思われるが、直線の新潟1000mでは「枠」の影響が大き過ぎることから「**他は全て脇役**」だと考えるべきだ。

　調教、血統、馬体、血統、ラップ、前走データ、オカルトまで、ほぼ漏れなく「**成績が良いものは外枠が多いだけだった**」となるのがこのコース。

　調教であれば栗東坂路・美浦坂路・栗東ウッド・美浦ウッド、ポリトラックまで含めて7～8枠だと成績が良く、それ以外だと勝率が10%前後下がり、回収率も下がるというだけの話だ。

　例えば栗東坂路ラップでも7～8枠ならA1・A2・A3の勝率は左から順に14.3%、21.6%、12.5%だが、1～6枠にすると5.5% 5.7% 5.9%だから枠の影響が全てと言っても過言ではない。

■新潟芝1000m戦栗東坂路調教ラップ別成績（参考）

ラップ種別	着別度数	勝率	連対率	複勝率	単勝回収率	複勝回収率
B3	1-0-0-15/16	6.3%	6.3%	6.3%	18%	8%
A3	2-1-1-13/17	11.8%	17.6%	23.5%	41%	62%
B2	1-2-3-50/56	1.8%	5.4%	10.7%	8%	38%
A2	8-3-11-62/84	9.5%	13.1%	26.2%	37%	84%
B1	1-2-3-41/47	2.1%	6.4%	12.8%	126%	61%
A1	4-4-3-51/62	6.5%	12.9%	17.7%	40%	51%

　ただ、1つだけこの新潟1000mで注目する調教が存在する。**それは栗東坂路の持ち時計49秒台以下の馬だ。**追い切りでも土

日でも、過去のレース週に49秒台以下の鬼時計を出している馬に関しては2010年以降で勝率12.9%、単勝回収率114%、複勝率28.7%、複勝回収率121%と好結果を残している。

　もちろん外枠での好走が多いのだが、1〜8枠の全ての枠で1着馬1頭以上と2・3着の馬券内があることから、スピード勝負の直線競馬に相性が良い馬を判断する方法になると考えて良さそうだ。

　これに該当する馬の懐かしい馬券が残っていたので紹介したい。2015年の駿風ステークス、2枠2番から圧勝したネロでの的中馬券だ。

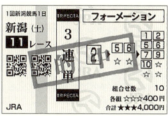

　枠が全てのコースに調教で一矢報いたレースだった。
　ただ、それでもこのコースに関しては「枠」に勝てる予想ファクターは存在しないと思われる。

＊調教より「枠順」
＊唯一「栗東坂路持ち時計49秒台以下」の馬は狙える

福島ダート1150m

土日坂路有りで追い切りも坂路の栗東馬が好成績

「クセの強い距離ではクセの強い調教相性がある」の典型のようなコース。

基本的に**関西勢が強く、関東馬の出走頭数に対して4割ぐらいしかいない関西馬だが1着数では11：8ぐらいの僅差に迫る。**

それなら栗東のどの調教が好走しているか？　と探るだけで解決できるわけなのだが、福島ダート1150mは**土日坂路有りで追い切りも坂路の馬が好成績**を残している

2021年　単勝回収率139%
2022年　単勝回収率140%
2023年　単勝回収率93%
2024年　単勝回収率136%

2022年11月20日の1勝クラスで勝利したサイモンルピナスもこれに該当して的中することができた。

本書は11月の福島開催前には発売されていると思うので、早速この狙い目から馬券を買ってみてはいかがだろうか？

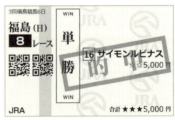
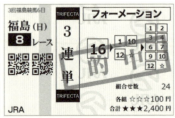

もちろん土日坂路有りという条件だと該当馬が多めとなるが、

的中頻度より絞り込んで狙いたいという場合にはラップを参考にしてほしい。

■福島ダ1150m戦栗東坂路調教ラップ別成績

ラップ種別	着別度数	勝率	連対率	複勝率	単勝回収率	複勝回収率
B3	3-2-1-13/19	15.8%	26.3%	31.6%	95%	76%
A3	2-2-3-8/15	13.3%	26.7%	46.7%	24%	110%
B2	10-8-9-56/83	12.0%	21.7%	32.5%	57%	105%
A2	19-9-7-72/107	17.8%	26.2%	32.7%	162%	94%
B1	3-4-2-58/67	4.5%	10.4%	13.4%	40%	78%
A1	8-9-10-83/110	7.3%	15.5%	24.5%	36%	68%

栗東坂路追い切りで２F各12秒台まとめの加速ラップ（A2）の馬で土日坂路有りが最もオススメできる。

ただし、11秒台加速ラップの馬の成績が悪くなる理由がないので、そこも含めて狙ってみてほしい。

余談だが、福島ダート1150ｍに関しては関東馬の美浦坂路追い切りが多く、美浦ウッド追い切りより回収率が高めだったことや、栗東はウッド追い切りが少ない（坂路が多い）、坂路が好成績というところから「**坂路が鍵**」だと考えて土日の坂路も調べてこの狙い目に辿り着いた。

つまり、これは本書のテーマの１つである「調教のプロは調教師、プロの仕事を信頼する」という考えがあったからこそ見つけた狙い目といえる。

調教師の多くが坂路調教の方向を見ていて成績が良いコースという事実だけで馬券を買うには充分な論拠となる。

* 栗東坂路２F各12秒台加速ラップ（A2）＋前週土日坂路調教有りが◎
* 関東馬の出走頭数と比べ40%の関西馬だが1着数では11：8と僅差に

主要コース狙い目調教

福島ダート1700m

美浦坂路追い切りで時計の速い関東馬を狙うべき

　荒れやすいコースという特徴があり、2022年以降単勝全通り買いでも回収率100%を超えている。

　それ以前も配当が高い傾向があり、この5年半程のトータル成績で単勝6・7・9・10・11・12・13番人気がベタ買いプラス、1番人気の勝率が25.7%、単勝回収率63%しかない本命党キラーの福島ダート1700mにも調教の狙い目は存在する。

　関東馬にしては**坂路追い切りで出走する馬が多い＝坂路が合うというプロ（調教師）の判断があるのか？**　と思えるような美浦坂路追い切り時計別成績。

■福島ダ1700m戦美浦坂路時計別成績

追い切り坂路時計	着別度数	勝率	連対率	複勝率	単勝回収率	複勝回収率
50.0～51.9	3-2-2-12/19	15.8%	26.3%	36.8%	136%	110%
52.0～53.9	29-24-18-203/274	10.6%	19.3%	25.9%	96%	82%
54.0～55.9	33-24-39-415/511	6.5%	11.2%	18.8%	151%	95%
56.0～57.9	7-8-11-115/141	5.0%	10.6%	18.4%	32%	60%

■福島ダ1700m戦栗東坂路時計別成績

追い切り坂路時計	着別度数	勝率	連対率	複勝率	単勝回収率	複勝回収率
50.0～51.9	3-1-2-25/31	9.7%	12.9%	19.4%	45%	69%
52.0～53.9	30-21-19-245/315	9.5%	16.2%	22.2%	92%	69%
54.0～55.9	44-36-26-284/390	11.3%	20.5%	27.2%	104%	104%
56.0～57.9	8-16-5-90/119	6.7%	20.2%	24.4%	62%	65%

　速い時計の場合、勝率も単勝回収率も高く、極端に遅すぎなければ勝率は低くても単勝回収率が高く、穴馬の好走が珍しくないことを把握することができる。

　これだけでも馬券を買うには充分だが、せっかくなら「**土日坂路最速時計60秒以上の馬**」は成績が落ちるので省いた方が良い。

該当馬の単勝回収率は144％と高く、昔からこの狙い目は安定していて高い回収率となっている。

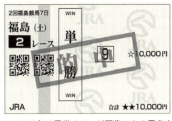

※2019年の馬券イメージ画像のため馬名未記載（タイトロープウィン）

美浦坂路改修工事後に上記調教を満たしている馬の単勝回収率は378％と高くなっており、特に本書を書いている24年7月は1週目〜3週目までで単勝回収率277％→113％→997％と3週連続で好成績となっている。

美浦ウッド追い切り馬に関しても前週土日坂路調教馬の成績が坂路改修工事から上昇しており、単勝回収率131％を記録。

特に2〜3歳馬の成績が目立って高くなっているため、"新美浦坂路世代"の馬たちには好影響を与える可能性が高そうだ。

これから3年ぐらいの月日が流れれば、多くの関東馬が新美浦坂路世代となるわけだから、今見えている未来への片鱗がある厩舎やコースはしっかり手の内に入れておきたいものだ。

＊前週土日坂路調教で59秒台以下＋美浦坂路追い切りが◎
＊美浦ウッド追い切り馬も前週土日坂路調教有りが◎

福島芝1800m

東西とも坂路2F各12秒台の加速ラップ（A2）に注

　どれぐらいのファンが福島芝1800mで坂路加速ラップが好成績ということを認識して予想をしているだろうか。

　坂路であれば東西を問わず、特に2F各12秒台の加速ラップ（A2）が好成績である福島芝1800mに対して、この事実を予想に加えないのはもったいない。

　以下に掲げる表のうち、上は栗東坂路ラップ、下は美浦坂路ラップとなっている。

■福島芝1800m戦栗東坂路調教ラップ別成績

ラップ種別	着別度数	勝率	連対率	複勝率	単勝回収率	複勝回収率
B3	0-0-0-2/2	0.0%	0.0%	0.0%	0%	0%
A3	0-0-0-5/5	0.0%	0.0%	0.0%	0%	0%
B2	3-6-2-50/61	4.9%	14.8%	18.0%	14%	40%
A2	15-6-1-62/84	17.9%	25.0%	26.2%	192%	79%
B1	1-2-3-38/44	2.3%	6.8%	13.6%	117%	75%
A1	16-6-7-62/91	17.6%	24.2%	31.9%	83%	74%

■福島芝1800m戦美浦坂路調教ラップ別成績

ラップ種別	着別度数	勝率	連対率	複勝率	単勝回収率	複勝回収率
A3	0-0-0-1/1	0.0%	0.0%	0.0%	0%	0%
B2	4-3-1-32/40	10.0%	17.5%	20.0%	60%	50%
A2	6-5-5-37/53	11.3%	20.8%	30.2%	206%	85%
B1	2-4-5-65/76	2.6%	7.9%	14.5%	27%	53%
A1	9-8-4-89/110	8.2%	15.5%	19.1%	94%	65%

　東西の**加速ラップA2のトータル成績は2022年と2023年で単勝回収率が300％近くあり、勝率が一桁になっている年度は2019年以降で一度もない**。

　本書の吉村圭司厩舎の項でも書いたように2024年ラジオNIKKEI賞のオフトレイルがこれに該当していたわけだが、この

「厩舎の狙い目調教とコースの狙い目が一致した場合」は調教から狙う馬券の中でも最も素直な気持ちで買えるケースになる。

　加えてオフトレイルはこの加速ラップA2の時だけ過去に勝利していたので、**厩舎の好走調教パターン＆コースの好相性調教パターン＆馬自身の好走パターンに該当していたことになる。**

　調教で馬券を狙っていく醍醐味の１つが、このような複数項目に該当した馬を見つけた時の興奮とその馬が好走した時に起こる高揚感だ。

　栗東ウッド追い切り組は、坂路組と比べ母数は３分の１程度となるが、ベタ買いでも成績が良い傾向から軽視はできない。
　「土日坂路無し」の馬だけ勝率が3.8％しかないという特徴だけは見えており、これを省くだけで単複回収率が100％を超えているので馬券構成には役立つ。
　今後「要観察」ではあるが、クッション値が8.5以下の低い日だけ極端に成績が悪い。現時点では福島芝1800mでクッション値が低いと、人気馬の好走しかないことが何年も続いているのが根本の原因かもしれない。

 ＊東西の加速ラップA2のトータル成績は単勝回収率300％
＊加速ラップA2は勝率も二桁以上をキープ

6章 好走時の調教に特徴がある馬

本書では、読者の馬券収支を少しでも高めることを最重視しているのは当然ながら、もう1つのテーマとして「競馬の新しい楽しみ方」に繋げてほしいとも思っている。

　そこでまず「あなたには好きな馬がいますか？」と問いかけてみたいが、これには多くの人が「YES」と答えてくれるかと思う。

　しかし、自分の好きな馬がどのコースに強いかや、どの騎手との相性が良いかはわかっていても「どんな調教の時に成績が良いか」という見方をしたことはないかもしれない。

　たとえば、コロナ禍で多くの人々が沈んだ気持ちになっていた時期にファンに沢山の感動を与えてくれた人気馬エフフォーリアも調教に特徴があった馬だ。

　皐月賞（1着）、日本ダービー（2着）、天皇賞・秋（1着）、有馬記念（1着）の期間、エフフォーリアはレース前の土日坂路最速時計が全て55秒台以下であり、なおかつ加速ラップの形を刻んでいた。
　※本書で言うところの加速ラップの定義に準ずる

　しかし大阪杯では1番人気を背負うも9着。この時も加速ラップではあったがタイムは56秒台とこれまでより遅くなっていた。

　そして宝塚記念、有馬記念と土日坂路から好時計と加速ラップになることはなく、キャリアの最後となった京都記念では栗東入りして前日坂路追いで59.6秒を出すという、これまでとは全く異なる調教になっていた。

　アスリートはもちろんのこと、アスリートではない一般人の

我々が日常生活を行う上でも「今日はこれがこうだから調子が良いな」や、逆に「これだと調子が悪いな」ということは当たり前に起こる。

　それなら馬にも調子の良し悪しは同じように起こることであるはずで、タイムが良い悪いだけではなく、好調時と同じか異なるのかという差が"個性"として出てくると考えるほうが違和感がないのではなかろうか？

　このエフフォーリアに関しては、自身のYouTube上でも「いつもの調教と比べた違和感」をはじめ、結局その機会が訪れることのなかった「好走時の調教に戻ったら復活を狙いたい」と話題にすることも多くあったが、その後妹のペリファーニアが「前週土日坂路54秒台以下からウッド追い切り」で好走を続けてくれている。エフフォーリア"ロス"で苦しんだファンにこの話を伝えることで、少しでも心のケアができないものか、と配信していた時期もあった。

　もちろん、このような作業を競走馬全てで行うことは非現実的だが、自分の好きな馬やその兄弟、産駒の数頭〜数十頭ぐらいなら楽しみながらできるはずだ。

　個人的な経験談として言えるのは、調教チェックを行うことでその競走馬に対して思い入れが増し、さらにその馬が好きになっていくと、馬券にも良い影響が出ることが多い。ぜひ、競馬の楽しみ方の1つとして本書の読者には挑戦していただきたい。

　せっかくなので「私の好きな馬と調教」というテーマで何頭かご紹介させていただければと思う。

・**スタニングローズ**

秋華賞馬であるスタニングローズは坂路の加速ラップが多いことが特徴。

デビュー戦からずっとこの加速ラップが続き、もちろん秋華賞を制覇した時も変わりなく、同じ調教だった。そして、戦歴が積み重なって行くことでさらに特徴が出てきた。

未勝利戦を勝った時は加速ラップで終い2F、1Fを0.9秒も加速していたが、そこから3戦はいずれも0.3秒の加速となっていた（5・3・5着）。

4戦ぶりの勝利となったこぶし賞では0.8秒の加速、そして次走フラワーカップでの勝利が0.7秒の加速。

「**終い2Fから1Fを大きく伸ばした時が好調の目安なのではないか？**」そう思っていたオークスでは1.3秒の加速で10番人気の低評価を覆す2着に激走。

続く紫苑Sで0.9秒の加速で勝利と続き、秋華賞で0.9の加速を確認した時には迷わず単勝馬券を購入することに決めていた。

その後、古馬との戦いになり苦戦が続くことになってしまった

が、少なくとも2〜3歳の時点ではハッキリとした好走の目安があった。それを確認している中で私はこの馬に愛着が湧きつつ的中馬券も手にできたので良い経験しかなかった。

・レイパパレ

競馬というより馬券の世界でよく言われることとして、「連勝している馬は負けるまで買い続けるべきだ」という言葉がある。

個人的にはこれには賛成と反対の札をどちらも掲げる考えを持っている。

まず連勝している馬は人気になることが多いので妙味がない。

それなら消す方向の選択肢は持っておかなくてはいけないわけだが、私の考える連勝馬の消しのタイミングは「これまでと違う部分があること」。

例えばコース、距離、クッション値などの馬場状態、騎手やローテーションなど様々な要素があるが、調教もその1つとなる。

坂路調教を好時計で連勝し続けてきた馬が突然緩い追い切りになったり、ウッドやポリトラックに変更し凡走することは珍しくなく、いつも追い切りは併せ馬先着なのに遅れてしまっているケースなど**「連勝中とは違う変化」**の場合は嫌って考える。

逆に連勝中でも変わらない要素があれば、それは信頼度の高さに繋がるものだと思う。

もちろん調教はそのような場合にも生きてくるファクターの1つだ。

デビューから6連勝で大阪杯を制覇したレイパパレは、新馬戦を除いて全て「前週土日坂路最速時計が56秒台〜58秒台」と遅めの時計だったことがなく、「坂路の追い切り時計は53〜54秒台前半」と地味な時計。

それに加えて「追い切りの2F、1Fでの加減速は0.1秒の減速が一度あっただけで、それ以外は全て加速ラップ」となっていた。

この状態で迎えた大阪杯。いくら無敗の連勝中とはいえ、その時点では帝王だったコントレイル、女帝だったグランアレグリア、その2頭が不覚を取るにしてもサリオスが逆転候補だろうという状況だったが、土日坂路・追い切り坂路・2F、1Fの加速と連勝中と全て同じパターンだったレイパパレは「連勝している馬は負けるまで買い続けるべき」に調教部分で該当する馬の代表的なパターンだったと思う。

それでいて強敵を前に人気を落としている状況とまで条件が揃っているなら、嫌う要素は1ミリもない。

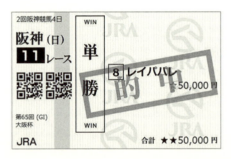

ぜひあなたも自分が好きな1頭から調教の特徴を探ってみてほしい。馬券的に、という考えはまず横に置いておいて「あの子はこういうトレーニングをした時に光り輝くのだよね」と1ファンとなって恋をしていれば、それが結果的に馬券に繋がるという順序で考えてみてはいかがだろう。

これは特に古参の競馬ファンにこそ実践してほしい。近年「ウマ娘」をきっかけにファンになった人たちは「キャラが好き、馬

が好き」から入ってきているので、実際の馬券歴が1年ぐらいの人でも「個々の競走馬」のプロフィールに関して相当詳しい人が多いためだ。

　もちろん「調教の個性」という部分に注目をしているファンは全体でもかなり少数派となるので、どの時期のどの年齢のどんなファン層の人にも一度試してほしいという思いである。

・インディチャンプ

　名マイラーだったインディチャンプも調教に特徴があった馬だ。音無厩舎の期待馬で、大舞台が主戦場だったことから当然坂路時計が速めのことが多かったが、注目点は時計よりもラップだった。

　全体時計が速いため2F11秒台から終い減速の形が多かったが、このパターンこそインディチャンプの狙い目になっていた。

　この調教で2戦目の500万下クラス（現在の1勝クラス）を勝利すると、1600万下クラス（同3勝クラス）→東京新聞杯の連勝もこのラップに該当。この時点で全4勝の内3勝が同ラップに該当していた。

　マイラーズカップでは珍しいというより初の「2F各12秒台まとめの加速ラップ」を刻み「いつも終い遅れるインディチャンプが加速仕上げなら完璧だ！」と言われていたが、1年ぶりの馬券外に。

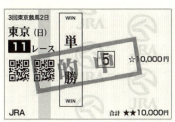 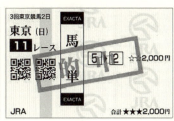

その次戦、圧倒的人気のアーモンドアイの勝利を誰もが疑わなかった安田記念では 2F11 秒台の減速ラップに戻して僅差ながら勝利した。

7章 調教というファクターに存在する保険

ここまで読んでいただいたところで、調教というファクターの可能性や有効性は多かれ少なかれ伝わっているのではないかと思っている。

　厩舎の狙い目として50厩舎を掲載しているので、毎週ある程度の頭数は狙い目に該当する調教の馬が出てくることになるだろう。また、コースに関しても札幌と函館を除いた中から20を厳選したが、対象コースは毎週出てくることになる計算だ。

　ここまで本書で解説してきた内容の全てをいきなりフル活用することは難しいと思うが、できるだけ若い調教師を重点的に紹介し、徐々に調教タイムの読み方に慣れて長く使えることを重要視しているので、「焦らず」参考にしていただければと思う。

　さて、この後ももう少し本書は続いていくのだが、実は調教というファクターには「保険」がかかっているという話をここでさせていただきたい。

　一部例外こそあるが、厩舎別の調教パターンの狙い目にしてもコース別の狙い目にしても内容の上下幅はあるものの、「調教が良い」ことが多い。

　裏返して言葉にすると「**調教は悪いけど回収率が高い！**」と**いうようなことがない**ということになる。

　これは長年競馬の情報を探して、出会っては裏切られてといったような経験がある競馬ファンの方は「なるほど」と思ってくださるはずだ。

　要するにそもそも「調教が良いことは成績が良い」ことに繋がっ

ている。

　「調教が良いのに負けた」というよくあるケースを理由に、調教内容は必ずしも成績に結びつかないと思っているファンは多い。しかし、実際には追い切り時計が良いほど成績が良く、坂路なら加速ラップの方が減速ラップより成績が良く、ウッドにしても全体時計の良し悪しや終い時計での速い遅いで差があるのだ。

　その大前提が事実としてある中で、各厩舎の好成績パターンもコース別の狙い目調教も「調教が悪い時に狙い目」となることはほぼ起こらない。

　このことから、万が一、各厩舎が何も考えずに調教をしていたとして、本書で紹介した「厩舎別の狙い目調教パターン」が「存在しない・間違い」だとしても、「調教タイムが良い＞調教タイムが悪い」ことが最低限の「保険」となる。そして、多くの「狙い目調教」は「調教が良い（側に属す）」ので、調教というファクターに「保険」がかかっているというのは、そういう意味である。

　これは他の競馬予想に関するファクターには存在しない。
　例えば「前走2秒以上大敗している馬の回収率が高いコース」といった話には根拠も無ければ保険もかかっていないのではないだろうか？

　もしあなたがある程度の競馬や馬券に関する知識があるとした場合、ぜひ今「他に保険のかかるファクターはあるだろうか？」と考えてみてほしい。

　「考え方が間違っていたのに、結果として悪くない道に進む」というファクターは多分パッと思いつかないのではないか？

そのことに気がついてから、私はより調教に引き込まれて行った。そして必ず、馬の見た目や動きではなく、調教師という絶対的なプロがその知見を注ぎ込んで行っている**プロの仕事を数字の部分から見ていくことにしたのである**。

　間違いがなければ好成績、間違いがあっても成績が伸びる、そんな都合の良い予想ファクターは調教しかない。にも関わらず、多くのファンは調教が良い馬の馬券を買った結果、1度負けただけでポイ捨てしてくれるのだから優位性が生まれないわけがない。

　さて、前ページに書いた「他に保険のかかるファクターはあるだろうか？」という問いについて、もしかしたら「パドック予想は？」と思った読者がそろそろ出てきたのではないだろうか。

　パドック予想では馬体の評価をしつつ最後にアナウンサーから「それでは、パドックを"含めた"推奨馬を」とコメントを求められた結果、推奨馬が単勝1〜5番人気だったということも珍しくない。

　いや、ある……というより多くの場合は「パドックを含めた」ではなく「人気を重視した推奨馬をパドックからお届けしている」となるわけだ。

　このケースは保険がかかっているのではなく「保険しかない」状態だ。しかもその保険とは馬券に最も影響がある回収率の部分ではなく的中率の部分を重視したものだから、この保険と私が言う保険は全く別物。
　それは「発信者自身にかける保険」になるわけだから。

そのことを意識してこの先、そして最初から再読してもらえば、本書の魅力がより伝わるのではないかと思う。

調教を数字として扱う場合の保険は「**自分が行う予想への保険や自分が購入する馬券への保険**」となってくれるのだから、大きく意味も価値も違うことになる。

もちろん、私自身も最初はそんな保険があることを意識していたわけではない。あくまでも調教師という存在の凄さを数字で紐解いた時に何が起こっているのか？　という目線で調べていたわけだが、結果的に「**調教が悪い時に好成績**」なんてケースがほとんどなかったことから「ということは……」と後から保険の存在に気がついたわけだ。

ただ、このような話は実践してみないとわからない部分もあるだろう。そして、ファンの中で調教を数字ベースで考えつつ、さらにその中でこのことに気がついている人の割合で考えると、かなり少ないはずだ。

読者の多くが未経験の考え方を押し付けられているので、スッと話が入ってこないかもしれないが、ここはひとまず頭の片隅の引き出しに入れて、すぐ取り出せるぐらいの気持ちでいていただきたい。

8章 11秒台加速ラップの馬は常にチェックする癖をつける

本書の中でも多々登場している**坂路追い切りの終い11秒台加速ラップ（A3）**は「それで好成績の厩舎」や「それが好相性のコース」などに特定せずに競馬全体の成績としても勝率14.5%、単勝回収率84%程度ある。

　さて、この11秒台加速ラップだが、実は大きく分けて2つのパターンに分けることができる。

　まず、1つ目は2F・1Fの加速秒数が大きいパターン。
　例えば15.0-14.0-13.0-11.8秒のように、最後を一気に伸ばした形が該当する。

　2つ目は2F・1Fの加速秒数が小さいパターン。
　例えば13.9-12.9-12.1-11.9秒のように、全体が速い形がこれに該当する。

　この2つ、前者は終いだけ伸ばしており、後者は全てが好時計となるわけなので**後者の方が好成績**という傾向がある。

　11秒台加速ラップの中で、2F・1Fの加速が0.6秒以上の場合（終いを重点に伸ばしている馬が多い）の勝率が12.8%。
　これに対して2F・1Fの加速が0.5秒以内の場合（全体が速い馬が多い）の勝率は18.0%となるので、同じ11秒台加速ラップでも勝率差はかなり大きい。

　11秒台加速ラップで2F・1Fの加速が0.5秒以内の場合、特に人気サイドの馬は競馬の常識的な人気別成績よりかなり高くなる。

　1番人気の勝率は38.0%もあり、2番人気の馬で勝率31.3%、

3〜5番人気の馬でも勝率が10%〜20%台となっている上に「多くの年度で単勝回収率が100%前後」あるので、信頼できる軸馬として利用するのに適している。

人気＝実力・能力ではないが、競馬の長い歴史と人気別の成績を確認していれば「かなり近い意味を持つ」ことはご存知の通り。
そのような馬が妥協しない調教で仕上げてきているなら、当然それはどの厩舎でも勝負気配が強くなるはずだ。
競走馬は常にピーク状態を維持できるわけではないから、ここぞという時に完璧に仕上げて勝負するということが「**人気上位の好ラップ**」という**条件から逆算できる**ことは何も不思議ではない。

これに該当する馬は年間で30〜100頭とバラつきがあるものの、この5年半ほどの期間で55の厩舎が1勝以上しており、連対まで広げると69の厩舎が該当していることも裏付けになる。

また、上記のラップと人気に該当した馬の次走は大幅に成績が落ちるのだが（勝率14.1%、単勝回収率62%）これも「**前走が完璧な勝負仕上げをしたので、次走の成績が落ちる**」と考えれば納得が行くだろう。

ちなみにこれは2F11秒台の減速ラップ（B3）でも同じような結果になっている。

2F11秒台から大幅に減速したのか、それとも減速が小さかったのかという2つのパターンが生まれるが、当然これは「**減速が小さい**」**方が好成績**になり、大きいほど成績が悪くなる。

例えばこれも0.5秒差までの減速であれば、14.1-13.0-11.9-12.2秒などの好ラップが該当し、この中でも0.1〜0.2秒の減

速なら最後の２Ｆが 11.7-11.9 秒のように減速しているものの 11 秒台でまとめている素晴らしいラップになる。

　逆に 0.6 秒差以上の減速では、14.5-13.1-11.9-13.0 秒ということもあり得るわけだから、これは**11 秒台があっても怪しい調教**だと考えることができる。

　0.5 秒差までの減速では勝率 15.3％、回収率 114％と好成績だが、0.6 秒差以上の減速では勝率 8.0％、回収率 66％しかない。

　この「考えてみれば当たり前」の成績差についても多くのファンが知らないことだろう。
　競馬に関しての情報なんて出尽くしたと言われる昨今だが、レースとは切っても切れない関係性の調教でもまだこのような美味しい部分が沢山残されているなんて、何十年向き合っていても競馬とは飽きないものだ……。

　本書の中でもすでに書いていることだが、「良い調教が良い成績であること」は、調教師の方々がいかにプロフェッショナルな仕事をしているのかという証明になり、競馬に使うファクターとして過去の結果の後付けでもなく、多少の推測ミスがあったとしても保険がかかっているという状況の中で馬券を買えるということになるわけだ。

　それがまさに本書のテーマとなっている調教を難しく考えないことや、調教のことはプロである調教師に任せる（信じる）こと、そしてそれを主観や個人の価値観ではなく数字をベースにして事実を知り、それを馬券に活用することになるわけである。

　さて、終い 11 秒台の加速ラップや２Ｆ 11 秒台の減速ラップ

を、追い切りで出す馬というのはどのぐらいいると思われるだろうか？

年度別でばらつきが多いものの、年間300〜700頭ぐらいなので、**極端に珍しいということではない。**

もちろん函館や札幌開催がある時期、小倉開催で滞在馬が多い時期などは減少するが、シンプルに上記を12ヶ月で割って計算すれば、毎月・毎週ある程度の頭数が、競馬場を元気に走っているのだから、この事実を見過ごしていると、体感的に気が付かないだけで馬券に大きな影響を及ぼすことになる。

このラップに該当した馬をレース単位で調べてみると、1頭以上該当したレースにおいて1頭以上が馬券内に来ている頻度が40％もある。知っていると知らないでは大きな差になる。

もちろん先ほど書いたような11秒台加速ラップで加速0.1〜0.5秒や2F11秒台減速ラップで減速0.1〜0.5秒まで絞り込んだ方が馬券へのインパクトは大きいが、最初から無理に頑張りすぎるファンほど、継続力が無くなる場合が多いので、まずは**11秒台のラップを意識する**というところから始めるほうが良いだろう。

誰にでもできて効果が大きいのに、やる人が少ないという要素が調教というファクターにはたくさん眠っているのだから、最初はつまみ食いする程度でも充分すぎるぐらいだと考えていただくほうが最終的には好結果に繋がると私は考えている。

「**11を探すゲーム**」ぐらいのレベルで考えても、**回収率や的中率**に良い影響が出るまでにそう時間はかからない。
重要なのは、小さな成功体験を得ることで、その成功＝実感と

いうガソリンがファンの多くが苦手とする「継続力」の原動力になることが間違いないことを知っているからだ。

9章 前日坂路追いについて

ここまでに少しだけ登場したレースの「**前日坂路追い**」についての話を追記させていただくことにする。

　まず、**美浦厩舎が前日坂路追いをするのは東京・中山でのレース前**がほとんどで、**栗東厩舎に関しては阪神・京都・中京のレース前**となっている。

　前日に坂路追いを入れている率が約45％だから、大雑把に言えば**半分ぐらいの馬は前日坂路追いをしている**ということになる。

　この有無での成績差は微々たるものだが、興味深い結果になっており、美浦厩舎の**単勝回収率が有りで76％、無しが65％**、栗東も有りで**単勝回収率76％、無しが69％**と似たような成績になっている。

　また、前日坂路追いの時計は速いほど好成績になる傾向があるのだが、前日だから「速い」と言っても**65秒台以下**ぐらいを指すことにはなる。
　この項目に関しても、厩舎別で特徴がある。1つ1つを詳細にはお届けできないが、目安となる要素を掲載するのでぜひ参考にしてほしい。

【前日坂路追いがあると成績が良い栗東厩舎】

矢作芳人
田中克典
杉山晴紀
上村洋行
中内田充正

松永幹夫
中竹和也
斉藤崇史
岡田稲男
寺島 良
吉岡辰弥
武 幸四郎
鈴木孝志
池添 学
奥村 豊
辻野泰之
髙柳大輔
佐々木晶三
今野貞一

【前日坂路追いがあると成績が良い美浦厩舎】

堀 宣行
田中博康
木村哲也
斎藤 誠
中舘英二
久保田貴士
宮田敬介
林 徹

10章 障害レースと調教

競馬の中でも一般的な平地のレースとはジャンルが異なる障害レース。距離が長く、何より「障害」があるわけだから、飛越の上手さやレース経験などが重要視されるのは当然だ。

　そのため、障害レースの予想に調教をメインファクターとして使う人はかなり少ないと思われるが、実は意外なことに障害レースでも調教は予想へ大きな影響を与える役割を担ってくれている。

　まず、坂路追い切りのラップ別成績だが、やはりラップが良い方が好成績に繋がる傾向にある。（以下東西合算の成績）

■東西坂路追い切りラップ別成績

ラップ種別	着別度数	勝率	連対率	複勝率	単勝回収率	複勝回収率
B3	1-0-0-2/3	33.3%	33.3%	33.3%	50%	36%
A3	0-1-3-8/12	0.0%	8.3%	33.3%	0%	57%
B2	22-8-20-154/204	10.8%	14.7%	24.5%	66%	65%
A2	20-24-10-155/209	9.6%	21.1%	25.8%	86%	75%
B1	13-15-17-151/196	6.6%	14.3%	23.0%	74%	77%
A1	31-35-30-228/324	9.6%	20.4%	29.6%	94%	77%

　障害レースへ向けての追い切りは東西ともにウッドが多くなるため、そこで好結果を見つけないといけないのだが、実はこれもはっきりとした傾向が出ている。

　障害レース出走馬で、**追い切りが東西ウッドだった馬の「前週土日坂路最速時計」別の成績**を見れば、競馬初心者の人であっても一瞬で買うべき馬を選択することができる。

■東西当週ウッド追い切りの前週土日坂路調教最速時計別成績

土日坂路最速時計	着別度数	勝率	連対率	複勝率	単勝回収率	複勝回収率
52.0～53.9	10-9-4-23/46	21.7%	41.3%	50.0%	190%	125%
54.0～55.9	34-16-17-143/210	16.2%	23.8%	31.9%	121%	79%
56.0～57.9	30-30-33-263/356	8.4%	16.9%	26.1%	74%	81%
58.0～59.9	38-33-33-209/313	12.1%	22.7%	33.2%	156%	90%
60.0～	100-100-107-888/1195	8.4%	16.7%	25.7%	86%	82%
無し	136-154-154-1263/1707	8.0%	17.0%	26.0%	47%	75%

　土日坂路最速時計無しの馬は回収率を下げる主たる原因となり、土日坂路最速時計が速い馬が回収率を上げてくれる馬となる。
　そして広く見れば前週**土日坂路調教**（本書内でのこの表現はここまで全て土日どちらかでも両方でも OK としている）**がある馬でウッド追い切りの馬**を中心に組み立てることが重要となる。

　特に土日坂路最速時計 55 秒台以下でウッド追い切りの馬に関しては回収率が高く、ここ 3 年は年間大幅プラスとなっており、それ以前でも安定して回収率が高い傾向となっている。

　個人的にも障害レースはこの好走条件を中心に馬券を購入しており、まれに障害レース専門のプロを名乗る人を見かけるが、本物のプロであれば恐らくこのことを把握しているのではないかと思われる。

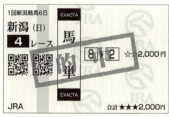

　私もそれを知らなければ、この 2019 年 5 月 12 日に障害レースで掲示板に 1 度も載っていないローレルヴィクターを本命にせ

ずに、前走好走していた単勝1．7倍のブライトクォーツを本命にして馬券を外していたと思う。

最後にもう1つ、これも障害レースを買う上で重要なことなのだが、追い切りコースは問わずに**前週土日ウッド最速時計で69秒台以下の速い時計を出している馬**は基本的に好成績だ。

落馬さえなければあまり波乱が起こらない障害レースで、**上位1～5番人気に支持されている馬が土日の段階からウッドで好時計を出している場合は信頼度が高い**。

2番人気で勝率31％、3～4番人気でさえ勝率20％以上、5番人気でも勝率15％程あるので軸には最適、1～5番人気の該当馬のベタ買いでも単勝回収率130％を超えている。

障害レースでも調教は効果的どころの話ではなく、障害レースにおける予想ファクターでここまで好成績なものは他にあるのだろうか？　というぐらいの話なので、普段は障害レースを買わない人もぜひ該当馬を見つけたら狙ってみてほしい。

11章 データ編

厳選東西144厩舎
厳選50コースの調教データを掲載!

厩舎は厳選144厩舎（栗東→美浦の順　アイウエオ順）
コースは厳選50コースとなっております。
厩舎は栗東・美浦それぞれの坂路調教ラップ別成績、前週土日坂路調教時計別成績を掲載。
コース編は本文で紹介されたコースでも紙面の都合により掲載していないコースがあります。
集計期間　2019年～2024年7月21日
スペースの関係上、単勝回収率、複勝回収率は小数点なしでの記載となっております。
また、競馬場（札幌、函館）の調教データ、コースデータは含まれません。

厳選東西144厩舎

栗東 荒川義之 厩舎

坂路調教ラップ別成績

ラップ種別	着別度数	勝率	連対率	複勝率	単勝回収率	複勝回収率
B3	2-1-1-10/14	14.3%	21.4%	28.6%	72%	93%
A3	1-1-0-5/7	14.3%	28.6%	28.6%	94%	114%
B2	11-12-19-164/206	5.3%	11.2%	20.4%	31%	67%
A2	12-26-16-133/187	6.4%	20.3%	28.9%	104%	107%
B1	9-12-22-196/239	3.8%	8.8%	18.0%	67%	90%
A1	12-11-14-150/187	6.4%	12.3%	19.8%	93%	85%

前週土日坂路調教時計別成績

土日坂路最速時計	着別度数	勝率	連対率	複勝率	単勝回収率	複勝回収率
～53.9	3-2-0-3/8	37.5%	62.5%	62.5%	1901%	370%
54.0～55.9	1-0-1-23/25	4.0%	4.0%	8.0%	16%	22%
56.0～57.9	9-4-2-63/78	11.5%	16.7%	19.2%	186%	62%
58.0～59.9	4-19-15-112/150	2.7%	15.3%	25.3%	26%	98%
60.0～	62-88-93-986/1229	5.0%	12.2%	19.8%	69%	82%
無し	5-1-1-62/69	7.2%	8.7%	10.1%	285%	55%

栗東 池江泰寿 厩舎

坂路調教ラップ別成績

ラップ種別	着別度数	勝率	連対率	複勝率	単勝回収率	複勝回収率
B3	1-1-0-6/8	12.5%	25.0%	25.0%	47%	38%
A3	10-6-3-36/55	18.2%	29.1%	34.5%	65%	75%
B2	8-10-6-69/93	8.6%	19.4%	25.8%	110%	69%
A2	61-41-37-225/364	16.8%	28.0%	38.2%	96%	74%
B1	1-1-2-20/24	4.2%	8.3%	16.7%	69%	43%
A1	16-20-13-109/158	10.1%	22.8%	31.0%	36%	61%

前週土日坂路調教時計別成績

土日坂路最速時計	着別度数	勝率	連対率	複勝率	単勝回収率	複勝回収率
～53.9	2-1-1-16/20	10.0%	15.0%	20.0%	18%	57%
54.0～55.9	39-43-41-242/365	10.7%	22.5%	33.7%	53%	77%
56.0～57.9	66-52-46-308/472	14.0%	25.0%	34.7%	66%	67%
58.0～59.9	40-36-23-197/296	13.5%	25.7%	33.4%	84%	75%
60.0～	45-42-38-234/359	12.5%	24.2%	34.8%	72%	66%
無し	12-15-8-80/115	10.4%	23.5%	30.4%	64%	75%

栗東 池添学 厩舎

坂路調教ラップ別成績

ラップ種別	着別度数	勝率	連対率	複勝率	単勝回収率	複勝回収率
B3	1-2-1-9/13	7.7%	23.1%	30.8%	56%	94%
A3	13-7-8-41/69	18.8%	29.0%	40.6%	113%	95%
B2	21-14-14-93/142	14.8%	24.6%	34.5%	90%	89%
A2	38-29-32-220/319	11.9%	21.0%	31.0%	74%	75%
B1	4-4-2-26/36	11.1%	22.2%	27.8%	81%	57%
A1	25-28-30-176/259	9.7%	20.5%	32.0%	54%	73%

前週土日坂路調教時計別成績

土日坂路最速時計	着別度数	勝率	連対率	複勝率	単勝回収率	複勝回収率
～53.9	0-0-1-9/10	0.0%	0.0%	10.0%	0%	24%
54.0～55.9	10-6-8-38/62	16.1%	25.8%	38.7%	147%	81%
56.0～57.9	34-31-33-186/284	12.0%	22.9%	34.5%	97%	86%
58.0～59.9	37-25-30-201/293	12.6%	21.2%	31.4%	68%	79%
60.0～	58-47-41-316/462	12.6%	22.7%	31.6%	74%	74%
無し	27-26-17-161/231	11.7%	22.9%	30.3%	65%	73%

栗東 石坂公一 厩舎

坂路調教ラップ別成績

ラップ種別	着別度数	勝率	連対率	複勝率	単勝回収率	複勝回収率
B3	1-4-1-6/12	8.3%	41.7%	50.0%	10%	203%
A3	2-5-4-17/28	7.1%	25.0%	39.3%	20%	68%
B2	12-7-11-86/116	10.3%	16.4%	25.9%	46%	61%
A2	19-22-20-145/206	9.2%	19.9%	29.6%	44%	89%
B1	6-4-6-47/63	9.5%	15.9%	25.4%	90%	64%
A1	21-18-14-155/208	10.1%	18.8%	25.5%	115%	70%

前週土日坂路調教時計別成績

土日坂路最速時計	着別度数	勝率	連対率	複勝率	単勝回収率	複勝回収率
～53.9	0-2-1-3/6	0.0%	33.3%	50.0%	0%	173%
54.0～55.9	1-1-2-20/24	4.2%	8.3%	16.7%	107%	38%
56.0～57.9	11-9-7-95/122	9.0%	16.4%	22.1%	76%	47%
58.0～59.9	24-13-17-158/212	11.3%	17.5%	25.5%	95%	66%
60.0～	58-61-48-506/673	8.6%	17.7%	24.8%	92%	78%
無し	7-15-14-109/145	4.8%	15.2%	24.8%	23%	78%

栗東 石橋守 厩舎

坂路調教ラップ別成績

ラップ種別	着別度数	勝率	連対率	複勝率	単勝回収率	複勝回収率
B3	0-0-0-8/8	0.0%	0.0%	0.0%	0%	0%
A3	4-3-2-15/24	16.7%	29.2%	37.5%	135%	72%
B2	8-8-8-97/121	6.6%	13.2%	19.8%	53%	57%
A2	31-17-15-175/238	13.0%	20.2%	26.5%	128%	74%
B1	1-2-1-82/86	1.2%	3.5%	4.7%	29%	35%
A1	14-21-22-224/281	5.0%	12.5%	20.3%	103%	85%

前週土日坂路調教時計別成績

土日坂路最速時計	着別度数	勝率	連対率	複勝率	単勝回収率	複勝回収率
~53.9	1-0-0-1/2	50.0%	50.0%	50.0%	1325%	335%
54.0~55.9	2-0-1-13/16	12.5%	12.5%	18.8%	175%	126%
56.0~57.9	7-4-2-45/58	12.1%	19.0%	22.4%	43%	42%
58.0~59.9	7-13-8-112/140	5.0%	14.3%	20.0%	50%	71%
60.0~	68-56-72-823/1019	6.7%	12.2%	19.2%	90%	75%
無し	5-7-7-50/69	7.2%	17.4%	27.5%	59%	101%

栗東 上村洋行 厩舎

坂路調教ラップ別成績

ラップ種別	着別度数	勝率	連対率	複勝率	単勝回収率	複勝回収率
B3	0-1-1-2/4	0.0%	25.0%	50.0%	0%	67%
A3	0-5-0-4/9	0.0%	55.6%	55.6%	0%	274%
B2	13-7-6-71/97	13.4%	20.6%	26.8%	91%	73%
A2	39-32-21-160/252	15.5%	28.2%	36.5%	94%	87%
B1	4-4-2-27/37	10.8%	21.6%	27.0%	95%	62%
A1	31-22-27-169/249	12.4%	21.3%	32.1%	100%	93%

前週土日坂路調教時計別成績

土日坂路最速時計	着別度数	勝率	連対率	複勝率	単勝回収率	複勝回収率
~53.9	4-6-2-38/50	8.0%	20.0%	24.0%	61%	55%
54.0~55.9	49-29-18-177/273	17.9%	28.6%	35.2%	112%	90%
56.0~57.9	29-24-25-159/237	12.2%	22.4%	32.9%	64%	73%
58.0~59.9	12-10-12-90/124	9.7%	17.7%	27.4%	104%	77%
60.0~	36-32-24-214/306	11.8%	22.2%	30.1%	93%	84%
無し	2-2-4-27/35	5.7%	11.4%	22.9%	21%	47%

栗東 梅田智之 厩舎

坂路調教ラップ別成績

ラップ種別	着別度数	勝率	連対率	複勝率	単勝回収率	複勝回収率
B3	0-2-1-15/18	0.0%	11.1%	16.7%	0%	42%
A3	4-2-4-18/28	14.3%	21.4%	35.7%	53%	90%
B2	10-7-7-154/178	5.6%	9.6%	13.5%	111%	75%
A2	18-14-21-191/244	7.4%	13.1%	21.7%	149%	75%
B1	3-3-7-108/121	2.5%	5.0%	10.7%	17%	30%
A1	15-23-11-218/267	5.6%	14.2%	18.4%	122%	66%

前週土日坂路調教時計別成績

土日坂路最速時計	着別度数	勝率	連対率	複勝率	単勝回収率	複勝回収率
~53.9	1-1-0-17/19	5.3%	10.5%	10.5%	12%	98%
54.0~55.9	4-3-3-47/57	7.0%	12.3%	17.5%	98%	67%
56.0~57.9	7-9-13-104/133	5.3%	12.0%	21.8%	25%	82%
58.0~59.9	13-10-13-199/235	5.5%	9.8%	15.3%	72%	76%
60.0~	45-47-53-662/807	5.6%	11.4%	18.0%	90%	63%
無し	11-10-6-118/145	7.6%	14.5%	18.6%	299%	109%

栗東 大久保龍志 厩舎

坂路調教ラップ別成績

ラップ種別	着別度数	勝率	連対率	複勝率	単勝回収率	複勝回収率
B3	5-1-0-14/20	25.0%	30.0%	30.0%	115%	61%
A3	9-3-5-23/40	22.5%	30.0%	42.5%	75%	74%
B2	20-16-17-138/191	10.5%	18.8%	27.7%	58%	56%
A2	59-49-44-294/446	13.2%	24.2%	34.1%	58%	73%
B1	5-4-5-45/59	8.5%	15.3%	23.7%	74%	62%
A1	18-27-11-147/203	8.9%	22.2%	27.6%	88%	71%

前週土日坂路調教時計別成績

土日坂路最速時計	着別度数	勝率	連対率	複勝率	単勝回収率	複勝回収率
~53.9	0-0-0-2/2	0.0%	0.0%	0.0%	0%	0%
54.0~55.9	1-1-0-9/11	9.1%	18.2%	18.2%	39%	27%
56.0~57.9	7-4-4-20/35	20.0%	31.4%	42.9%	65%	100%
58.0~59.9	12-13-5-76/106	11.3%	23.6%	28.3%	90%	67%
60.0~	128-102-92-759/1081	11.8%	21.3%	29.8%	73%	69%
無し	17-16-15-93/141	12.1%	23.4%	34.0%	60%	69%

厳選東西144厩舎

栗東　大橋勇樹　厩舎

坂路調教ラップ別成績

ラップ種別	着別度数	勝率	連対率	複勝率	単勝回収率	複勝回収率
B3	0-1-1-7/9	0.0%	11.1%	22.2%	0%	54%
A3	1-1-1-11/14	7.1%	14.3%	21.4%	21%	49%
B2	6-11-6-70/93	6.5%	18.3%	24.7%	52%	76%
A2	10-16-9-91/126	7.9%	20.6%	27.8%	41%	61%
B1	6-5-3-58/72	8.3%	15.3%	19.4%	202%	87%
A1	18-19-14-137/188	9.6%	19.7%	27.1%	95%	78%

前週土日坂路調教時計別成績

土日坂路最速時計	着別度数	勝率	連対率	複勝率	単勝回収率	複勝回収率
～53.9	1-0-0-7/8	12.5%	12.5%	12.5%	487%	86%
54.0～55.9	3-2-4-28/37	8.1%	13.5%	24.3%	26%	46%
56.0～57.9	11-15-19-155/200	5.5%	13.0%	22.5%	43%	69%
58.0～59.9	10-25-11-157/203	4.9%	17.2%	22.7%	72%	76%
60.0～	63-67-53-649/832	7.6%	15.6%	22.0%	121%	80%
無し	10-14-12-219/255	3.9%	9.4%	14.1%	69%	62%

栗東　岡田稲男　厩舎

坂路調教ラップ別成績

ラップ種別	着別度数	勝率	連対率	複勝率	単勝回収率	複勝回収率
B3	0-1-0-3/4	0.0%	25.0%	25.0%	0%	60%
A3	2-1-0-12/15	13.3%	20.0%	20.0%	58%	32%
B2	12-11-13-103/139	8.6%	16.5%	25.9%	132%	78%
A2	20-28-12-189/249	8.0%	19.3%	24.1%	54%	84%
B1	1-5-2-58/66	1.5%	9.1%	12.1%	18%	50%
A1	15-17-19-176/227	6.6%	14.1%	22.5%	64%	68%

前週土日坂路調教時計別成績

土日坂路最速時計	着別度数	勝率	連対率	複勝率	単勝回収率	複勝回収率
～53.9	1-3-2-7/13	7.7%	30.8%	46.2%	506%	204%
54.0～55.9	8-6-5-61/80	10.0%	17.5%	23.8%	39%	63%
56.0～57.9	16-19-16-160/211	7.6%	16.6%	24.2%	81%	86%
58.0～59.9	21-19-13-193/246	8.5%	16.3%	21.5%	106%	66%
60.0～	34-37-27-320/418	8.1%	17.0%	23.4%	70%	76%
無し	21-16-24-222/283	7.4%	13.1%	21.6%	57%	58%

栗東　奥村豊　厩舎

坂路調教ラップ別成績

ラップ種別	着別度数	勝率	連対率	複勝率	単勝回収率	複勝回収率
B3	0-0-0-6/6	0.0%	0.0%	0.0%	0%	0%
A3	0-0-0-1/1	0.0%	0.0%	0.0%	0%	0%
B2	3-2-0-20/25	12.0%	20.0%	20.0%	159%	74%
A2	4-3-3-25/35	11.4%	20.0%	28.6%	33%	75%
B1	1-0-0-21/22	4.5%	4.5%	4.5%	15%	5%
A1	12-9-4-77/102	11.8%	20.6%	24.5%	111%	130%

前週土日坂路調教時計別成績

土日坂路最速時計	着別度数	勝率	連対率	複勝率	単勝回収率	複勝回収率
～53.9	0-0-0-1/1	0.0%	0.0%	0.0%	0%	0%
54.0～55.9	2-2-1-15/20	10.0%	20.0%	25.0%	39%	62%
56.0～57.9	7-6-7-47/67	10.4%	19.4%	29.9%	101%	121%
58.0～59.9	18-13-11-152/194	9.3%	16.0%	21.6%	88%	69%
60.0～	63-59-52-509/683	9.2%	17.9%	25.5%	67%	77%
無し	45-38-50-402/535	8.4%	15.5%	24.9%	135%	102%

栗東　小栗実　厩舎

坂路調教ラップ別成績

ラップ種別	着別度数	勝率	連対率	複勝率	単勝回収率	複勝回収率
B3	0-1-0-0/1	0.0%	100.0%	100.0%	0%	170%
A3	2-1-1-2/6	33.3%	50.0%	66.7%	411%	186%
B2	3-0-3-16/22	13.6%	13.6%	27.3%	84%	59%
A2	3-3-2-22/30	10.0%	20.0%	26.7%	48%	78%
B1	0-0-0-15/15	0.0%	0.0%	0.0%	0%	0%
A1	2-3-2-33/40	5.0%	12.5%	17.5%	35%	66%

前週土日坂路調教時計別成績

土日坂路最速時計	着別度数	勝率	連対率	複勝率	単勝回収率	複勝回収率
～53.9	1-1-1-3/6	16.7%	33.3%	50.0%	38%	115%
54.0～55.9	1-1-1-16/19	5.3%	10.5%	15.8%	48%	69%
56.0～57.9	5-6-4-36/51	9.8%	21.6%	29.4%	115%	85%
58.0～59.9	1-1-1-26/29	3.4%	6.9%	10.3%	37%	14%
60.0～	4-1-1-41/47	8.5%	10.6%	12.8%	40%	31%
無し	6-7-8-114/135	4.4%	9.6%	15.6%	23%	54%

栗東 音無秀孝 厩舎

坂路調教ラップ別成績

ラップ種別	着別度数	勝率	連対率	複勝率	単勝回収率	複勝回収率
B3	12-7-6-51/76	15.8%	25.0%	32.9%	176%	89%
A3	3-2-0-3/8	37.5%	62.5%	62.5%	262%	118%
B2	62-51-64-429/606	10.2%	18.6%	29.2%	69%	81%
A2	19-18-13-105/155	12.3%	23.9%	32.3%	60%	81%
B1	38-43-38-477/596	6.4%	13.6%	20.0%	38%	54%
A1	7-3-4-30/44	15.9%	22.7%	31.8%	122%	66%

前週土日坂路調教時計別成績

土日坂路最速時計	着別度数	勝率	連対率	複勝率	単勝回収率	複勝回収率
～53.9	2-0-3-5/10	20.0%	20.0%	50.0%	95%	84%
54.0～55.9	9-9-6-58/82	11.0%	22.0%	29.3%	71%	68%
56.0～57.9	25-32-25-246/328	7.6%	17.4%	25.0%	59%	69%
58.0～59.9	73-52-68-467/660	11.1%	18.9%	29.2%	72%	69%
60.0～	63-70-61-572/766	8.2%	17.4%	25.3%	72%	87%
無し	1-3-1-26/31	3.2%	12.9%	16.1%	24%	60%

栗東 河嶋宏樹 厩舎

坂路調教ラップ別成績

ラップ種別	着別度数	勝率	連対率	複勝率	単勝回収率	複勝回収率
B3	0-0-0-1/1	0.0%	0.0%	0.0%	0%	0%
A3	0-0-1-0/1	0.0%	0.0%	100.0%	0%	1540%
B2	0-2-2-5/9	0.0%	22.2%	44.4%	0%	414%
A2	0-0-1-7/8	0.0%	0.0%	12.5%	0%	17%
B1	0-0-0-5/5	0.0%	0.0%	0.0%	0%	0%
A1	1-1-1-20/23	4.3%	8.7%	13.0%	12%	54%

前週土日坂路調教時計別成績

土日坂路最速時計	着別度数	勝率	連対率	複勝率	単勝回収率	複勝回収率
～53.9	0-1-0-4/5	0.0%	20.0%	20.0%	0%	46%
54.0～55.9	0-0-1-2/3	0.0%	0.0%	33.3%	0%	63%
56.0～57.9	0-0-0-6/6	0.0%	0.0%	0.0%	0%	0%
58.0～59.9	1-0-1-7/9	11.1%	11.1%	22.2%	291%	213%
60.0～	1-4-3-33/41	2.4%	12.2%	19.5%	34%	186%
無し	2-0-2-24/28	7.1%	7.1%	14.3%	17%	50%

栗東 北出成人 厩舎

坂路調教ラップ別成績

ラップ種別	着別度数	勝率	連対率	複勝率	単勝回収率	複勝回収率
B3	1-2-1-17/21	4.8%	14.3%	19.0%	13%	36%
A3	4-2-2-22/30	13.3%	20.0%	26.7%	49%	65%
B2	13-13-10-148/184	7.1%	14.1%	19.6%	69%	91%
A2	25-24-29-207/285	8.8%	17.2%	27.4%	71%	84%
B1	3-5-3-84/95	3.2%	8.4%	11.6%	33%	44%
A1	13-16-20-202/251	5.2%	11.6%	19.5%	44%	88%

前週土日坂路調教時計別成績

土日坂路最速時計	着別度数	勝率	連対率	複勝率	単勝回収率	複勝回収率
～53.9	1-2-2-4/9	11.1%	33.3%	55.6%	320%	260%
54.0～55.9	3-2-4-34/43	7.0%	11.6%	20.9%	102%	77%
56.0～57.9	13-11-11-181/216	6.0%	11.1%	16.2%	45%	81%
58.0～59.9	17-15-19-247/298	5.7%	10.7%	17.1%	67%	70%
60.0～	43-56-49-493/641	6.7%	15.4%	23.1%	51%	78%
無し	9-14-28-230/281	3.2%	8.2%	18.1%	24%	93%

栗東 木原一良 厩舎

坂路調教ラップ別成績

ラップ種別	着別度数	勝率	連対率	複勝率	単勝回収率	複勝回収率
B3	0-0-0-5/5	0.0%	0.0%	0.0%	0%	0%
A3	1-1-1-9/12	8.3%	16.7%	25.0%	51%	58%
B2	3-2-5-58/68	4.4%	7.4%	14.7%	19%	40%
A2	14-11-11-145/181	7.7%	13.8%	19.9%	106%	77%
B1	1-2-1-52/56	1.8%	5.4%	7.1%	20%	54%
A1	17-16-18-236/287	5.9%	11.5%	17.8%	75%	74%

前週土日坂路調教時計別成績

土日坂路最速時計	着別度数	勝率	連対率	複勝率	単勝回収率	複勝回収率
～53.9	0-0-0-4/4	0.0%	0.0%	0.0%	0%	0%
54.0～55.9	4-0-1-20/25	16.0%	16.0%	20.0%	220%	66%
56.0～57.9	9-9-12-140/170	5.3%	10.6%	17.6%	62%	84%
58.0～59.9	14-18-16-258/306	4.6%	10.5%	15.7%	92%	71%
60.0～	35-32-35-424/526	6.7%	12.7%	19.4%	52%	71%
無し	7-6-11-128/152	4.6%	8.6%	15.8%	141%	117%

厳選東西144厩舎

栗東 小崎憲 厩舎

坂路調教ラップ別成績

ラップ種別	着別度数	勝率	連対率	複勝率	単勝回収率	複勝回収率
B3	0-0-0-2/2	0.0%	0.0%	0.0%	0%	0%
A3	0-0-0-3/3	0.0%	0.0%	0.0%	0%	0%
B2	9-9-8-128/154	5.8%	11.7%	16.9%	45%	51%
A2	14-15-17-127/173	8.1%	16.8%	26.6%	43%	81%
B1	3-3-2-95/103	2.9%	5.8%	7.8%	10%	35%
A1	11-13-8-109/141	7.8%	17.0%	22.7%	75%	71%

前週土日坂路調教時計別成績

土日坂路最速時計	着別度数	勝率	連対率	複勝率	単勝回収率	複勝回収率
～53.9	8-6-8-136/158	5.1%	8.9%	13.9%	41%	67%
54.0～55.9	3-5-7-89/104	2.9%	7.7%	14.4%	26%	48%
56.0～57.9	2-4-5-63/74	2.7%	8.1%	14.9%	14%	68%
58.0～59.9	2-3-3-29/37	5.4%	13.5%	21.6%	17%	54%
60.0～	43-62-48-653/806	5.3%	13.0%	19.0%	48%	72%
無し	3-3-6-80/92	3.3%	6.5%	13.0%	35%	57%

栗東 小林真也 厩舎

坂路調教ラップ別成績

ラップ種別	着別度数	勝率	連対率	複勝率	単勝回収率	複勝回収率
B3	1-1-0-2/4	25.0%	50.0%	50.0%	45%	62%
A3	3-1-2-8/14	21.4%	28.6%	42.9%	99%	87%
B2	4-7-5-78/94	4.3%	11.7%	17.0%	30%	39%
A2	8-9-17-161/195	4.1%	8.7%	17.4%	58%	53%
B1	3-2-2-26/33	9.1%	15.2%	21.2%	34%	85%
A1	7-4-7-113/131	5.3%	8.4%	13.7%	35%	40%

前週土日坂路調教時計別成績

土日坂路最速時計	着別度数	勝率	連対率	複勝率	単勝回収率	複勝回収率
～53.9	3-0-0-10/13	23.1%	23.1%	23.1%	151%	46%
54.0～55.9	3-3-5-37/48	6.3%	12.5%	22.9%	51%	84%
56.0～57.9	8-6-6-80/100	8.0%	14.0%	20.0%	51%	49%
58.0～59.9	7-10-8-71/96	7.3%	17.7%	26.0%	46%	71%
60.0～	16-14-25-319/374	4.3%	8.0%	14.7%	61%	50%
無し	3-4-2-44/53	5.7%	13.2%	17.0%	55%	39%

栗東 昆貢 厩舎

坂路調教ラップ別成績

ラップ種別	着別度数	勝率	連対率	複勝率	単勝回収率	複勝回収率
B3	5-4-2-21/32	15.6%	28.1%	34.4%	71%	63%
A3	0-2-1-6/9	0.0%	22.2%	33.3%	0%	64%
B2	9-14-12-120/155	5.8%	14.8%	22.6%	32%	69%
A2	7-9-5-63/84	8.3%	19.0%	25.0%	36%	54%
B1	5-8-12-50/75	6.7%	17.3%	33.3%	106%	114%
A1	4-4-3-38/49	8.2%	16.3%	22.4%	57%	50%

前週土日坂路調教時計別成績

土日坂路最速時計	着別度数	勝率	連対率	複勝率	単勝回収率	複勝回収率
～53.9	1-1-1-17/20	5.0%	10.0%	15.0%	14%	53%
54.0～55.9	8-14-8-64/94	8.5%	23.4%	31.9%	95%	165%
56.0～57.9	14-14-17-141/186	7.5%	15.1%	24.2%	56%	77%
58.0～59.9	5-5-6-81/97	5.2%	10.3%	16.5%	31%	37%
60.0～	33-36-39-269/377	8.8%	18.3%	28.6%	72%	79%
無し	12-17-23-149/201	6.0%	14.4%	25.9%	139%	79%

栗東 今野貞一 厩舎

坂路調教ラップ別成績

ラップ種別	着別度数	勝率	連対率	複勝率	単勝回収率	複勝回収率
B3	3-3-2-16/24	12.5%	25.0%	33.3%	45%	50%
A3	1-3-1-11/16	6.3%	25.0%	31.3%	38%	65%
B2	10-11-8-131/160	6.3%	13.1%	18.1%	129%	89%
A2	17-11-10-154/192	8.9%	14.6%	19.8%	131%	68%
B1	5-2-1-84/92	5.4%	7.6%	8.7%	47%	41%
A1	23-13-9-116/161	14.3%	22.4%	28.0%	165%	94%

前週土日坂路調教時計別成績

土日坂路最速時計	着別度数	勝率	連対率	複勝率	単勝回収率	複勝回収率
～53.9	8-5-4-47/64	12.5%	20.3%	26.6%	165%	115%
54.0～55.9	6-6-6-98/116	5.2%	10.3%	15.5%	31%	43%
56.0～57.9	20-14-16-145/195	10.3%	17.4%	25.6%	92%	97%
58.0～59.9	17-10-8-147/182	9.3%	14.8%	19.2%	75%	52%
60.0～	34-22-15-256/327	10.4%	17.1%	21.7%	180%	88%
無し	25-33-27-323/408	6.1%	14.2%	20.8%	55%	59%

栗東 斉藤崇史 厩舎

坂路調教ラップ別成績

ラップ種別	着別度数	勝率	連対率	複勝率	単勝回収率	複勝回収率
B3	0-0-2-6/8	0.0%	0.0%	25.0%	0%	61%
A3	2-1-0-8/11	18.2%	27.3%	27.3%	64%	48%
B2	13-12-18-111/154	8.4%	16.2%	27.9%	44%	94%
A2	17-15-16-91/139	12.2%	23.0%	34.5%	60%	63%
B1	7-5-9-76/97	7.2%	12.4%	21.6%	20%	37%
A1	16-8-8-50/82	19.5%	29.3%	39.0%	149%	80%

前週土日坂路調教時計別成績

土日坂路最速時計	着別度数	勝率	連対率	複勝率	単勝回収率	複勝回収率
～53.9	1-2-0-11/14	7.1%	21.4%	21.4%	23%	47%
54.0～55.9	5-9-6-39/59	8.5%	23.7%	33.9%	26%	102%
56.0～57.9	24-18-16-151/209	11.5%	20.1%	27.8%	60%	62%
58.0～59.9	24-18-15-112/169	14.2%	24.9%	33.7%	102%	77%
60.0～	80-50-55-374/559	14.3%	23.3%	33.1%	80%	75%
無し	53-38-42-360/493	10.8%	18.5%	27.0%	78%	60%

栗東 坂口智康 厩舎

坂路調教ラップ別成績

ラップ種別	着別度数	勝率	連対率	複勝率	単勝回収率	複勝回収率
B3	0-0-0-6/6	0.0%	0.0%	0.0%	0%	0%
A3	2-2-1-6/11	18.2%	36.4%	45.5%	46%	70%
B2	3-4-6-85/98	3.1%	7.1%	13.3%	40%	72%
A2	13-11-10-125/159	8.2%	15.1%	21.4%	124%	87%
B1	2-0-5-79/86	2.3%	2.3%	8.1%	14%	89%
A1	12-11-11-174/208	5.8%	11.1%	16.3%	44%	59%

前週土日坂路調教時計別成績

土日坂路最速時計	着別度数	勝率	連対率	複勝率	単勝回収率	複勝回収率
～53.9	0-0-0-7/7	0.0%	0.0%	0.0%	0%	0%
54.0～55.9	10-3-3-68/84	11.9%	15.5%	19.0%	71%	67%
56.0～57.9	7-11-15-166/199	3.5%	9.0%	16.6%	14%	59%
58.0～59.9	10-12-8-173/203	4.9%	10.8%	14.8%	93%	53%
60.0～	26-24-31-407/488	5.3%	10.2%	16.6%	73%	67%
無し	7-9-8-103/127	5.5%	12.6%	18.9%	27%	113%

栗東 佐々木晶三 厩舎

坂路調教ラップ別成績

ラップ種別	着別度数	勝率	連対率	複勝率	単勝回収率	複勝回収率
B3	1-1-2-9/13	7.7%	15.4%	30.8%	14%	81%
A3	3-1-4-11/19	15.8%	21.1%	42.1%	34%	75%
B2	20-15-18-116/169	11.8%	20.7%	31.4%	90%	97%
A2	23-26-25-166/240	9.6%	20.4%	30.8%	61%	73%
B1	0-5-2-50/57	0.0%	8.8%	12.3%	0%	34%
A1	12-16-24-128/180	6.7%	15.6%	28.9%	200%	102%

前週土日坂路調教時計別成績

土日坂路最速時計	着別度数	勝率	連対率	複勝率	単勝回収率	複勝回収率
～53.9	0-1-0-2/3	0.0%	33.3%	33.3%	0%	56%
54.0～55.9	0-7-3-20/30	0.0%	23.3%	33.3%	0%	78%
56.0～57.9	30-27-33-185/275	10.9%	20.7%	32.7%	78%	87%
58.0～59.9	10-15-20-130/175	5.7%	14.3%	25.7%	52%	61%
60.0～	45-34-43-323/445	10.1%	17.8%	27.4%	129%	104%
無し	28-23-32-231/314	8.9%	16.2%	26.4%	61%	61%

栗東 四位洋文 厩舎

坂路調教ラップ別成績

ラップ種別	着別度数	勝率	連対率	複勝率	単勝回収率	複勝回収率
B3	0-0-0-1/1	0.0%	0.0%	0.0%	0%	0%
A3	1-0-0-0/1	100.0%	100.0%	100.0%	310%	160%
B2	0-1-1-13/15	0.0%	6.7%	13.3%	0%	31%
A2	4-2-3-24/33	12.1%	18.2%	27.3%	254%	88%
B1	0-3-1-12/16	0.0%	18.8%	25.0%	0%	59%
A1	4-9-7-45/65	6.2%	20.0%	30.8%	27%	82%

前週土日坂路調教時計別成績

土日坂路最速時計	着別度数	勝率	連対率	複勝率	単勝回収率	複勝回収率
～53.9	0-4-0-10/14	0.0%	28.6%	28.6%	0%	57%
54.0～55.9	4-10-10-44/68	5.9%	20.6%	35.3%	276%	152%
56.0～57.9	18-17-10-109/154	11.7%	22.7%	29.2%	96%	92%
58.0～59.9	6-8-11-90/115	5.2%	12.2%	21.7%	34%	91%
60.0～	19-23-18-157/217	8.8%	19.4%	27.6%	68%	58%
無し	7-12-10-77/106	6.6%	17.9%	27.4%	32%	93%

厳選東西144厩舎

栗東 清水久詞 厩舎

坂路調教ラップ別成績

ラップ種別	着別度数	勝率	連対率	複勝率	単勝回収率	複勝回収率
B3	3-3-3-20/29	10.3%	20.7%	31.0%	177%	65%
A3	4-5-4-14/27	14.8%	33.3%	48.1%	48%	138%
B2	17-24-28-209/278	6.1%	14.7%	24.8%	38%	72%
A2	24-37-31-232/324	7.4%	18.8%	28.4%	70%	71%
B1	9-3-7-68/87	10.3%	13.8%	21.8%	122%	79%
A1	34-25-31-229/319	10.7%	18.5%	28.2%	84%	84%

前週土日坂路調教時計別成績

土日坂路最速時計	着別度数	勝率	連対率	複勝率	単勝回収率	複勝回収率
~53.9	16-27-21-170/234	6.8%	18.4%	27.4%	81%	80%
54.0~55.9	16-16-24-169/225	7.1%	14.2%	24.9%	39%	79%
56.0~57.9	8-5-9-67/89	9.0%	14.6%	24.7%	94%	80%
58.0~59.9	2-1-4-21/28	7.1%	10.7%	25.0%	63%	57%
60.0~	107-93-100-764/1064	10.1%	18.8%	28.2%	77%	72%
無し	58-55-50-559/722	8.0%	15.7%	22.6%	59%	63%

栗東 庄野靖志 厩舎

坂路調教ラップ別成績

ラップ種別	着別度数	勝率	連対率	複勝率	単勝回収率	複勝回収率
B3	3-0-1-6/10	30.0%	30.0%	40.0%	136%	78%
A3	1-3-2-12/18	5.6%	22.2%	33.3%	22%	56%
B2	8-7-13-103/131	6.1%	11.5%	21.4%	110%	70%
A2	19-16-15-124/174	10.9%	20.1%	28.7%	80%	82%
B1	1-3-1-68/73	1.4%	5.5%	6.8%	41%	48%
A1	9-15-10-135/169	5.3%	14.2%	20.1%	61%	67%

前週土日坂路調教時計別成績

土日坂路最速時計	着別度数	勝率	連対率	複勝率	単勝回収率	複勝回収率
~53.9	1-0-1-12/14	7.1%	7.1%	14.3%	13%	85%
54.0~55.9	1-5-2-54/62	1.6%	9.7%	12.9%	14%	52%
56.0~57.9	14-14-11-109/148	9.5%	18.9%	26.4%	96%	78%
58.0~59.9	14-16-22-163/215	6.5%	14.0%	24.2%	83%	92%
60.0~	25-23-31-297/376	6.6%	12.8%	21.0%	45%	57%
無し	36-39-39-368/482	7.5%	15.6%	23.7%	137%	100%

栗東 新谷功一 厩舎

坂路調教ラップ別成績

ラップ種別	着別度数	勝率	連対率	複勝率	単勝回収率	複勝回収率
B3	4-6-3-24/37	10.8%	27.0%	35.1%	74%	80%
A3	5-0-1-9/15	33.3%	33.3%	40.0%	108%	72%
B2	12-11-4-98/125	9.6%	18.4%	21.6%	73%	53%
A2	19-10-15-110/154	12.3%	18.8%	28.6%	65%	81%
B1	2-0-3-43/48	4.2%	4.2%	10.4%	35%	43%
A1	4-5-9-75/93	4.3%	9.7%	19.4%	26%	112%

前週土日坂路調教時計別成績

土日坂路最速時計	着別度数	勝率	連対率	複勝率	単勝回収率	複勝回収率
~53.9	0-2-1-23/26	0.0%	7.7%	11.5%	0%	19%
54.0~55.9	6-4-5-48/63	9.5%	15.9%	23.8%	70%	74%
56.0~57.9	16-8-16-121/161	9.9%	14.9%	24.8%	60%	103%
58.0~59.9	10-19-10-114/153	6.5%	19.0%	25.5%	50%	81%
60.0~	26-24-22-287/359	7.2%	13.9%	20.1%	42%	57%
無し	20-14-17-193/244	8.2%	13.9%	20.9%	59%	63%

栗東 須貝尚介 厩舎

坂路調教ラップ別成績

ラップ種別	着別度数	勝率	連対率	複勝率	単勝回収率	複勝回収率
B3	3-3-5-15/26	11.5%	23.1%	42.3%	55%	84%
A3	3-2-2-22/29	10.3%	17.2%	24.1%	25%	39%
B2	23-25-34-177/259	8.9%	18.5%	31.7%	44%	68%
A2	32-31-25-182/270	11.9%	23.3%	32.6%	71%	85%
B1	8-7-11-87/113	7.1%	13.3%	23.0%	144%	62%
A1	12-14-8-78/112	10.7%	23.2%	30.4%	56%	58%

前週土日坂路調教時計別成績

土日坂路最速時計	着別度数	勝率	連対率	複勝率	単勝回収率	複勝回収率
~53.9	0-1-0-11/12	0.0%	8.3%	8.3%	0%	21%
54.0~55.9	5-5-4-47/61	8.2%	16.4%	23.0%	133%	61%
56.0~57.9	27-17-13-123/180	15.0%	24.4%	31.7%	88%	68%
58.0~59.9	22-21-23-170/236	9.3%	18.2%	28.0%	48%	55%
60.0~	85-82-80-510/757	11.2%	22.1%	32.6%	79%	72%
無し	31-25-22-214/292	10.6%	19.2%	26.7%	52%	74%

栗東 杉山晴紀 厩舎

坂路調教ラップ別成績

ラップ種別	着別度数	勝率	連対率	複勝率	単勝回収率	複勝回収率
B3	0-3-1-6/10	0.0%	30.0%	40.0%	0%	92%
A3	14-9-5-35/63	22.2%	36.5%	44.4%	149%	84%
B2	11-10-15-85/121	9.1%	17.4%	29.8%	66%	87%
A2	53-41-31-238/363	14.6%	25.9%	34.4%	93%	84%
B1	5-2-5-48/60	8.3%	11.7%	20.0%	217%	107%
A1	53-33-34-259/379	14.0%	22.7%	31.7%	73%	87%

前週土日坂路調教時計別成績

土日坂路最速時計	着別度数	勝率	連対率	複勝率	単勝回収率	複勝回収率
～53.9	1-4-3-16/24	4.2%	20.8%	33.3%	17%	367%
54.0～55.9	12-6-5-65/88	13.6%	20.5%	26.1%	109%	79%
56.0～57.9	35-46-31-240/352	9.9%	23.0%	31.8%	109%	73%
58.0～59.9	65-49-43-293/450	14.4%	25.3%	34.9%	101%	91%
60.0～	98-92-78-606/874	11.2%	21.7%	30.7%	72%	79%
無し	14-8-8-81/111	12.6%	19.8%	27.0%	84%	60%

栗東 杉山佳明 厩舎

坂路調教ラップ別成績

ラップ種別	着別度数	勝率	連対率	複勝率	単勝回収率	複勝回収率
B3	1-0-0-1/2	50.0%	50.0%	50.0%	2100%	360%
A3	0-0-0-4/4	0.0%	0.0%	0.0%	0%	0%
B2	6-5-11-84/106	5.7%	10.4%	20.8%	65%	74%
A2	5-5-12-86/108	4.6%	9.3%	20.4%	34%	88%
B1	6-12-10-95/123	4.9%	14.6%	22.8%	92%	92%
A1	17-13-13-124/167	10.2%	18.0%	25.7%	121%	87%

前週土日坂路調教時計別成績

土日坂路最速時計	着別度数	勝率	連対率	複勝率	単勝回収率	複勝回収率
～53.9	0-0-0-4/4	0.0%	0.0%	0.0%	0	0
54.0～55.9	0-1-1-25/27	0.0%	3.7%	7.4%	0	0.28
56.0～57.9	4-1-4-28/37	10.8%	13.5%	24.3%	1.97	1.13
58.0～59.9	4-6-7-49/66	6.1%	15.2%	25.8%	0.47	1.1
60.0～	20-11-29-214/274	7.3%	11.3%	21.9%	0.74	1.1
無し	30-36-37-395/498	6.0%	13.3%	20.7%	0.73	0.83

栗東 鈴木孝志 厩舎

坂路調教ラップ別成績

ラップ種別	着別度数	勝率	連対率	複勝率	単勝回収率	複勝回収率
B3	1-0-1-10/12	8.3%	8.3%	16.7%	40%	76%
A3	0-2-0-4/6	0.0%	33.3%	33.3%	0%	125%
B2	12-13-13-87/125	9.6%	20.0%	30.4%	72%	82%
A2	18-19-20-138/195	9.2%	19.0%	29.2%	78%	77%
B1	9-11-7-105/132	6.8%	15.2%	20.5%	45%	62%
A1	21-14-18-129/182	11.5%	19.2%	29.1%	68%	92%

前週土日坂路調教時計別成績

土日坂路最速時計	着別度数	勝率	連対率	複勝率	単勝回収率	複勝回収率
～53.9	0-1-0-6/7	0.0%	14.3%	14.3%	0%	15%
54.0～55.9	2-3-4-24/33	6.1%	15.2%	27.3%	23%	75%
56.0～57.9	9-12-13-94/128	7.0%	16.4%	26.6%	37%	82%
58.0～59.9	40-34-37-352/463	8.6%	16.0%	24.0%	70%	74%
60.0～	68-64-57-461/650	10.5%	20.3%	29.1%	100%	92%
無し	8-5-10-68/91	8.8%	14.3%	25.3%	42%	62%

栗東 高野友和 厩舎

坂路調教ラップ別成績

ラップ種別	着別度数	勝率	連対率	複勝率	単勝回収率	複勝回収率
B3	0-0-0-2/2	0.0%	0.0%	0.0%	0%	0%
A3	7-11-9-32/59	11.9%	30.5%	45.8%	48%	90%
B2	8-9-8-61/86	9.3%	19.8%	29.1%	41%	71%
A2	49-49-39-228/365	13.4%	26.8%	37.5%	63%	77%
B1	2-6-6-42/56	3.6%	14.3%	25.0%	28%	54%
A1	79-67-53-360/559	14.1%	26.1%	35.6%	88%	89%

前週土日坂路調教時計別成績

土日坂路最速時計	着別度数	勝率	連対率	複勝率	単勝回収率	複勝回収率
～53.9	0-1-0-4/5	0.0%	20.0%	20.0%	0%	226%
54.0～55.9	8-11-10-66/95	8.4%	20.0%	30.5%	32%	56%
56.0～57.9	85-72-61-394/612	13.9%	25.7%	35.6%	72%	78%
58.0～59.9	55-61-50-298/464	11.9%	25.0%	35.8%	66%	85%
60.0～	20-20-14-148/202	9.9%	19.8%	26.7%	72%	65%
無し	7-3-6-32/48	14.6%	20.8%	33.3%	73%	87%

厳選東西144厩舎

栗東　高橋一哉　厩舎

坂路調教ラップ別成績

ラップ種別	着別度数	勝率	連対率	複勝率	単勝回収率	複勝回収率
B3	0-0-0-1/1	0.0%	0.0%	0.0%	0%	0%
B2	0-0-0-12/12	0.0%	0.0%	0.0%	0%	0%
A2	0-0-1-10/11	0.0%	0.0%	9.1%	0%	54%
B1	1-1-0-3/5	20.0%	40.0%	40.0%	368%	340%
A1	1-0-1-9/11	9.1%	9.1%	18.2%	33%	317%

前週土日坂路調教時計別成績

土日坂路最速時計	着別度数	勝率	連対率	複勝率	単勝回収率	複勝回収率
54.0～55.9	1-0-0-2/3	33.3%	33.3%	33.3%	1740%	233%
56.0～57.9	0-0-2-11/13	0.0%	0.0%	15.4%	0%	70%
58.0～59.9	2-1-2-24/29	6.9%	10.3%	17.2%	427%	139%
60.0～	1-0-1-20/22	4.5%	4.5%	9.1%	16%	158%
無し	0-0-0-1/1	0.0%	0.0%	0.0%	0%	0%

栗東　高橋康之　厩舎

坂路調教ラップ別成績

ラップ種別	着別度数	勝率	連対率	複勝率	単勝回収率	複勝回収率
B3	0-0-1-6/7	0.0%	0.0%	14.3%	0%	25%
A3	2-0-1-9/12	16.7%	16.7%	25.0%	93%	50%
B2	2-4-5-51/62	3.2%	9.7%	17.7%	30%	80%
A2	10-11-10-139/170	5.9%	12.4%	18.2%	76%	65%
B1	2-1-1-41/45	4.4%	6.7%	8.9%	13%	18%
A1	15-15-23-234/287	5.2%	10.5%	18.5%	53%	73%

前週土日坂路調教時計別成績

土日坂路最速時計	着別度数	勝率	連対率	複勝率	単勝回収率	複勝回収率
～53.9	0-0-0-4/4	0.0%	0.0%	0.0%	0%	0%
54.0～55.9	1-0-0-10/11	9.1%	9.1%	9.1%	28%	10%
56.0～57.9	0-1-1-23/25	0.0%	4.0%	8.0%	0%	87%
58.0～59.9	2-1-2-63/68	2.9%	4.4%	7.4%	44%	32%
60.0～	35-38-47-658/778	4.5%	9.4%	15.4%	63%	61%
無し	19-18-23-316/376	5.1%	9.8%	16.0%	113%	71%

栗東　高橋義忠　厩舎

坂路調教ラップ別成績

ラップ種別	着別度数	勝率	連対率	複勝率	単勝回収率	複勝回収率
B3	1-1-0-7/9	11.1%	22.2%	22.2%	34%	32%
A3	2-3-1-11/17	11.8%	29.4%	35.3%	39%	61%
B2	9-7-11-125/152	5.9%	10.5%	17.8%	52%	39%
A2	29-20-15-155/219	13.2%	22.4%	29.2%	130%	80%
B1	8-8-3-97/116	6.9%	13.8%	16.4%	56%	46%
A1	23-21-23-151/218	10.6%	20.2%	30.7%	128%	115%

前週土日坂路調教時計別成績

土日坂路最速時計	着別度数	勝率	連対率	複勝率	単勝回収率	複勝回収率
～53.9	1-1-2-15/19	5.3%	10.5%	21.1%	23%	178%
54.0～55.9	10-6-7-68/91	11.0%	17.6%	25.3%	147%	97%
56.0～57.9	18-11-17-202/248	7.3%	11.7%	18.5%	119%	60%
58.0～59.9	22-23-17-232/294	7.5%	15.3%	21.1%	61%	80%
60.0～	37-32-29-301/399	9.3%	17.3%	24.6%	90%	72%
無し	22-15-21-212/270	8.1%	13.7%	21.5%	53%	54%

栗東　高橋亮　厩舎

坂路調教ラップ別成績

ラップ種別	着別度数	勝率	連対率	複勝率	単勝回収率	複勝回収率
B3	1-0-0-2/3	33.3%	33.3%	33.3%	56%	36%
A3	0-0-1-6/7	0.0%	0.0%	14.3%	0%	62%
B2	4-9-7-58/78	5.1%	16.7%	25.6%	106%	85%
A2	4-4-4-54/66	6.1%	12.1%	18.2%	56%	43%
B1	2-4-2-50/58	3.4%	10.3%	13.8%	13%	48%
A1	3-2-2-32/39	7.7%	12.8%	17.9%	65%	71%

前週土日坂路調教時計別成績

土日坂路最速時計	着別度数	勝率	連対率	複勝率	単勝回収率	複勝回収率
～53.9	0-2-0-17/19	0.0%	10.5%	10.5%	0%	26%
54.0～55.9	0-1-1-36/38	0.0%	2.6%	5.3%	0%	27%
56.0～57.9	3-5-4-67/79	3.8%	10.1%	15.2%	49%	44%
58.0～59.9	9-7-9-57/82	11.0%	19.5%	30.5%	168%	142%
60.0～	50-52-51-486/639	7.8%	16.0%	23.9%	77%	87%
無し	36-27-45-334/442	8.1%	14.3%	24.4%	55%	84%

栗東 髙柳大輔 厩舎

坂路調教ラップ別成績

ラップ種別	着別度数	勝率	連対率	複勝率	単勝回収率	複勝回収率
B3	2-1-1-9/13	15.4%	23.1%	30.8%	130%	65%
A3	2-3-2-14/21	9.5%	23.8%	33.3%	47%	68%
B2	21-22-18-154/215	9.8%	20.0%	28.4%	52%	68%
A2	36-33-33-179/281	12.8%	24.6%	36.3%	100%	93%
B1	7-3-6-82/98	7.1%	10.2%	16.3%	110%	71%
A1	19-14-23-147/203	9.4%	16.3%	27.6%	213%	107%

前週土日坂路調教時計別成績

土日坂路最速時計	着別度数	勝率	連対率	複勝率	単勝回収率	複勝回収率
～53.9	2-3-5-29/39	5.1%	12.8%	25.6%	70%	125%
54.0～55.9	7-11-11-94/123	5.7%	14.6%	23.6%	46%	88%
56.0～57.9	24-27-23-167/241	10.0%	21.2%	30.7%	72%	79%
58.0～59.9	27-21-24-189/261	10.3%	18.4%	27.6%	175%	82%
60.0～	55-57-48-371/531	10.4%	21.1%	30.1%	94%	92%
無し	7-10-10-79/106	6.6%	16.0%	25.5%	47%	48%

栗東 武幸四郎 厩舎

坂路調教ラップ別成績

ラップ種別	着別度数	勝率	連対率	複勝率	単勝回収率	複勝回収率
B3	0-1-0-4/5	0.0%	20.0%	20.0%	0%	22%
A3	0-0-1-2/3	0.0%	0.0%	33.3%	0%	143%
B2	10-9-15-78/112	8.9%	17.0%	30.4%	34%	71%
A2	17-10-16-51/94	18.1%	28.7%	45.7%	90%	126%
B1	6-9-11-72/98	6.1%	15.3%	26.5%	91%	99%
A1	9-8-12-52/81	11.1%	21.0%	35.8%	68%	132%

前週土日坂路調教時計別成績

土日坂路最速時計	着別度数	勝率	連対率	複勝率	単勝回収率	複勝回収率
～53.9	1-1-0-3/5	20.0%	40.0%	40.0%	74%	84%
54.0～55.9	1-0-1-10/12	8.3%	8.3%	16.7%	19%	29%
56.0～57.9	6-5-1-38/50	12.0%	22.0%	24.0%	42%	39%
58.0～59.9	27-21-31-218/297	9.1%	16.2%	26.6%	105%	91%
60.0～	72-69-85-486/712	10.1%	19.8%	31.7%	70%	87%
無し	20-23-21-160/224	8.9%	19.2%	28.6%	63%	68%

栗東 武英智 厩舎

坂路調教ラップ別成績

ラップ種別	着別度数	勝率	連対率	複勝率	単勝回収率	複勝回収率
B3	2-1-0-7/10	20.0%	30.0%	30.0%	58%	97%
A3	1-2-0-3/6	16.7%	50.0%	50.0%	53%	76%
B2	8-24-17-146/195	4.1%	16.4%	25.1%	16%	48%
A2	29-19-20-161/229	12.7%	21.0%	29.7%	65%	77%
B1	4-5-10-87/106	3.8%	8.5%	17.9%	30%	92%
A1	9-18-14-132/173	5.2%	15.6%	23.7%	37%	56%

前週土日坂路調教時計別成績

土日坂路最速時計	着別度数	勝率	連対率	複勝率	単勝回収率	複勝回収率
～53.9	43-41-34-275/393	10.9%	21.4%	30.0%	93%	81%
54.0～55.9	7-7-9-96/119	5.9%	11.8%	19.3%	43%	49%
56.0～57.9	2-7-3-45/57	3.5%	15.8%	21.1%	10%	60%
58.0～59.9	7-12-6-63/88	8.0%	21.6%	28.4%	108%	90%
60.0～	29-47-38-399/513	5.7%	14.8%	22.2%	36%	73%
無し	34-27-28-318/407	8.4%	15.0%	21.9%	74%	76%

栗東 田中克典 厩舎

坂路調教ラップ別成績

ラップ種別	着別度数	勝率	連対率	複勝率	単勝回収率	複勝回収率
B2	3-3-0-22/28	10.7%	21.4%	21.4%	37%	50%
A2	3-3-3-24/33	9.1%	18.2%	27.3%	34%	71%
B1	4-0-1-11/16	25.0%	25.0%	31.3%	95%	65%
A1	13-6-9-53/81	16.0%	23.5%	34.6%	126%	148%

前週土日坂路調教時計別成績

土日坂路最速時計	着別度数	勝率	連対率	複勝率	単勝回収率	複勝回収率
～53.9	0-0-1-0/1	0.0%	0.0%	100.0%	0%	630%
54.0～55.9	4-5-4-27/40	10.0%	22.5%	32.5%	74%	97%
56.0～57.9	14-5-7-90/116	12.1%	16.4%	22.4%	86%	84%
58.0～59.9	15-8-10-90/123	12.2%	18.7%	26.8%	120%	85%
60.0～	36-29-22-236/323	11.1%	20.1%	26.9%	89%	98%
無し	2-3-5-36/46	4.3%	10.9%	21.7%	9%	78%

厳選東西144厩舎

栗東 谷潔 厩舎

坂路調教ラップ別成績

ラップ種別	着別度数	勝率	連対率	複勝率	単勝回収率	複勝回収率
B3	1-3-1-8/13	7.7%	30.8%	38.5%	58%	89%
A3	2-1-2-4/9	22.2%	33.3%	55.6%	74%	96%
B2	6-15-16-125/162	3.7%	13.0%	22.8%	69%	116%
A2	13-11-5-80/109	11.9%	22.0%	26.6%	109%	67%
B1	6-4-8-120/138	4.3%	7.2%	13.0%	115%	71%
A1	2-8-10-66/86	2.3%	11.6%	23.3%	23%	66%

前週土日坂路調教時計別成績

土日坂路最速時計	着別度数	勝率	連対率	複勝率	単勝回収率	複勝回収率
～53.9	1-0-1-7/9	11.1%	11.1%	22.2%	72%	627%
54.0～55.9	0-0-1-27/28	0.0%	0.0%	3.6%	0%	16%
56.0～57.9	2-8-8-58/76	2.6%	13.2%	23.7%	38%	146%
58.0～59.9	6-12-15-124/157	3.8%	11.5%	21.0%	23%	105%
60.0～	32-42-32-370/476	6.7%	15.5%	22.3%	76%	76%
無し	18-27-33-405/483	3.7%	9.3%	16.1%	73%	67%

栗東 千田輝彦 厩舎

坂路調教ラップ別成績

ラップ種別	着別度数	勝率	連対率	複勝率	単勝回収率	複勝回収率
B2	1-1-1-5/8	12.5%	25.0%	37.5%	140%	123%
A2	0-1-2-16/19	0.0%	5.3%	15.8%	0%	65%
B1	1-0-1-8/10	10.0%	10.0%	20.0%	115%	97%
A1	0-2-3-21/26	0.0%	7.7%	19.2%	0%	109%

前週土日坂路調教時計別成績

土日坂路最速時計	着別度数	勝率	連対率	複勝率	単勝回収率	複勝回収率
～53.9	0-1-1-9/11	0.0%	9.1%	18.2%	0%	47%
54.0～55.9	8-8-4-73/93	8.6%	17.2%	21.5%	51%	66%
56.0～57.9	24-16-18-249/307	7.8%	13.0%	18.9%	100%	54%
58.0～59.9	23-23-27-258/331	6.9%	13.9%	22.1%	54%	96%
60.0～	35-41-39-425/540	6.5%	14.1%	21.3%	172%	105%
無し	2-8-5-65/80	2.5%	12.5%	18.8%	67%	77%

栗東 茶木太樹 厩舎

坂路調教ラップ別成績

ラップ種別	着別度数	勝率	連対率	複勝率	単勝回収率	複勝回収率
B3	0-0-0-5/5	0.0%	0.0%	0.0%	0%	0%
A3	4-2-0-8/14	28.6%	42.9%	42.9%	93%	72%
B2	4-3-5-56/68	5.9%	10.3%	17.6%	106%	134%
A2	12-13-14-98/137	8.8%	18.2%	28.5%	38%	72%
B1	2-0-3-40/45	4.4%	4.4%	11.1%	18%	22%
A1	12-16-10-98/136	8.8%	20.6%	27.9%	55%	68%

前週土日坂路調教時計別成績

土日坂路最速時計	着別度数	勝率	連対率	複勝率	単勝回収率	複勝回収率
～53.9	3-2-0-14/19	15.8%	26.3%	26.3%	56%	98%
54.0～55.9	2-4-2-25/33	6.1%	18.2%	24.2%	10%	37%
56.0～57.9	8-3-5-86/102	7.8%	10.8%	15.7%	48%	77%
58.0～59.9	10-15-10-150/185	5.4%	13.5%	18.9%	82%	53%
60.0～	21-27-28-252/328	6.4%	14.6%	23.2%	51%	73%
無し	9-5-9-78/101	8.9%	13.9%	22.8%	30%	195%

栗東 辻野泰之 厩舎

坂路調教ラップ別成績

ラップ種別	着別度数	勝率	連対率	複勝率	単勝回収率	複勝回収率
B3	1-0-1-6/8	12.5%	12.5%	25.0%	86%	57%
A3	1-1-0-6/8	12.5%	25.0%	25.0%	48%	32%
B2	7-6-7-61/81	8.6%	16.0%	24.7%	61%	65%
A2	21-14-16-87/138	15.2%	25.4%	37.0%	121%	91%
B1	2-7-6-31/46	4.3%	19.6%	32.6%	103%	145%
A1	19-20-11-100/150	12.7%	26.0%	33.3%	108%	101%

前週土日坂路調教時計別成績

土日坂路最速時計	着別度数	勝率	連対率	複勝率	単勝回収率	複勝回収率
～53.9	2-4-2-18/26	7.7%	23.1%	30.8%	26%	65%
54.0～55.9	12-9-2-46/69	17.4%	30.4%	33.3%	154%	101%
56.0～57.9	21-15-12-133/181	11.6%	19.9%	26.5%	138%	71%
58.0～59.9	20-16-17-130/183	10.9%	19.7%	29.0%	92%	75%
60.0～	22-20-21-116/179	12.3%	23.5%	35.2%	87%	112%
無し	7-3-4-31/45	15.6%	22.2%	31.1%	75%	68%

栗東　角田晃一　厩舎

坂路調教ラップ別成績

ラップ種別	着別度数	勝率	連対率	複勝率	単勝回収率	複勝回収率
B3	0-0-1-3/4	0.0%	0.0%	25.0%	0%	50%
A3	2-1-1-8/12	16.7%	25.0%	33.3%	107%	54%
B2	6-8-5-96/115	5.2%	12.2%	16.5%	36%	64%
A2	15-14-16-168/213	7.0%	13.6%	21.1%	63%	71%
B1	1-5-9-89/104	1.0%	5.8%	14.4%	2%	52%
A1	22-25-22-179/248	8.9%	19.0%	27.8%	74%	66%

前週土日坂路調教時計別成績

土日坂路最速時計	着別度数	勝率	連対率	複勝率	単勝回収率	複勝回収率
～53.9	0-0-0-1/1	0.0%	0.0%	0.0%	0%	0%
54.0～55.9	1-2-1-8/12	8.3%	25.0%	33.3%	20%	145%
56.0～57.9	5-4-7-33/49	10.2%	18.4%	32.7%	100%	131%
58.0～59.9	25-21-38-301/385	6.5%	11.9%	21.8%	53%	80%
60.0～	59-71-71-596/797	7.4%	16.3%	25.2%	58%	71%
無し	11-18-11-91/131	8.4%	22.1%	30.5%	34%	67%

栗東　寺島良　厩舎

坂路調教ラップ別成績

ラップ種別	着別度数	勝率	連対率	複勝率	単勝回収率	複勝回収率
B3	0-0-0-1/1	0.0%	0.0%	0.0%	0%	0%
A2	0-0-0-7/7	0.0%	0.0%	0.0%	0%	0%
B1	0-1-0-1/2	0.0%	50.0%	50.0%	0%	210%
A1	1-0-1-7/9	11.1%	11.1%	22.2%	44%	73%

前週土日坂路調教時計別成績

土日坂路最速時計	着別度数	勝率	連対率	複勝率	単勝回収率	複勝回収率
～53.9	1-6-0-8/15	6.7%	46.7%	46.7%	110%	108%
54.0～55.9	20-16-16-104/156	12.8%	23.1%	33.3%	85%	83%
56.0～57.9	35-20-34-286/375	9.3%	14.7%	23.7%	105%	70%
58.0～59.9	46-33-40-275/394	11.7%	20.1%	30.2%	79%	87%
60.0～	48-51-59-430/588	8.2%	16.8%	26.9%	99%	82%
無し	16-17-14-261/308	5.2%	10.7%	15.3%	64%	52%

栗東　友道康夫　厩舎

坂路調教ラップ別成績

ラップ種別	着別度数	勝率	連対率	複勝率	単勝回収率	複勝回収率
B3	1-1-0-2/4	25.0%	50.0%	50.0%	147%	105%
A3	2-1-1-7/11	18.2%	27.3%	36.4%	76%	59%
B2	12-8-10-44/74	16.2%	27.0%	40.5%	82%	73%
A2	18-17-7-81/123	14.6%	28.5%	34.1%	54%	60%
B1	5-3-4-31/43	11.6%	18.6%	27.9%	103%	83%
A1	50-31-14-111/206	24.3%	39.3%	46.1%	128%	98%

前週土日坂路調教時計別成績

土日坂路最速時計	着別度数	勝率	連対率	複勝率	単勝回収率	複勝回収率
～53.9	6-6-4-19/35	17.1%	34.3%	45.7%	68%	90%
54.0～55.9	23-22-17-105/167	13.8%	26.9%	37.1%	57%	65%
56.0～57.9	36-26-27-143/232	15.5%	26.7%	38.4%	84%	72%
58.0～59.9	36-31-20-122/209	17.2%	32.1%	41.6%	91%	96%
60.0～	74-46-38-218/376	19.7%	31.9%	42.0%	78%	68%
無し	61-56-43-289/449	13.6%	26.1%	35.6%	83%	80%

栗東　中内田充正　厩舎

坂路調教ラップ別成績

ラップ種別	着別度数	勝率	連対率	複勝率	単勝回収率	複勝回収率
B3	0-1-0-0/1	0.0%	100.0%	100.0%	0%	130%
A3	5-3-0-14/22	22.7%	36.4%	36.4%	42%	48%
B2	12-8-6-36/62	19.4%	32.3%	41.9%	169%	82%
A2	28-17-11-76/132	21.2%	34.1%	42.4%	81%	65%
B1	4-4-3-19/30	13.3%	26.7%	36.7%	58%	77%
A1	25-16-13-62/116	21.6%	35.3%	46.6%	73%	74%

前週土日坂路調教時計別成績

土日坂路最速時計	着別度数	勝率	連対率	複勝率	単勝回収率	複勝回収率
～53.9	10-4-2-23/39	25.6%	35.9%	41.0%	100%	77%
54.0～55.9	54-27-24-128/233	23.2%	34.8%	45.1%	107%	85%
56.0～57.9	47-28-28-142/245	19.2%	30.6%	42.0%	66%	64%
58.0～59.9	24-17-19-68/128	18.8%	32.0%	46.9%	84%	86%
60.0～	77-61-41-244/423	18.2%	32.6%	42.3%	80%	71%
無し	34-24-26-106/190	17.9%	30.5%	44.2%	60%	76%

厳選東西144厩舎

栗東 中尾秀正 厩舎

坂路調教ラップ別成績

ラップ種別	着別度数	勝率	連対率	複勝率	単勝回収率	複勝回収率
B3	2-2-3-8/15	13.3%	26.7%	46.7%	60%	97%
A3	1-0-0-8/9	11.1%	11.1%	11.1%	71%	25%
B2	14-14-13-139/180	7.8%	15.6%	22.8%	35%	49%
A2	15-10-5-67/97	15.5%	25.8%	30.9%	140%	112%
B1	4-13-9-165/191	2.1%	8.9%	13.6%	81%	66%
A1	4-12-4-72/92	4.3%	17.4%	21.7%	115%	71%

前週土日坂路調教時計別成績

土日坂路最速時計	着別度数	勝率	連対率	複勝率	単勝回収率	複勝回収率
~53.9	2-3-2-21/28	7.1%	17.9%	25.0%	96%	71%
54.0~55.9	7-8-6-61/82	8.5%	18.3%	25.6%	34%	56%
56.0~57.9	15-23-14-178/230	6.5%	16.5%	22.6%	34%	64%
58.0~59.9	19-16-20-192/247	7.7%	14.2%	22.3%	70%	79%
60.0~	37-41-23-354/455	8.1%	17.1%	22.2%	129%	81%
無し	9-8-17-143/177	5.1%	9.6%	19.2%	26%	54%

栗東 中竹和也 厩舎

坂路調教ラップ別成績

ラップ種別	着別度数	勝率	連対率	複勝率	単勝回収率	複勝回収率
B3	4-2-1-16/23	17.4%	26.1%	30.4%	228%	92%
A3	2-0-0-4/6	33.3%	33.3%	33.3%	563%	101%
B2	39-37-34-298/408	9.6%	18.6%	27.0%	146%	95%
A2	21-25-18-141/205	10.2%	22.4%	31.2%	93%	96%
B1	19-23-23-265/330	5.8%	12.7%	19.7%	48%	70%
A1	10-17-12-106/145	6.9%	18.6%	26.9%	126%	77%

前週土日坂路調教時計別成績

土日坂路最速時計	着別度数	勝率	連対率	複勝率	単勝回収率	複勝回収率
~53.9	4-3-4-49/60	6.7%	11.7%	18.3%	100%	63%
54.0~55.9	7-13-11-85/116	6.0%	17.2%	26.7%	40%	148%
56.0~57.9	9-11-9-97/126	7.1%	15.9%	23.0%	41%	69%
58.0~59.9	18-23-16-170/227	7.9%	18.1%	25.1%	161%	87%
60.0~	56-64-52-458/630	8.9%	19.0%	27.3%	99%	84%
無し	47-52-40-454/593	7.9%	16.7%	23.4%	78%	74%

栗東 中村直也 厩舎

坂路調教ラップ別成績

ラップ種別	着別度数	勝率	連対率	複勝率	単勝回収率	複勝回収率
B3	3-1-0-11/15	20.0%	26.7%	26.7%	130%	60%
A3	2-1-2-6/11	18.2%	27.3%	45.5%	72%	75%
B2	13-11-9-88/121	10.7%	19.8%	27.3%	199%	104%
A2	7-7-12-68/94	7.4%	14.9%	27.7%	38%	73%
B1	1-3-2-32/38	2.6%	10.5%	15.8%	6%	51%
A1	4-5-9-60/78	5.1%	11.5%	23.1%	33%	66%

前週土日坂路調教時計別成績

土日坂路最速時計	着別度数	勝率	連対率	複勝率	単勝回収率	複勝回収率
~53.9	6-5-6-53/70	8.6%	15.7%	24.3%	67%	88%
54.0~55.9	1-1-1-10/13	7.7%	15.4%	23.1%	43%	51%
56.0~57.9	2-1-0-9/12	16.7%	25.0%	25.0%	70%	43%
58.0~59.9	9-3-4-24/40	22.5%	30.0%	40.0%	128%	72%
60.0~	24-21-24-202/271	8.9%	16.6%	25.5%	111%	87%
無し	6-7-9-119/141	4.3%	9.2%	15.6%	78%	43%

栗東 西園翔太 厩舎

坂路調教ラップ別成績

ラップ種別	着別度数	勝率	連対率	複勝率	単勝回収率	複勝回収率
A3	2-2-1-4/9	22.2%	44.4%	55.6%	117%	181%
B2	2-3-2-25/32	6.3%	15.6%	21.9%	67%	74%
A2	5-12-5-61/83	6.0%	20.5%	26.5%	39%	87%
B1	0-0-0-8/8	0.0%	0.0%	0.0%	0%	0%
A1	5-11-9-54/79	6.3%	20.3%	31.6%	55%	110%

前週土日坂路調教時計別成績

土日坂路最速時計	着別度数	勝率	連対率	複勝率	単勝回収率	複勝回収率
54.0~55.9	0-1-0-9/10	0.0%	10.0%	10.0%	0%	72%
56.0~57.9	2-5-2-40/49	4.1%	14.3%	18.4%	32%	50%
58.0~59.9	6-10-11-36/63	9.5%	25.4%	42.9%	46%	181%
60.0~	9-15-7-111/142	6.3%	16.9%	21.8%	57%	57%
無し	0-3-3-19/25	0.0%	12.0%	24.0%	0%	65%

栗東 西園正都 厩舎

坂路調教ラップ別成績

ラップ種別	着別度数	勝率	連対率	複勝率	単勝回収率	複勝回収率
B3	3-5-1-40/49	6.1%	16.3%	18.4%	25%	31%
A3	8-5-5-35/53	15.1%	24.5%	34.0%	82%	79%
B2	38-28-28-233/327	11.6%	20.2%	28.7%	91%	85%
A2	39-34-41-254/368	10.6%	19.8%	31.0%	57%	91%
B1	11-15-9-142/177	6.2%	14.7%	19.8%	74%	64%
A1	23-17-17-176/233	9.9%	17.2%	24.5%	63%	65%

前週土日坂路調教時計別成績

土日坂路最速時計	着別度数	勝率	連対率	複勝率	単勝回収率	複勝回収率
～53.9	1-0-0-14/15	6.7%	6.7%	6.7%	162%	12%
54.0～55.9	6-2-2-34/44	13.6%	18.2%	22.7%	147%	82%
56.0～57.9	8-11-10-79/108	7.4%	17.6%	26.9%	32%	93%
58.0～59.9	10-10-12-106/138	7.2%	14.5%	23.2%	102%	73%
60.0～	134-112-113-948/1307	10.3%	18.8%	27.5%	69%	77%
無し	11-13-8-132/164	6.7%	14.6%	19.5%	60%	86%

栗東 西村真幸 厩舎

坂路調教ラップ別成績

ラップ種別	着別度数	勝率	連対率	複勝率	単勝回収率	複勝回収率
B3	3-3-1-10/17	17.6%	35.3%	41.2%	148%	110%
A3	9-15-5-30/59	15.3%	40.7%	49.2%	116%	97%
B2	18-15-14-100/147	12.2%	22.4%	32.0%	68%	74%
A2	31-33-10-175/249	12.4%	25.7%	29.7%	107%	76%
B1	6-4-5-33/48	12.5%	20.8%	31.3%	303%	137%
A1	23-29-11-147/210	11.0%	24.8%	30.0%	108%	75%

前週土日坂路調教時計別成績

土日坂路最速時計	着別度数	勝率	連対率	複勝率	単勝回収率	複勝回収率
～53.9	3-4-1-20/28	10.7%	25.0%	28.6%	33%	57%
54.0～55.9	3-9-5-38/55	5.5%	21.8%	30.9%	163%	101%
56.0～57.9	11-10-1-64/86	12.8%	24.4%	25.6%	76%	58%
58.0～59.9	6-10-8-59/83	7.2%	19.3%	28.9%	35%	63%
60.0～	36-47-19-222/324	11.1%	25.6%	31.5%	95%	96%
無し	96-94-62-637/889	10.8%	21.4%	28.3%	81%	83%

栗東 野中賢二 厩舎

坂路調教ラップ別成績

ラップ種別	着別度数	勝率	連対率	複勝率	単勝回収率	複勝回収率
B3	0-1-0-5/6	0.0%	16.7%	16.7%	0%	30%
A3	1-0-2-10/13	7.7%	7.7%	23.1%	18%	32%
B2	5-9-2-55/71	7.0%	19.7%	22.5%	28%	49%
A2	26-14-14-119/173	15.0%	23.1%	31.2%	101%	84%
B1	1-0-1-26/28	3.6%	3.6%	7.1%	14%	25%
A1	16-13-7-80/116	13.8%	25.0%	31.0%	118%	99%

前週土日坂路調教時計別成績

土日坂路最速時計	着別度数	勝率	連対率	複勝率	単勝回収率	複勝回収率
～53.9	0-0-0-1/1	0.0%	0.0%	0.0%	0%	0%
54.0～55.9	6-2-6-45/59	10.2%	13.6%	23.7%	46%	70%
56.0～57.9	24-22-27-188/261	9.2%	17.6%	28.0%	60%	102%
58.0～59.9	28-28-15-159/230	12.2%	24.3%	30.9%	84%	76%
60.0～	67-51-45-348/511	13.1%	23.1%	31.9%	90%	76%
無し	7-7-3-33/50	14.0%	28.0%	34.0%	40%	85%

栗東 橋口慎介 厩舎

坂路調教ラップ別成績

ラップ種別	着別度数	勝率	連対率	複勝率	単勝回収率	複勝回収率
B3	2-0-1-7/10	20.0%	20.0%	30.0%	64%	59%
A3	1-2-0-10/13	7.7%	23.1%	23.1%	36%	73%
B2	33-34-28-196/291	11.3%	23.0%	32.6%	109%	89%
A2	29-28-23-168/248	11.7%	23.0%	32.3%	61%	68%
B1	8-8-9-93/118	6.8%	13.6%	21.2%	82%	90%
A1	12-14-8-120/154	7.8%	16.9%	22.1%	44%	42%

前週土日坂路調教時計別成績

土日坂路最速時計	着別度数	勝率	連対率	複勝率	単勝回収率	複勝回収率
～53.9	3-4-5-35/47	6.4%	14.9%	25.5%	25%	96%
54.0～55.9	26-21-21-165/233	11.2%	20.2%	29.2%	69%	67%
56.0～57.9	45-35-31-304/415	10.8%	19.3%	26.7%	83%	67%
58.0～59.9	22-20-20-160/222	9.9%	18.9%	27.9%	75%	76%
60.0～	30-42-32-229/333	9.0%	21.6%	31.2%	91%	102%
無し	8-12-12-78/110	7.3%	18.2%	29.1%	43%	62%

栗東 長谷川浩大 厩舎

坂路調教ラップ別成績

ラップ種別	着別度数	勝率	連対率	複勝率	単勝回収率	複勝回収率
B3	2-1-1-4/8	25.0%	37.5%	50.0%	96%	112%
A3	3-4-5-19/31	9.7%	22.6%	38.7%	44%	62%
B2	16-6-10-120/152	10.5%	14.5%	21.1%	79%	54%
A2	12-19-17-183/231	5.2%	13.4%	20.8%	50%	52%
B1	4-5-4-64/77	5.2%	11.7%	16.9%	34%	90%
A1	12-17-23-160/212	5.7%	13.7%	24.5%	55%	79%

前週土日坂路調教時計別成績

土日坂路最速時計	着別度数	勝率	連対率	複勝率	単勝回収率	複勝回収率
~53.9	2-2-4-38/46	4.3%	8.7%	17.4%	30%	41%
54.0~55.9	2-2-7-57/68	2.9%	5.9%	16.2%	68%	68%
56.0~57.9	20-15-29-231/295	6.8%	11.9%	21.7%	41%	62%
58.0~59.9	20-31-28-202/281	7.1%	18.1%	28.1%	44%	98%
60.0~	19-17-18-193/247	7.7%	14.6%	21.9%	42%	57%
無し	14-20-22-195/251	5.6%	13.5%	22.3%	54%	70%

栗東 畑端省吾 厩舎

坂路調教ラップ別成績

ラップ種別	着別度数	勝率	連対率	複勝率	単勝回収率	複勝回収率
B3	0-0-0-2/2	0.0%	0.0%	0.0%	0%	0%
A3	1-0-1-8/10	10.0%	10.0%	20.0%	57%	65%
B2	3-3-1-36/43	7.0%	14.0%	16.3%	137%	131%
A2	2-5-5-49/61	3.3%	11.5%	19.7%	6%	97%
B1	0-1-0-31/32	0.0%	3.1%	3.1%	0%	43%
A1	3-6-6-66/81	3.7%	11.1%	18.5%	16%	73%

前週土日坂路調教時計別成績

土日坂路最速時計	着別度数	勝率	連対率	複勝率	単勝回収率	複勝回収率
~53.9	1-2-1-10/14	7.1%	21.4%	28.6%	62%	50%
54.0~55.9	2-3-1-26/32	6.3%	15.6%	18.8%	105%	98%
56.0~57.9	5-5-4-66/80	6.3%	12.5%	17.5%	196%	90%
58.0~59.9	6-6-10-61/83	7.2%	14.5%	26.5%	133%	122%
60.0~	9-10-10-190/219	4.1%	8.7%	13.2%	76%	62%
無し	6-16-4-139/165	3.6%	13.3%	15.8%	22%	52%

栗東 羽月友彦 厩舎

坂路調教ラップ別成績

ラップ種別	着別度数	勝率	連対率	複勝率	単勝回収率	複勝回収率
B3	0-3-0-3/6	0.0%	50.0%	50.0%	0%	120%
A3	0-0-0-2/2	0.0%	0.0%	0.0%	0%	0%
B2	7-6-13-108/134	5.2%	9.7%	19.4%	106%	86%
A2	12-4-3-61/80	15.0%	20.0%	23.8%	222%	75%
B1	5-16-9-194/224	2.2%	9.4%	13.4%	15%	58%
A1	9-10-11-117/147	6.1%	12.9%	20.4%	46%	102%

前週土日坂路調教時計別成績

土日坂路最速時計	着別度数	勝率	連対率	複勝率	単勝回収率	複勝回収率
~53.9	0-2-1-43/46	0.0%	4.3%	6.5%	0%	14%
54.0~55.9	2-3-2-59/66	3.0%	7.6%	10.6%	17%	38%
56.0~57.9	1-0-2-32/35	2.9%	2.9%	8.6%	38%	98%
58.0~59.9	2-3-0-29/34	5.9%	14.7%	14.7%	89%	42%
60.0~	48-59-64-719/890	5.4%	12.0%	19.2%	77%	89%
無し	7-4-10-190/211	3.3%	5.2%	10.0%	17%	44%

栗東 浜田多実雄 厩舎

坂路調教ラップ別成績

ラップ種別	着別度数	勝率	連対率	複勝率	単勝回収率	複勝回収率
B3	0-0-0-2/2	0.0%	0.0%	0.0%	0%	0%
A3	1-0-0-3/4	25.0%	25.0%	25.0%	265%	45%
B2	5-2-5-47/59	8.5%	11.9%	20.3%	43%	39%
A2	7-9-8-79/103	6.8%	15.5%	23.3%	59%	60%
B1	2-3-5-69/79	2.5%	6.3%	12.7%	46%	37%
A1	19-8-28-184/239	7.9%	11.3%	23.0%	63%	90%

前週土日坂路調教時計別成績

土日坂路最速時計	着別度数	勝率	連対率	複勝率	単勝回収率	複勝回収率
~53.9	0-1-1-8/10	0.0%	10.0%	20.0%	0%	36%
54.0~55.9	0-0-2-23/25	0.0%	0.0%	8.0%	0%	86%
56.0~57.9	4-1-2-40/47	8.5%	10.6%	14.9%	45%	36%
58.0~59.9	7-5-5-71/88	8.0%	13.6%	19.3%	59%	78%
60.0~	55-52-76-679/862	6.4%	12.4%	21.2%	61%	77%
無し	16-9-8-254/287	5.6%	8.7%	11.5%	100%	58%

栗東 平田修 厩舎

坂路調教ラップ別成績

ラップ種別	着別度数	勝率	連対率	複勝率	単勝回収率	複勝回収率
B3	1-0-0-12/13	7.7%	7.7%	7.7%	20%	11%
A3	0-4-1-19/24	0.0%	16.7%	20.8%	0%	39%
B2	20-23-14-164/221	9.0%	19.5%	25.8%	45%	73%
A2	22-18-17-182/239	9.2%	16.7%	23.8%	40%	61%
B1	4-8-8-157/177	2.3%	6.8%	11.3%	17%	52%
A1	18-15-12-142/187	9.6%	17.6%	24.1%	114%	69%

前週土日坂路調教時計別成績

土日坂路最速時計	着別度数	勝率	連対率	複勝率	単勝回収率	複勝回収率
～53.9	0-2-0-14/16	0.0%	12.5%	12.5%	0%	24%
54.0～55.9	0-1-2-22/25	0.0%	4.0%	12.0%	0%	66%
56.0～57.9	2-2-2-19/25	8.0%	16.0%	24.0%	38%	69%
58.0～59.9	5-2-3-52/62	8.1%	11.3%	16.1%	24%	32%
60.0～	78-83-65-883/1109	7.0%	14.5%	20.4%	60%	60%
無し	4-3-5-42/54	7.4%	13.0%	22.2%	37%	78%

栗東 福永祐一 厩舎

坂路調教ラップ別成績

ラップ種別	着別度数	勝率	連対率	複勝率	単勝回収率	複勝回収率
B3	0-0-0-1/1	0.0%	0.0%	0.0%	0%	0%
A3	0-0-0-1/1	0.0%	0.0%	0.0%	0%	0%
B2	0-0-2-4/6	0.0%	0.0%	33.3%	0%	311%
A2	1-3-1-9/14	7.1%	28.6%	35.7%	52%	95%
B1	1-0-0-0/1	100.0%	100.0%	100.0%	430%	180%
A1	0-2-3-4/9	0.0%	22.2%	55.6%	0%	138%

前週土日坂路調教時計別成績

土日坂路最速時計	着別度数	勝率	連対率	複勝率	単勝回収率	複勝回収率
～53.9	0-0-1-3/4	0.0%	0.0%	25.0%	0%	140%
54.0～55.9	0-3-1-5/9	0.0%	33.3%	44.4%	0%	231%
56.0～57.9	2-0-1-4/7	28.6%	28.6%	42.9%	255%	91%
58.0～59.9	0-0-1-1/2	0.0%	0.0%	50.0%	0%	265%
60.0～	2-3-4-16/25	8.0%	20.0%	36.0%	46%	82%
無し	1-4-0-3/8	12.5%	62.5%	62.5%	51%	155%

栗東 藤岡健一 厩舎

坂路調教ラップ別成績

ラップ種別	着別度数	勝率	連対率	複勝率	単勝回収率	複勝回収率
B3	1-0-1-4/6	16.7%	16.7%	33.3%	178%	115%
A3	1-1-0-5/7	14.3%	28.6%	28.6%	77%	54%
B2	2-3-5-35/45	4.4%	11.1%	22.2%	44%	54%
A2	4-3-7-33/47	8.5%	14.9%	29.8%	35%	74%
B1	2-2-3-20/27	7.4%	14.8%	25.9%	417%	120%
A1	0-4-2-23/29	0.0%	13.8%	20.7%	0%	44%

前週土日坂路調教時計別成績

土日坂路最速時計	着別度数	勝率	連対率	複勝率	単勝回収率	複勝回収率
～53.9	1-0-0-1/2	50.0%	50.0%	50.0%	205%	95%
54.0～55.9	7-5-3-41/56	12.5%	21.4%	26.8%	71%	66%
56.0～57.9	54-38-41-281/414	13.0%	22.2%	32.1%	131%	92%
58.0～59.9	46-47-39-349/481	9.6%	19.3%	27.4%	58%	70%
60.0～	37-34-28-251/350	10.6%	20.3%	28.3%	130%	75%
無し	8-4-4-49/65	12.3%	18.5%	24.6%	73%	52%

栗東 藤原英昭 厩舎

坂路調教ラップ別成績

ラップ種別	着別度数	勝率	連対率	複勝率	単勝回収率	複勝回収率
B3	5-1-1-7/14	35.7%	42.9%	50.0%	405%	135%
A3	17-8-7-28/60	28.3%	41.7%	53.3%	97%	98%
B2	8-6-8-71/93	8.6%	15.1%	23.7%	59%	56%
A2	22-32-25-151/230	9.6%	23.5%	34.3%	39%	82%
B1	0-1-0-6/7	0.0%	14.3%	14.3%	0%	38%
A1	19-11-12-75/117	16.2%	25.6%	35.9%	62%	60%

前週土日坂路調教時計別成績

土日坂路最速時計	着別度数	勝率	連対率	複勝率	単勝回収率	複勝回収率
～53.9	1-1-1-10/13	7.7%	15.4%	23.1%	104%	59%
54.0～55.9	10-6-4-43/63	15.9%	25.4%	31.7%	82%	94%
56.0～57.9	16-17-14-80/127	12.6%	26.0%	37.0%	56%	67%
58.0～59.9	26-12-18-79/135	19.3%	28.1%	41.5%	101%	94%
60.0～	91-83-74-494/742	12.3%	23.5%	33.4%	111%	77%
無し	45-22-34-243/344	13.1%	19.5%	29.4%	65%	70%

厳選東西144厩舎

栗東 本田 優 厩舎

坂路調教ラップ別成績

ラップ種別	着別度数	勝率	連対率	複勝率	単勝回収率	複勝回収率
B3	0-2-0-6/8	0.0%	25.0%	25.0%	0%	70%
A3	0-0-0-3/3	0.0%	0.0%	0.0%	0%	0%
B2	2-6-10-80/98	2.0%	8.2%	18.4%	41%	119%
A2	1-3-3-59/66	1.5%	6.1%	10.6%	9%	54%
B1	7-5-6-80/98	7.1%	12.2%	18.4%	117%	98%
A1	3-7-6-66/82	3.7%	12.2%	19.5%	86%	78%

前週土日坂路調教時計別成績

土日坂路最速時計	着別度数	勝率	連対率	複勝率	単勝回収率	複勝回収率
～53.9	1-1-1-5/8	12.5%	25.0%	37.5%	130%	198%
54.0～55.9	1-0-1-14/16	6.3%	6.3%	12.5%	24%	173%
56.0～57.9	2-1-0-17/20	10.0%	15.0%	15.0%	53%	24%
58.0～59.9	1-3-1-26/31	3.2%	12.9%	16.1%	40%	76%
60.0～	60-52-48-607/767	7.8%	14.6%	20.9%	138%	94%
無し	60-67-63-707/897	6.7%	14.2%	21.2%	66%	73%

栗東 牧浦充徳 厩舎

坂路調教ラップ別成績

ラップ種別	着別度数	勝率	連対率	複勝率	単勝回収率	複勝回収率
B3	0-1-0-0/1	0.0%	100.0%	100.0%	0%	110%
A3	0-0-0-2/2	0.0%	0.0%	0.0%	0%	0%
B2	8-4-3-33/48	16.7%	25.0%	31.3%	372%	149%
A2	12-10-3-89/114	10.5%	19.3%	21.9%	100%	61%
B1	3-6-1-51/61	4.9%	14.8%	16.4%	39%	56%
A1	28-24-21-256/329	8.5%	15.8%	22.2%	146%	87%

前週土日坂路調教時計別成績

土日坂路最速時計	着別度数	勝率	連対率	複勝率	単勝回収率	複勝回収率
～53.9	1-0-2-24/27	3.7%	3.7%	11.1%	23%	73%
54.0～55.9	2-4-1-46/53	3.8%	11.3%	13.2%	307%	94%
56.0～57.9	8-8-11-85/112	7.1%	14.3%	24.1%	79%	102%
58.0～59.9	25-23-17-218/283	8.8%	17.0%	23.0%	108%	76%
60.0～	63-50-50-528/691	9.1%	16.4%	23.6%	89%	82%
無し	12-11-8-111/142	8.5%	16.2%	21.8%	72%	69%

栗東 牧田和弥 厩舎

坂路調教ラップ別成績

ラップ種別	着別度数	勝率	連対率	複勝率	単勝回収率	複勝回収率
B3	0-3-1-8/12	0.0%	25.0%	33.3%	0%	342%
A3	2-1-2-14/19	10.5%	15.8%	26.3%	47%	116%
B2	10-12-14-153/189	5.3%	11.6%	19.0%	50%	57%
A2	19-17-16-226/278	6.8%	12.9%	18.7%	58%	51%
B1	4-6-7-103/120	3.3%	8.3%	14.2%	37%	106%
A1	8-14-11-200/233	3.4%	9.4%	14.2%	19%	39%

前週土日坂路調教時計別成績

土日坂路最速時計	着別度数	勝率	連対率	複勝率	単勝回収率	複勝回収率
～53.9	0-2-0-5/7	0.0%	28.6%	28.6%	0%	38%
54.0～55.9	1-0-1-21/23	4.3%	4.3%	8.7%	53%	44%
56.0～57.9	7-14-9-147/177	4.0%	11.9%	16.9%	32%	75%
58.0～59.9	22-22-16-350/410	5.4%	10.7%	14.6%	41%	50%
60.0～	33-32-42-525/632	5.2%	10.3%	16.9%	79%	66%
無し	7-4-12-153/176	4.0%	6.3%	13.1%	45%	61%

栗東 松下武士 厩舎

坂路調教ラップ別成績

ラップ種別	着別度数	勝率	連対率	複勝率	単勝回収率	複勝回収率
B3	1-2-1-6/10	10.0%	30.0%	40.0%	46%	90%
A3	4-4-2-9/19	21.1%	42.1%	52.6%	121%	94%
B2	6-9-11-88/114	5.3%	13.2%	22.8%	73%	133%
A2	23-14-14-167/218	10.6%	17.0%	23.4%	120%	70%
B1	5-3-7-89/104	4.8%	7.7%	14.4%	37%	136%
A1	31-24-27-275/357	8.7%	15.4%	23.0%	67%	74%

前週土日坂路調教時計別成績

土日坂路最速時計	着別度数	勝率	連対率	複勝率	単勝回収率	複勝回収率
～53.9	2-1-3-30/36	5.6%	8.3%	16.7%	28%	56%
54.0～55.9	3-2-6-58/69	4.3%	7.2%	15.9%	37%	65%
56.0～57.9	10-8-9-127/154	6.5%	11.7%	17.5%	97%	86%
58.0～59.9	21-20-15-178/234	9.0%	17.5%	23.9%	80%	112%
60.0～	50-43-44-508/645	7.8%	14.4%	21.2%	56%	61%
無し	28-22-27-280/357	7.8%	14.0%	21.6%	80%	82%

栗東 松永幹夫 厩舎

坂路調教ラップ別成績

ラップ種別	着別度数	勝率	連対率	複勝率	単勝回収率	複勝回収率
B3	0-4-2-18/24	0.0%	16.7%	25.0%	0%	47%
A3	4-2-4-13/23	17.4%	26.1%	43.5%	57%	72%
B2	27-28-25-215/295	9.2%	18.6%	27.1%	56%	64%
A2	26-33-22-158/239	10.9%	24.7%	33.9%	122%	107%
B1	12-8-16-117/153	7.8%	13.1%	23.5%	42%	95%
A1	23-20-18-133/194	11.9%	22.2%	31.4%	140%	101%

前週土日坂路調教時計別成績

土日坂路最速時計	着別度数	勝率	連対率	複勝率	単勝回収率	複勝回収率
～53.9	0-2-1-8/11	0.0%	18.2%	27.3%	0%	89%
54.0～55.9	9-6-9-59/83	10.8%	18.1%	28.9%	91%	72%
56.0～57.9	19-15-23-166/223	8.5%	15.2%	25.6%	53%	76%
58.0～59.9	41-43-27-290/401	10.2%	20.9%	27.7%	99%	79%
60.0～	54-46-65-334/499	10.8%	20.0%	33.1%	138%	113%
無し	55-46-34-272/407	13.5%	24.8%	33.2%	89%	88%

栗東 宮徹 厩舎

坂路調教ラップ別成績

ラップ種別	着別度数	勝率	連対率	複勝率	単勝回収率	複勝回収率
B3	0-1-0-11/12	0.0%	8.3%	8.3%	0%	45%
A3	0-2-1-7/10	0.0%	20.0%	30.0%	0%	69%
B2	15-14-23-153/205	7.3%	14.1%	25.4%	112%	81%
A2	15-15-26-163/219	6.8%	13.7%	25.6%	84%	70%
B1	4-10-3-106/123	3.3%	11.4%	13.8%	156%	67%
A1	22-22-22-171/237	9.3%	18.6%	27.8%	111%	92%

前週土日坂路調教時計別成績

土日坂路最速時計	着別度数	勝率	連対率	複勝率	単勝回収率	複勝回収率
～53.9	4-0-5-33/42	9.5%	9.5%	21.4%	239%	83%
54.0～55.9	15-12-12-184/233	6.4%	11.6%	21.0%	197%	100%
56.0～57.9	24-37-35-333/429	5.6%	14.2%	22.4%	45%	68%
58.0～59.9	20-21-23-226/290	6.9%	14.1%	22.1%	79%	60%
60.0～	9-21-18-175/223	4.0%	13.5%	21.5%	53%	64%
無し	6-7-4-143/160	3.8%	8.1%	10.6%	71%	36%

栗東 宮本博 厩舎

坂路調教ラップ別成績

ラップ種別	着別度数	勝率	連対率	複勝率	単勝回収率	複勝回収率
B3	2-0-0-8/10	20.0%	20.0%	20.0%	183%	47%
A3	1-2-4-3/10	10.0%	30.0%	70.0%	19%	126%
B2	15-17-14-120/166	9.0%	19.3%	27.7%	100%	90%
A2	14-22-27-158/221	6.3%	16.3%	28.5%	74%	88%
B1	4-5-7-118/134	3.0%	6.7%	11.9%	82%	53%
A1	20-22-23-176/241	8.3%	17.4%	27.0%	39%	78%

前週土日坂路調教時計別成績

土日坂路最速時計	着別度数	勝率	連対率	複勝率	単勝回収率	複勝回収率
～53.9	3-4-4-19/30	10.0%	23.3%	36.7%	43%	150%
54.0～55.9	7-6-1-75/89	7.9%	14.6%	15.7%	78%	32%
56.0～57.9	13-23-26-223/285	4.6%	12.6%	21.8%	36%	55%
58.0～59.9	27-34-35-271/367	7.4%	16.6%	26.2%	86%	101%
60.0～	23-30-41-354/448	5.1%	11.8%	21.0%	40%	76%
無し	7-6-10-63/86	8.1%	15.1%	26.7%	49%	89%

栗東 村山明 厩舎

坂路調教ラップ別成績

ラップ種別	着別度数	勝率	連対率	複勝率	単勝回収率	複勝回収率
B3	1-0-0-2/3	33.3%	33.3%	33.3%	286%	173%
A3	0-0-0-3/3	0.0%	0.0%	0.0%	0%	0%
B2	3-2-3-61/69	4.3%	7.2%	11.6%	24%	27%
A2	5-8-4-34/51	9.8%	25.5%	33.3%	24%	64%
B1	6-2-6-107/121	5.0%	6.6%	11.6%	84%	69%
A1	9-7-10-83/109	8.3%	14.7%	23.9%	229%	117%

前週土日坂路調教時計別成績

土日坂路最速時計	着別度数	勝率	連対率	複勝率	単勝回収率	複勝回収率
～53.9	0-1-0-0/1	0.0%	100.0%	100.0%	0%	160%
54.0～55.9	1-0-0-17/18	5.6%	5.6%	5.6%	72%	18%
56.0～57.9	12-9-9-107/137	8.8%	15.3%	21.9%	167%	91%
58.0～59.9	13-10-8-173/204	6.4%	11.3%	15.2%	169%	68%
60.0～	19-16-35-362/432	4.4%	8.1%	16.2%	45%	62%
無し	25-49-39-455/568	4.4%	13.0%	19.9%	37%	76%

厳選東西144厩舎

栗東 森 秀行 厩舎

坂路調教ラップ別成績

ラップ種別	着別度数	勝率	連対率	複勝率	単勝回収率	複勝回収率
B3	16-8-12-69/105	15.2%	22.9%	34.3%	166%	119%
A3	11-6-2-23/42	26.2%	40.5%	45.2%	282%	152%
B2	26-30-27-338/421	6.2%	13.3%	19.7%	35%	71%
A2	31-21-29-201/282	11.0%	18.4%	28.7%	126%	88%
B1	9-15-8-131/163	5.5%	14.7%	19.6%	36%	82%
A1	7-6-8-72/93	7.5%	14.0%	22.6%	36%	61%

前週土日坂路調教時計別成績

土日坂路最速時計	着別度数	勝率	連対率	複勝率	単勝回収率	複勝回収率
～53.9	28-30-27-309/394	7.1%	14.7%	21.6%	65%	78%
54.0～55.9	16-14-12-155/197	8.1%	15.2%	21.3%	76%	80%
56.0～57.9	8-6-0-57/71	11.3%	19.7%	19.7%	64%	52%
58.0～59.9	6-1-3-32/42	14.3%	16.7%	23.8%	68%	48%
60.0～	57-45-44-450/596	9.6%	17.1%	24.5%	89%	85%
無し	18-17-26-212/273	6.6%	12.8%	22.3%	46%	82%

栗東 森田直行 厩舎

坂路調教ラップ別成績

ラップ種別	着別度数	勝率	連対率	複勝率	単勝回収率	複勝回収率
B3	2-3-1-14/20	10.0%	25.0%	30.0%	39%	128%
A3	0-0-0-2/2	0.0%	0.0%	0.0%	0%	0%
B2	18-19-25-223/285	6.3%	13.0%	21.8%	57%	87%
A2	9-10-10-154/183	4.9%	10.4%	15.8%	105%	57%
B1	21-21-20-270/332	6.3%	12.7%	18.7%	74%	73%
A1	11-12-7-107/137	8.0%	16.8%	21.9%	58%	100%

前週土日坂路調教時計別成績

土日坂路最速時計	着別度数	勝率	連対率	複勝率	単勝回収率	複勝回収率
～53.9	5-4-6-103/118	4.2%	7.6%	12.7%	21%	43%
54.0～55.9	19-20-13-232/284	6.7%	13.7%	18.3%	116%	93%
56.0～57.9	15-15-17-248/295	5.1%	10.2%	15.9%	52%	65%
58.0～59.9	9-6-11-97/123	7.3%	12.2%	21.1%	56%	88%
60.0～	28-33-34-427/522	5.4%	11.7%	18.2%	52%	76%
無し	1-6-2-86/95	1.1%	7.4%	9.5%	2%	31%

栗東 安田翔伍 厩舎

坂路調教ラップ別成績

ラップ種別	着別度数	勝率	連対率	複勝率	単勝回収率	複勝回収率
B3	0-0-0-1/1	0.0%	0.0%	0.0%	0%	0%
A3	0-1-0-1/2	0.0%	50.0%	50.0%	0%	160%
B2	9-9-13-84/115	7.8%	15.7%	27.0%	51%	60%
A2	8-9-16-101/134	6.0%	12.7%	24.6%	63%	111%
B1	6-2-8-74/90	6.7%	8.9%	17.8%	30%	34%
A1	9-15-7-68/99	9.1%	24.2%	31.3%	45%	84%

前週土日坂路調教時計別成績

土日坂路最速時計	着別度数	勝率	連対率	複勝率	単勝回収率	複勝回収率
～53.9	1-1-2-13/17	5.9%	11.8%	23.5%	10%	70%
54.0～55.9	10-8-7-65/90	11.1%	20.0%	27.8%	86%	68%
56.0～57.9	16-13-16-150/195	8.2%	14.9%	23.1%	48%	66%
58.0～59.9	5-7-8-50/70	7.1%	17.1%	28.6%	86%	74%
60.0～	76-63-83-487/709	10.7%	19.6%	31.3%	74%	85%
無し	16-10-17-86/129	12.4%	20.2%	33.3%	105%	87%

栗東 矢作芳人 厩舎

坂路調教ラップ別成績

ラップ種別	着別度数	勝率	連対率	複勝率	単勝回収率	複勝回収率
B3	8-2-2-26/38	21.1%	26.3%	31.6%	101%	70%
A3	2-8-3-20/33	6.1%	30.3%	39.4%	20%	69%
B2	45-31-45-317/438	10.3%	17.4%	27.6%	85%	83%
A2	60-57-37-276/430	14.0%	27.2%	35.8%	117%	95%
B1	16-21-13-206/256	6.3%	14.5%	19.5%	79%	66%
A1	36-26-33-219/314	11.5%	19.7%	30.3%	90%	82%

前週土日坂路調教時計別成績

土日坂路最速時計	着別度数	勝率	連対率	複勝率	単勝回収率	複勝回収率
～53.9	5-3-0-17/25	20.0%	32.0%	32.0%	173%	110%
54.0～55.9	12-11-15-90/128	9.4%	18.0%	29.7%	50%	82%
56.0～57.9	37-28-26-236/327	11.3%	19.9%	27.8%	94%	76%
58.0～59.9	40-38-18-251/347	11.5%	22.5%	27.7%	97%	79%
60.0～	118-104-100-779/1101	10.7%	20.2%	29.2%	104%	87%
無し	50-41-56-395/542	9.2%	16.8%	27.1%	61%	86%

栗東 吉岡辰弥 厩舎

坂路調教ラップ別成績

ラップ種別	着別度数	勝率	連対率	複勝率	単勝回収率	複勝回収率
B2	10-7-4-30/51	19.6%	33.3%	41.2%	110%	95%
A2	7-6-5-48/66	10.6%	19.7%	27.3%	38%	53%
B1	14-6-10-45/75	18.7%	26.7%	40.0%	168%	105%
A1	26-13-12-119/170	15.3%	22.9%	30.0%	117%	86%

前週土日坂路調教時計別成績

土日坂路最速時計	着別度数	勝率	連対率	複勝率	単勝回収率	複勝回収率
～53.9	44-25-21-195/285	15.4%	24.2%	31.6%	107%	86%
54.0～55.9	6-9-5-42/62	9.7%	24.2%	32.3%	73%	79%
56.0～57.9	1-4-1-10/16	6.3%	31.3%	37.5%	90%	83%
58.0～59.9	1-0-1-4/6	16.7%	16.7%	33.3%	78%	66%
60.0～	19-11-9-122/161	11.8%	18.6%	24.2%	59%	71%
無し	45-36-41-282/404	11.1%	20.0%	30.2%	104%	88%

栗東 吉田直弘 厩舎

坂路調教ラップ別成績

ラップ種別	着別度数	勝率	連対率	複勝率	単勝回収率	複勝回収率
B3	0-1-2-8/11	0.0%	9.1%	27.3%	0%	94%
A3	0-1-0-12/13	0.0%	7.7%	7.7%	0%	13%
B2	6-7-9-73/95	6.3%	13.7%	23.2%	27%	88%
A2	10-7-10-90/117	8.5%	14.5%	23.1%	78%	64%
B1	4-5-3-49/61	6.6%	14.8%	19.7%	48%	116%
A1	10-8-3-82/103	9.7%	17.5%	20.4%	80%	52%

前週土日坂路調教時計別成績

土日坂路最速時計	着別度数	勝率	連対率	複勝率	単勝回収率	複勝回収率
～53.9	6-8-7-77/98	6.1%	14.3%	21.4%	36%	47%
54.0～55.9	14-9-14-135/172	8.1%	13.4%	21.5%	66%	80%
56.0～57.9	10-6-8-61/85	11.8%	18.8%	28.2%	91%	71%
58.0～59.9	3-3-4-26/36	8.3%	16.7%	27.8%	51%	61%
60.0～	41-45-53-524/663	6.2%	13.0%	21.0%	57%	72%
無し	9-9-17-174/209	4.3%	8.6%	16.7%	84%	61%

栗東 吉村圭司 厩舎

坂路調教ラップ別成績

ラップ種別	着別度数	勝率	連対率	複勝率	単勝回収率	複勝回収率
B3	0-0-1-0/1	0.0%	0.0%	100.0%	0%	140%
A3	1-1-1-7/10	10.0%	20.0%	30.0%	37%	65%
B2	7-4-19-78/108	6.5%	10.2%	27.8%	82%	90%
A2	46-31-30-182/289	15.9%	26.6%	37.0%	146%	102%
B1	2-8-2-50/62	3.2%	16.1%	19.4%	69%	90%
A1	17-21-15-148/201	8.5%	18.9%	26.4%	43%	59%

前週土日坂路調教時計別成績

土日坂路最速時計	着別度数	勝率	連対率	複勝率	単勝回収率	複勝回収率
～53.9	1-0-0-6/7	14.3%	14.3%	14.3%	108%	28%
54.0～55.9	6-7-9-53/75	8.0%	17.3%	29.3%	52%	97%
56.0～57.9	23-19-26-212/280	8.2%	15.0%	24.3%	86%	73%
58.0～59.9	20-14-19-166/219	9.1%	15.5%	24.2%	79%	77%
60.0～	67-75-61-539/742	9.0%	19.1%	27.4%	89%	73%
無し	2-0-1-33/36	5.6%	5.6%	8.3%	95%	32%

栗東 渡辺薫彦 厩舎

坂路調教ラップ別成績

ラップ種別	着別度数	勝率	連対率	複勝率	単勝回収率	複勝回収率
B3	1-2-1-5/9	11.1%	33.3%	44.4%	147%	150%
A3	3-4-3-24/34	8.8%	20.6%	29.4%	54%	77%
B2	6-10-18-111/145	4.1%	11.0%	23.4%	16%	68%
A2	19-29-16-162/226	8.4%	21.2%	28.3%	69%	71%
B1	3-3-5-60/71	4.2%	8.5%	15.5%	109%	94%
A1	18-22-24-184/248	7.3%	16.1%	25.8%	51%	90%

前週土日坂路調教時計別成績

土日坂路最速時計	着別度数	勝率	連対率	複勝率	単勝回収率	複勝回収率
～53.9	2-1-2-10/15	13.3%	20.0%	33.3%	56%	77%
54.0～55.9	3-10-8-46/67	4.5%	19.4%	31.3%	64%	83%
56.0～57.9	14-18-18-161/211	6.6%	15.2%	23.7%	41%	78%
58.0～59.9	17-24-26-261/328	5.2%	12.5%	20.4%	39%	59%
60.0～	43-61-58-505/667	6.4%	15.6%	24.3%	59%	89%
無し	9-16-9-117/151	6.0%	16.6%	22.5%	196%	97%

相沢 郁 厩舎 (美浦)

坂路調教ラップ別成績

ラップ種別	着別度数	勝率	連対率	複勝率	単勝回収率	複勝回収率
B3	0-0-0-1/1	0.0%	0.0%	0.0%	0%	0%
A3	0-1-0-0/1	0.0%	100.0%	100.0%	0%	1160%
B2	0-0-1-14/15	0.0%	0.0%	6.7%	0%	12%
A2	0-1-1-8/10	0.0%	10.0%	20.0%	0%	99%
B1	2-1-0-21/24	8.3%	12.5%	12.5%	185%	72%
A1	1-1-0-20/22	4.5%	9.1%	9.1%	13%	14%

前週土日坂路調教時計別成績

土日坂路最速時計	着別度数	勝率	連対率	複勝率	単勝回収率	複勝回収率
～53.9	0-0-0-4/4	0.0%	0.0%	0.0%	0%	0%
54.0～55.9	1-5-2-20/28	3.6%	21.4%	28.6%	21%	149%
56.0～57.9	1-0-7-51/59	1.7%	1.7%	13.6%	11%	34%
58.0～59.9	5-3-4-42/54	9.3%	14.8%	22.2%	49%	89%
60.0～	61-54-64-689/868	7.0%	13.2%	20.6%	102%	69%
無し	28-29-31-347/435	6.4%	13.1%	20.2%	115%	77%

青木孝文 厩舎 (美浦)

坂路調教ラップ別成績

ラップ種別	着別度数	勝率	連対率	複勝率	単勝回収率	複勝回収率
B2	2-0-2-14/18	11.1%	11.1%	22.2%	125%	50%
A2	1-2-0-22/25	4.0%	12.0%	12.0%	7%	23%
B1	1-1-0-26/28	3.6%	7.1%	7.1%	103%	25%
A1	3-4-5-46/58	5.2%	12.1%	20.7%	39%	78%

前週土日坂路調教時計別成績

土日坂路最速時計	着別度数	勝率	連対率	複勝率	単勝回収率	複勝回収率
～53.9	0-1-0-9/10	0.0%	10.0%	10.0%	0%	111%
54.0～55.9	1-3-5-46/55	1.8%	7.3%	16.4%	3%	52%
56.0～57.9	4-6-4-95/109	3.7%	9.2%	12.8%	38%	49%
58.0～59.9	3-3-5-107/118	2.5%	5.1%	9.3%	7%	35%
60.0～	28-37-24-449/538	5.2%	12.1%	16.5%	54%	53%
無し	18-20-41-486/565	3.2%	6.7%	14.0%	36%	58%

池上昌和 厩舎 (美浦)

坂路調教ラップ別成績

ラップ種別	着別度数	勝率	連対率	複勝率	単勝回収率	複勝回収率
B2	1-0-0-1/2	50.0%	50.0%	50.0%	180%	65%
A2	0-0-0-2/2	0.0%	0.0%	0.0%	0%	0%
B1	0-0-0-3/3	0.0%	0.0%	0.0%	0%	0%
A1	1-0-0-4/5	20.0%	20.0%	20.0%	318%	74%

前週土日坂路調教時計別成績

土日坂路最速時計	着別度数	勝率	連対率	複勝率	単勝回収率	複勝回収率
～53.9	1-0-0-0/1	100.0%	100.0%	100.0%	360%	130%
54.0～55.9	1-1-1-4/7	14.3%	28.6%	42.9%	57%	88%
56.0～57.9	9-1-2-43/55	16.4%	18.2%	21.8%	184%	84%
58.0～59.9	10-14-12-111/147	6.8%	16.3%	24.5%	27%	68%
60.0～	35-34-35-314/418	8.4%	16.5%	24.9%	66%	97%
無し	37-49-43-390/519	7.1%	16.6%	24.9%	51%	77%

伊坂重信 厩舎 (美浦)

坂路調教ラップ別成績

ラップ種別	着別度数	勝率	連対率	複勝率	単勝回収率	複勝回収率
B2	1-0-1-14/16	6.3%	6.3%	12.5%	16%	20%
A2	1-2-3-20/26	3.8%	11.5%	23.1%	62%	124%
B1	1-0-0-16/17	5.9%	5.9%	5.9%	88%	20%
A1	2-2-4-49/57	3.5%	7.0%	14.0%	18%	58%

前週土日坂路調教時計別成績

土日坂路最速時計	着別度数	勝率	連対率	複勝率	単勝回収率	複勝回収率
～53.9	0-1-0-5/6	0.0%	16.7%	16.7%	0%	210%
54.0～55.9	3-0-1-46/50	6.0%	6.0%	8.0%	31%	20%
56.0～57.9	5-6-5-129/145	3.4%	7.6%	11.0%	32%	63%
58.0～59.9	2-2-1-57/62	3.2%	6.5%	8.1%	95%	29%
60.0～	0-4-7-89/100	0.0%	4.0%	11.0%	0%	41%
無し	20-15-30-323/388	5.2%	9.0%	16.8%	66%	79%

美浦 伊藤圭三 厩舎

坂路調教ラップ別成績

ラップ種別	着別度数	勝率	連対率	複勝率	単勝回収率	複勝回収率
B3	1-0-0-0/1	100.0%	100.0%	100.0%	280%	140%
A3	0-1-1-4/6	0.0%	16.7%	33.3%	0%	46%
B2	11-12-9-35/67	16.4%	34.3%	47.8%	58%	99%
A2	15-15-14-83/127	11.8%	23.6%	34.6%	159%	100%
B1	5-4-6-34/49	10.2%	18.4%	30.6%	40%	67%
A1	12-13-14-102/141	8.5%	17.7%	27.7%	45%	78%

前週土日坂路調教時計別成績

土日坂路最速時計	着別度数	勝率	連対率	複勝率	単勝回収率	複勝回収率
~53.9	0-3-0-9/12	0.0%	25.0%	25.0%	0%	73%
54.0~55.9	2-3-1-38/44	4.5%	11.4%	13.6%	16%	23%
56.0~57.9	8-8-7-60/83	9.6%	19.3%	27.7%	125%	77%
58.0~59.9	2-2-2-15/21	9.5%	19.0%	28.6%	34%	85%
60.0~	73-68-75-512/728	10.0%	19.4%	29.7%	62%	77%
無し	56-35-49-557/697	8.0%	13.1%	20.1%	61%	59%

美浦 伊藤大士 厩舎

坂路調教ラップ別成績

ラップ種別	着別度数	勝率	連対率	複勝率	単勝回収率	複勝回収率
A3	0-0-0-1/1	0.0%	0.0%	0.0%	0%	0%
B2	1-0-2-12/15	6.7%	6.7%	20.0%	15%	33%
A2	0-3-2-27/32	0.0%	9.4%	15.6%	0%	51%
B1	0-0-0-11/11	0.0%	0.0%	0.0%	0%	0%
A1	3-7-9-110/129	2.3%	7.8%	14.7%	45%	41%

前週土日坂路調教時計別成績

土日坂路最速時計	着別度数	勝率	連対率	複勝率	単勝回収率	複勝回収率
~53.9	0-0-0-6/6	0.0%	0.0%	0.0%	0%	0%
54.0~55.9	3-3-4-37/47	6.4%	12.8%	21.3%	33%	46%
56.0~57.9	14-15-20-213/262	5.3%	11.1%	18.7%	51%	47%
58.0~59.9	15-23-22-213/273	5.5%	13.9%	22.0%	34%	65%
60.0~	14-30-32-477/553	2.5%	8.0%	13.7%	86%	53%
無し	14-12-16-276/318	4.4%	8.2%	13.2%	79%	74%

美浦 稲垣幸雄 厩舎

坂路調教ラップ別成績

ラップ種別	着別度数	勝率	連対率	複勝率	単勝回収率	複勝回収率
A3	0-0-0-2/2	0.0%	0.0%	0.0%	0%	0%
B2	0-1-1-13/15	0.0%	6.7%	13.3%	0%	48%
A2	1-3-0-23/27	3.7%	14.8%	14.8%	5%	26%
B1	0-3-2-33/38	0.0%	7.9%	13.2%	0%	90%
A1	13-7-3-56/79	16.5%	25.3%	29.1%	225%	76%

前週土日坂路調教時計別成績

土日坂路最速時計	着別度数	勝率	連対率	複勝率	単勝回収率	複勝回収率
~53.9	1-0-0-0/1	100.0%	100.0%	100.0%	360%	140%
54.0~55.9	1-0-1-13/15	6.7%	6.7%	13.3%	10%	20%
56.0~57.9	1-2-2-29/34	2.9%	8.8%	14.7%	6%	30%
58.0~59.9	1-3-0-25/29	3.4%	13.8%	13.8%	20%	55%
60.0~	7-12-9-115/143	4.9%	13.3%	19.6%	145%	75%
無し	55-48-49-556/708	7.8%	14.5%	21.5%	85%	76%

美浦 上原佑紀 厩舎

坂路調教ラップ別成績

ラップ種別	着別度数	勝率	連対率	複勝率	単勝回収率	複勝回収率
B2	0-0-0-4/4	0.0%	0.0%	0.0%	0%	0%
A2	2-0-1-9/12	16.7%	16.7%	25.0%	515%	120%
A1	0-1-1-16/18	0.0%	5.6%	11.1%	0%	90%

前週土日坂路調教時計別成績

土日坂路最速時計	着別度数	勝率	連対率	複勝率	単勝回収率	複勝回収率
54.0~55.9	2-0-3-15/20	10.0%	10.0%	25.0%	146%	85%
56.0~57.9	7-9-3-66/85	8.2%	18.8%	22.4%	140%	80%
58.0~59.9	1-2-1-5/9	11.1%	33.3%	44.4%	18%	93%
60.0~	3-5-6-33/47	6.4%	17.0%	29.8%	29%	102%
無し	10-9-4-67/90	11.1%	21.1%	25.6%	137%	85%

蛯名正義 厩舎（美浦）

坂路調教ラップ別成績

ラップ種別	着別度数	勝率	連対率	複勝率	単勝回収率	複勝回収率
A3	0-0-0-2/2	0.0%	0.0%	0.0%	0%	0%
B2	1-1-0-4/6	16.7%	33.3%	33.3%	40%	55%
A2	3-0-3-17/23	13.0%	13.0%	26.1%	218%	81%
B1	0-1-0-6/7	0.0%	14.3%	14.3%	0%	18%
A1	7-9-5-69/90	7.8%	17.8%	23.3%	68%	52%

前週土日坂路調教時計別成績

土日坂路最速時計	着別度数	勝率	連対率	複勝率	単勝回収率	複勝回収率
～53.9	1-0-0-2/3	33.3%	33.3%	33.3%	343%	93%
54.0～55.9	7-6-3-41/57	12.3%	22.8%	28.1%	67%	53%
56.0～57.9	6-6-10-82/104	5.8%	11.5%	21.2%	81%	71%
58.0～59.9	6-5-3-32/46	13.0%	23.9%	30.4%	209%	88%
60.0～	7-9-5-69/90	7.8%	17.8%	23.3%	45%	50%
無し	6-6-5-40/57	10.5%	21.1%	29.8%	43%	79%

大竹正博 厩舎（美浦）

坂路調教ラップ別成績

ラップ種別	着別度数	勝率	連対率	複勝率	単勝回収率	複勝回収率
A3	0-1-0-1/2	0.0%	50.0%	50.0%	0%	85%
B2	1-0-1-19/21	4.8%	4.8%	9.5%	18%	17%
A2	2-1-3-21/27	7.4%	11.1%	22.2%	32%	40%
B1	1-1-0-11/13	7.7%	15.4%	15.4%	161%	104%
A1	5-4-1-43/53	9.4%	17.0%	18.9%	41%	33%

前週土日坂路調教時計別成績

土日坂路最速時計	着別度数	勝率	連対率	複勝率	単勝回収率	複勝回収率
～53.9	1-0-1-13/15	6.7%	6.7%	13.3%	35%	29%
54.0～55.9	22-11-13-127/173	12.7%	19.1%	26.6%	111%	67%
56.0～57.9	59-46-48-421/574	10.3%	18.3%	26.7%	79%	72%
58.0～59.9	2-3-10-67/82	2.4%	6.1%	18.3%	8%	62%
60.0～	13-21-17-161/212	6.1%	16.0%	24.1%	100%	89%
無し	19-13-13-141/186	10.2%	17.2%	24.2%	72%	66%

大和田成 厩舎（美浦）

坂路調教ラップ別成績

ラップ種別	着別度数	勝率	連対率	複勝率	単勝回収率	複勝回収率
B2	2-1-3-20/26	7.7%	11.5%	23.1%	45%	70%
A2	1-5-5-41/52	1.9%	11.5%	21.2%	27%	87%
B1	1-2-2-41/46	2.2%	6.5%	10.9%	17%	86%
A1	15-9-14-138/176	8.5%	13.6%	21.6%	119%	121%

前週土日坂路調教時計別成績

土日坂路最速時計	着別度数	勝率	連対率	複勝率	単勝回収率	複勝回収率
～53.9	0-0-0-2/2	0.0%	0.0%	0.0%	0%	0%
54.0～55.9	5-7-7-91/110	4.5%	10.9%	17.3%	66%	107%
56.0～57.9	30-23-29-315/397	7.6%	13.4%	20.7%	137%	101%
58.0～59.9	3-4-10-72/89	3.4%	7.9%	19.1%	19%	90%
60.0～	17-12-18-204/251	6.8%	11.6%	18.7%	57%	62%
無し	20-18-21-309/368	5.4%	10.3%	16.0%	48%	68%

小笠倫弘 厩舎（美浦）

坂路調教ラップ別成績

ラップ種別	着別度数	勝率	連対率	複勝率	単勝回収率	複勝回収率
B2	4-4-3-37/48	8.3%	16.7%	22.9%	99%	100%
A2	8-2-2-22/34	23.5%	29.4%	35.3%	332%	116%
B1	4-1-9-67/81	4.9%	6.2%	17.3%	302%	70%
A1	0-6-2-33/41	0.0%	14.6%	19.5%	0%	100%

前週土日坂路調教時計別成績

土日坂路最速時計	着別度数	勝率	連対率	複勝率	単勝回収率	複勝回収率
～53.9	0-0-0-1/1	0.0%	0.0%	0.0%	0%	0%
54.0～55.9	2-4-4-32/42	4.8%	14.3%	23.8%	49%	128%
56.0～57.9	5-5-7-68/85	5.9%	11.8%	20.0%	52%	60%
58.0～59.9	16-12-14-203/245	6.5%	11.4%	17.1%	74%	66%
60.0～	25-23-30-394/472	5.3%	10.2%	16.5%	87%	61%
無し	24-16-27-290/357	6.7%	11.2%	18.8%	84%	63%

尾形和幸 厩舎(美浦)

坂路調教ラップ別成績

ラップ種別	着別度数	勝率	連対率	複勝率	単勝回収率	複勝回収率
B3	0-1-0-0/1	0.0%	100.0%	100.0%	0%	270%
A3	2-1-0-4/7	28.6%	42.9%	42.9%	62%	57%
B2	3-4-2-38/47	6.4%	14.9%	19.1%	20%	45%
A2	6-7-4-40/57	10.5%	22.8%	29.8%	37%	103%
B1	4-2-6-100/112	3.6%	5.4%	10.7%	14%	52%
A1	6-5-11-99/121	5.0%	9.1%	18.2%	49%	61%

前週土日坂路調教時計別成績

土日坂路最速時計	着別度数	勝率	連対率	複勝率	単勝回収率	複勝回収率
~53.9	0-4-2-43/49	0.0%	8.2%	12.2%	0%	25%
54.0~55.9	11-17-12-179/219	5.0%	12.8%	18.3%	31%	90%
56.0~57.9	9-11-9-150/179	5.0%	11.2%	16.2%	27%	71%
58.0~59.9	3-3-5-57/68	4.4%	8.8%	16.2%	17%	100%
60.0~	22-23-25-374/444	5.0%	10.1%	15.8%	31%	60%
無し	11-14-15-228/268	4.1%	9.3%	14.9%	39%	66%

奥平雅士 厩舎(美浦)

坂路調教ラップ別成績

ラップ種別	着別度数	勝率	連対率	複勝率	単勝回収率	複勝回収率
B3	0-0-0-3/3	0.0%	0.0%	0.0%	0%	0%
A3	1-0-1-3/5	20.0%	20.0%	40.0%	80%	220%
B2	1-2-3-62/68	1.5%	4.4%	8.8%	55%	37%
A2	0-5-4-42/51	0.0%	9.8%	17.6%	0%	49%
B1	3-4-4-50/61	4.9%	11.5%	18.0%	30%	101%
A1	2-3-7-84/96	2.1%	5.2%	12.5%	11%	32%

前週土日坂路調教時計別成績

土日坂路最速時計	着別度数	勝率	連対率	複勝率	単勝回収率	複勝回収率
~53.9	0-0-1-7/8	0.0%	0.0%	12.5%	0%	27%
54.0~55.9	0-1-1-11/13	0.0%	7.7%	15.4%	0%	22%
56.0~57.9	3-3-3-41/50	6.0%	12.0%	18.0%	701%	230%
58.0~59.9	1-0-2-18/21	4.8%	4.8%	14.3%	66%	78%
60.0~	26-27-32-408/493	5.3%	10.8%	17.2%	66%	64%
無し	29-41-42-489/601	4.8%	11.6%	18.6%	56%	59%

奥村武 厩舎(美浦)

坂路調教ラップ別成績

ラップ種別	着別度数	勝率	連対率	複勝率	単勝回収率	複勝回収率
B3	0-0-0-1/1	0.0%	0.0%	0.0%	0%	0%
B2	1-3-1-34/39	2.6%	10.3%	12.8%	13%	37%
A2	2-3-4-21/30	6.7%	16.7%	30.0%	76%	86%
B1	5-4-5-68/82	6.1%	11.0%	17.1%	63%	43%
A1	3-1-4-25/33	9.1%	12.1%	24.2%	179%	113%

前週土日坂路調教時計別成績

土日坂路最速時計	着別度数	勝率	連対率	複勝率	単勝回収率	複勝回収率
54.0~55.9	5-6-9-59/79	6.3%	13.9%	25.3%	32%	56%
56.0~57.9	11-11-4-111/137	8.0%	16.1%	19.0%	92%	78%
58.0~59.9	1-4-4-28/37	2.7%	13.5%	24.3%	44%	79%
60.0~	67-43-35-437/582	11.5%	18.9%	24.9%	105%	66%
無し	19-32-25-303/379	5.0%	13.5%	20.1%	35%	64%

尾関知人 厩舎(美浦)

坂路調教ラップ別成績

ラップ種別	着別度数	勝率	連対率	複勝率	単勝回収率	複勝回収率
B3	0-0-1-1/2	0.0%	0.0%	50.0%	0%	165%
A3	1-1-1-2/5	20.0%	40.0%	60.0%	70%	92%
B2	3-4-5-50/62	4.8%	11.3%	19.4%	11%	48%
A2	1-7-4-58/70	1.4%	11.4%	17.1%	6%	38%
B1	2-0-3-40/45	4.4%	4.4%	11.1%	61%	35%
A1	11-5-7-54/77	14.3%	20.8%	29.9%	187%	132%

前週土日坂路調教時計別成績

土日坂路最速時計	着別度数	勝率	連対率	複勝率	単勝回収率	複勝回収率
~53.9	0-2-3-3/8	0.0%	25.0%	62.5%	0%	146%
54.0~55.9	12-15-9-114/150	8.0%	18.0%	24.0%	45%	54%
56.0~57.9	48-43-46-364/501	9.6%	18.2%	27.3%	69%	86%
58.0~59.9	5-6-5-62/78	6.4%	14.1%	20.5%	20%	43%
60.0~	22-28-31-307/388	5.7%	12.9%	20.9%	60%	68%
無し	19-8-18-199/244	7.8%	11.1%	18.4%	38%	51%

小野次郎 厩舎 (美浦)

坂路調教ラップ別成績

ラップ種別	着別度数	勝率	連対率	複勝率	単勝回収率	複勝回収率
B3	0-0-0-3/3	0.0%	0.0%	0.0%	0%	0%
A3	0-1-0-2/3	0.0%	33.3%	33.3%	0%	50%
B2	2-0-2-50/54	3.7%	3.7%	7.4%	15%	35%
A2	3-5-3-57/68	4.4%	11.8%	16.2%	32%	93%
B1	3-3-7-57/70	4.3%	8.6%	18.6%	80%	111%
A1	3-6-4-111/124	2.4%	7.3%	10.5%	7%	22%

前週土日坂路調教時計別成績

土日坂路最速時計	着別度数	勝率	連対率	複勝率	単勝回収率	複勝回収率
～53.9	0-0-0-4/4	0.0%	0.0%	0.0%	0%	0%
54.0～55.9	0-0-2-17/19	0.0%	0.0%	10.5%	0%	34%
56.0～57.9	2-1-3-29/35	5.7%	8.6%	17.1%	52%	56%
58.0～59.9	9-11-5-180/205	4.4%	9.8%	12.2%	46%	49%
60.0～	14-12-22-323/371	3.8%	7.0%	12.9%	55%	59%
無し	33-28-39-460/560	5.9%	10.9%	17.9%	114%	89%

加藤士津八 厩舎 (美浦)

坂路調教ラップ別成績

ラップ種別	着別度数	勝率	連対率	複勝率	単勝回収率	複勝回収率
B3	0-0-0-1/1	0.0%	0.0%	0.0%	0%	0%
A3	0-0-0-2/2	0.0%	0.0%	0.0%	0%	0%
B2	4-4-7-69/84	4.8%	9.5%	17.9%	35%	55%
A2	9-6-8-69/92	9.8%	16.3%	25.0%	47%	78%
B1	9-8-7-125/149	6.0%	11.4%	16.1%	63%	69%
A1	15-10-9-87/121	12.4%	20.7%	28.1%	279%	134%

前週土日坂路調教時計別成績

土日坂路最速時計	着別度数	勝率	連対率	複勝率	単勝回収率	複勝回収率
～53.9	0-1-1-3/5	0.0%	20.0%	40.0%	0%	110%
54.0～55.9	6-5-4-46/61	9.8%	18.0%	24.6%	703%	171%
56.0～57.9	14-19-16-165/214	6.5%	15.4%	22.9%	128%	119%
58.0～59.9	17-18-14-204/253	6.7%	13.8%	19.4%	54%	73%
60.0～	37-28-23-290/378	9.8%	17.2%	23.3%	138%	84%
無し	16-20-29-294/359	4.5%	10.0%	18.1%	86%	84%

嘉藤貴行 厩舎 (美浦)

坂路調教ラップ別成績

ラップ種別	着別度数	勝率	連対率	複勝率	単勝回収率	複勝回収率
B2	0-0-0-2/2	0.0%	0.0%	0.0%	0%	0%
A2	1-0-0-1/2	50.0%	50.0%	50.0%	350%	105%
B1	0-0-0-8/8	0.0%	0.0%	0.0%	0%	0%
A1	1-0-0-7/8	12.5%	12.5%	12.5%	56%	22%

前週土日坂路調教時計別成績

土日坂路最速時計	着別度数	勝率	連対率	複勝率	単勝回収率	複勝回収率
～53.9	0-0-1-1/2	0.0%	0.0%	50.0%	0%	85%
54.0～55.9	0-2-3-11/16	0.0%	12.5%	31.3%	0%	63%
56.0～57.9	2-2-1-14/19	10.5%	21.1%	26.3%	60%	196%
58.0～59.9	0-0-0-8/8	0.0%	0.0%	0.0%	0%	0%
60.0～	18-10-11-125/164	11.0%	17.1%	23.8%	122%	73%
無し	20-17-13-136/186	10.8%	19.9%	26.9%	284%	105%

加藤征弘 厩舎 (美浦)

坂路調教ラップ別成績

ラップ種別	着別度数	勝率	連対率	複勝率	単勝回収率	複勝回収率
B2	7-3-1-27/38	18.4%	26.3%	28.9%	109%	62%
A2	4-4-2-24/34	11.8%	23.5%	29.4%	34%	53%
B1	12-5-8-55/80	15.0%	21.3%	31.3%	48%	66%
A1	7-6-3-20/36	19.4%	36.1%	44.4%	75%	96%

前週土日坂路調教時計別成績

土日坂路最速時計	着別度数	勝率	連対率	複勝率	単勝回収率	複勝回収率
～53.9	0-0-0-1/1	0.0%	0.0%	0.0%	0%	0%
54.0～55.9	0-0-0-3/3	0.0%	0.0%	0.0%	0%	0%
56.0～57.9	5-6-5-29/45	11.1%	24.4%	35.6%	54%	103%
58.0～59.9	42-41-30-215/328	12.8%	25.3%	34.5%	102%	87%
60.0～	80-57-67-510/714	11.2%	19.2%	28.6%	69%	61%
無し	20-29-28-228/305	6.6%	16.1%	25.2%	48%	73%

美浦 金成貴史 厩舎

坂路調教ラップ別成績

ラップ種別	着別度数	勝率	連対率	複勝率	単勝回収率	複勝回収率
B3	3-1-2-11/17	17.6%	23.5%	35.3%	110%	71%
A3	1-0-0-2/3	33.3%	33.3%	33.3%	176%	66%
B2	5-3-7-61/76	6.6%	10.5%	19.7%	27%	92%
A2	6-6-6-44/62	9.7%	19.4%	29.0%	74%	66%
B1	2-4-4-53/63	3.2%	9.5%	15.9%	20%	74%
A1	6-3-6-52/67	9.0%	13.4%	22.4%	77%	72%

前週土日坂路調教時計別成績

土日坂路最速時計	着別度数	勝率	連対率	複勝率	単勝回収率	複勝回収率
～53.9	2-0-2-13/17	11.8%	11.8%	23.5%	90%	48%
54.0～55.9	8-4-6-71/89	9.0%	13.5%	20.2%	78%	69%
56.0～57.9	12-7-15-102/136	8.8%	14.0%	25.0%	91%	79%
58.0～59.9	10-12-10-98/130	7.7%	16.9%	24.6%	102%	96%
60.0～	14-9-27-210/260	5.4%	8.8%	19.2%	86%	96%
無し	53-45-43-560/701	7.6%	14.0%	20.1%	81%	77%

美浦 菊沢隆徳 厩舎

坂路調教ラップ別成績

ラップ種別	着別度数	勝率	連対率	複勝率	単勝回収率	複勝回収率
B3	0-0-0-2/2	0.0%	0.0%	0.0%	0%	0%
B2	6-4-4-36/50	12.0%	20.0%	28.0%	112%	62%
A2	9-11-7-42/69	13.0%	29.0%	39.1%	109%	95%
B1	2-5-3-62/72	2.8%	9.7%	13.9%	4%	38%
A1	11-12-8-67/98	11.2%	23.5%	31.6%	140%	96%

前週土日坂路調教時計別成績

土日坂路最速時計	着別度数	勝率	連対率	複勝率	単勝回収率	複勝回収率
～53.9	1-0-1-10/12	8.3%	8.3%	16.7%	25%	41%
54.0～55.9	2-8-4-27/41	4.9%	24.4%	34.1%	73%	91%
56.0～57.9	2-8-7-67/84	2.4%	11.9%	20.2%	14%	71%
58.0～59.9	11-18-9-83/121	9.1%	24.0%	31.4%	73%	102%
60.0～	64-53-50-458/625	10.2%	18.7%	26.7%	74%	72%
無し	31-32-36-296/395	7.8%	15.9%	25.1%	63%	84%

美浦 木村哲也 厩舎

坂路調教ラップ別成績

ラップ種別	着別度数	勝率	連対率	複勝率	単勝回収率	複勝回収率
A3	0-0-0-1/1	0.0%	0.0%	0.0%	0%	0%
B2	0-0-1-2/3	0.0%	0.0%	33.3%	0%	53%
A2	4-2-0-7/13	30.8%	46.2%	46.2%	141%	73%
B1	0-0-0-1/1	0.0%	0.0%	0.0%	0%	0%
A1	0-0-3-10/13	0.0%	0.0%	23.1%	0%	119%

前週土日坂路調教時計別成績

土日坂路最速時計	着別度数	勝率	連対率	複勝率	単勝回収率	複勝回収率
～53.9	39-16-18-83/156	25.0%	35.3%	46.8%	98%	73%
54.0～55.9	117-74-75-365/631	18.5%	30.3%	42.2%	101%	85%
56.0～57.9	9-8-17-92/126	7.1%	13.5%	27.0%	22%	71%
58.0～59.9	2-0-2-14/18	11.1%	11.1%	22.2%	75%	44%
60.0～	4-6-3-14/27	14.8%	37.0%	48.1%	154%	102%
無し	18-15-15-68/116	15.5%	28.4%	41.4%	65%	96%

美浦 国枝栄 厩舎

坂路調教ラップ別成績

ラップ種別	着別度数	勝率	連対率	複勝率	単勝回収率	複勝回収率
B3	1-1-0-5/7	14.3%	28.6%	28.6%	168%	61%
A3	0-0-0-1/1	0.0%	0.0%	0.0%	0%	0%
B2	14-13-10-74/111	12.6%	24.3%	33.3%	71%	71%
A2	9-3-5-46/63	14.3%	19.0%	27.0%	37%	48%
B1	12-8-9-60/89	13.5%	22.5%	32.6%	115%	81%
A1	3-3-2-9/17	17.6%	35.3%	47.1%	164%	94%

前週土日坂路調教時計別成績

土日坂路最速時計	着別度数	勝率	連対率	複勝率	単勝回収率	複勝回収率
～53.9	0-1-1-1/3	0.0%	33.3%	66.7%	0%	96%
54.0～55.9	15-9-7-61/92	16.3%	26.1%	33.7%	64%	81%
56.0～57.9	37-19-20-131/207	17.9%	27.1%	36.7%	113%	89%
58.0～59.9	10-12-6-70/98	10.2%	22.4%	28.6%	70%	61%
60.0～	95-92-60-446/693	13.7%	27.0%	35.6%	61%	68%
無し	57-55-34-291/437	13.0%	25.6%	33.4%	67%	78%

厳選東西144厩舎

美浦 久保田貴士 厩舎

坂路調教ラップ別成績

ラップ種別	着別度数	勝率	連対率	複勝率	単勝回収率	複勝回収率
B3	0-0-0-1/1	0.0%	0.0%	0.0%	0%	0%
A3	0-0-0-3/3	0.0%	0.0%	0.0%	0%	0%
B2	5-2-4-45/56	8.9%	12.5%	19.6%	64%	60%
A2	7-6-7-56/76	9.2%	17.1%	26.3%	42%	56%
B1	3-1-6-41/51	5.9%	7.8%	19.6%	1224%	240%
A1	10-8-15-98/131	7.6%	13.7%	25.2%	130%	70%

前週土日坂路調教時計別成績

土日坂路最速時計	着別度数	勝率	連対率	複勝率	単勝回収率	複勝回収率
~53.9	2-1-1-12/16	12.5%	18.8%	25.0%	40%	155%
54.0~55.9	18-12-15-107/152	11.8%	19.7%	29.6%	518%	135%
56.0~57.9	10-14-15-137/176	5.7%	13.6%	22.2%	87%	65%
58.0~59.9	8-3-7-51/69	11.6%	15.9%	26.1%	50%	74%
60.0~	47-44-49-392/532	8.8%	17.1%	26.3%	63%	64%
無し	27-20-32-294/373	7.2%	12.6%	21.2%	127%	78%

美浦 栗田徹 厩舎

坂路調教ラップ別成績

ラップ種別	着別度数	勝率	連対率	複勝率	単勝回収率	複勝回収率
B3	0-0-0-1/1	0.0%	0.0%	0.0%	0%	0%
A3	0-0-0-3/3	0.0%	0.0%	0.0%	0%	0%
B2	5-9-4-42/60	8.3%	23.3%	30.0%	48%	68%
A2	2-4-3-36/45	4.4%	13.3%	20.0%	29%	62%
B1	7-1-4-40/52	13.5%	15.4%	23.1%	56%	43%
A1	6-6-4-61/77	7.8%	15.6%	20.8%	21%	57%

前週土日坂路調教時計別成績

土日坂路最速時計	着別度数	勝率	連対率	複勝率	単勝回収率	複勝回収率
~53.9	1-2-1-17/21	4.8%	14.3%	19.0%	96%	53%
54.0~55.9	15-5-16-95/131	11.5%	15.3%	27.5%	103%	80%
56.0~57.9	39-32-26-268/365	10.7%	19.5%	26.6%	82%	68%
58.0~59.9	15-21-17-150/203	7.4%	17.7%	26.1%	46%	81%
60.0~	35-31-41-249/356	9.8%	18.5%	30.1%	41%	68%
無し	24-30-24-217/295	8.1%	18.3%	26.4%	55%	79%

美浦 黒岩陽一 厩舎

坂路調教ラップ別成績

ラップ種別	着別度数	勝率	連対率	複勝率	単勝回収率	複勝回収率
B3	0-0-0-1/1	0.0%	0.0%	0.0%	0%	0%
B2	7-5-6-37/55	12.7%	21.8%	32.7%	32%	66%
A2	13-6-7-77/103	12.6%	18.4%	25.2%	53%	58%
B1	3-6-7-57/73	4.1%	12.3%	21.9%	26%	66%
A1	11-9-10-94/124	8.9%	16.1%	24.2%	133%	73%

前週土日坂路調教時計別成績

土日坂路最速時計	着別度数	勝率	連対率	複勝率	単勝回収率	複勝回収率
~53.9	1-1-0-3/5	20.0%	40.0%	40.0%	50%	58%
54.0~55.9	21-20-13-149/203	10.3%	20.2%	26.6%	56%	64%
56.0~57.9	56-35-38-525/654	8.6%	13.9%	19.7%	63%	60%
58.0~59.9	3-1-9-60/73	4.1%	5.5%	17.8%	40%	47%
60.0~	11-6-11-89/117	9.4%	14.5%	23.9%	108%	94%
無し	13-8-9-108/138	9.4%	15.2%	21.7%	83%	66%

美浦 古賀慎明 厩舎

坂路調教ラップ別成績

ラップ種別	着別度数	勝率	連対率	複勝率	単勝回収率	複勝回収率
B2	0-2-1-11/14	0.0%	14.3%	21.4%	0%	67%
A2	1-3-2-25/31	3.2%	12.9%	19.4%	20%	42%
B1	2-2-2-16/22	9.1%	18.2%	27.3%	110%	120%
A1	4-5-5-57/71	5.6%	12.7%	19.7%	45%	60%

前週土日坂路調教時計別成績

土日坂路最速時計	着別度数	勝率	連対率	複勝率	単勝回収率	複勝回収率
~53.9	2-7-3-41/53	3.8%	17.0%	22.6%	48%	77%
54.0~55.9	19-27-20-215/281	6.8%	16.4%	23.5%	62%	63%
56.0~57.9	17-20-13-182/232	7.3%	15.9%	21.6%	89%	65%
58.0~59.9	5-4-3-56/68	7.4%	13.2%	17.6%	55%	48%
60.0~	10-16-20-126/172	5.8%	15.1%	26.7%	50%	95%
無し	25-47-33-325/430	5.8%	16.7%	24.4%	90%	73%

美浦 小島茂之 厩舎

坂路調教ラップ別成績

ラップ種別	着別度数	勝率	連対率	複勝率	単勝回収率	複勝回収率
A3	1-0-0-0/1	100.0%	100.0%	100.0%	1320%	420%
B2	3-6-2-28/39	7.7%	23.1%	28.2%	24%	75%
A2	2-0-4-18/24	8.3%	8.3%	25.0%	140%	112%
B1	3-6-2-52/63	4.8%	14.3%	17.5%	30%	36%
A1	7-4-3-39/53	13.2%	20.8%	26.4%	294%	116%

前週土日坂路調教時計別成績

土日坂路最速時計	着別度数	勝率	連対率	複勝率	単勝回収率	複勝回収率
～53.9	5-10-9-71/95	5.3%	15.8%	25.3%	82%	79%
54.0～55.9	15-9-13-125/162	9.3%	14.8%	22.8%	85%	87%
56.0～57.9	8-6-5-90/109	7.3%	12.8%	17.4%	94%	53%
58.0～59.9	4-5-3-32/44	9.1%	20.5%	27.3%	437%	134%
60.0～	19-20-17-187/243	7.8%	16.0%	23.0%	105%	102%
無し	23-27-20-378/448	5.1%	11.2%	15.6%	75%	66%

美浦 斎藤誠 厩舎

坂路調教ラップ別成績

ラップ種別	着別度数	勝率	連対率	複勝率	単勝回収率	複勝回収率
A3	2-0-0-2/4	50.0%	50.0%	50.0%	235%	87%
B2	8-3-4-40/55	14.5%	20.0%	27.3%	164%	109%
A2	11-10-11-92/124	8.9%	16.9%	25.8%	106%	75%
B1	6-9-7-56/78	7.7%	19.2%	28.2%	74%	66%
A1	29-30-21-201/281	10.3%	21.0%	28.5%	193%	92%

前週土日坂路調教時計別成績

土日坂路最速時計	着別度数	勝率	連対率	複勝率	単勝回収率	複勝回収率
～53.9	0-1-0-0/1	0.0%	100.0%	100.0%	0%	1810%
54.0～55.9	1-2-2-30/35	2.9%	8.6%	14.3%	32%	42%
56.0～57.9	45-31-45-307/428	10.5%	17.8%	28.3%	83%	92%
58.0～59.9	62-60-48-480/650	9.5%	18.8%	26.2%	125%	82%
60.0～	47-50-42-353/492	9.6%	19.7%	28.3%	78%	75%
無し	20-22-17-239/298	6.7%	14.1%	19.8%	44%	63%

美浦 鹿戸雄一 厩舎

坂路調教ラップ別成績

ラップ種別	着別度数	勝率	連対率	複勝率	単勝回収率	複勝回収率
B3	0-0-1-1/2	0.0%	0.0%	50.0%	0%	80%
A3	0-0-0-1/1	0.0%	0.0%	0.0%	0%	0%
B2	0-3-2-15/20	0.0%	15.0%	25.0%	0%	50%
A2	4-4-5-32/45	8.9%	17.8%	28.9%	69%	91%
B1	2-2-4-19/27	7.4%	14.8%	29.6%	186%	135%
A1	12-5-4-47/68	17.6%	25.0%	30.9%	70%	62%

前週土日坂路調教時計別成績

土日坂路最速時計	着別度数	勝率	連対率	複勝率	単勝回収率	複勝回収率
～53.9	7-7-6-46/66	10.6%	21.2%	30.3%	99%	83%
54.0～55.9	61-53-40-341/495	12.3%	23.0%	31.1%	74%	75%
56.0～57.9	20-21-20-184/245	8.2%	16.7%	24.9%	56%	61%
58.0～59.9	4-9-9-65/87	4.6%	14.9%	25.3%	99%	128%
60.0～	21-15-16-145/197	10.7%	18.3%	26.4%	99%	67%
無し	32-35-41-284/392	8.2%	17.1%	27.6%	72%	74%

美浦 清水英克 厩舎

坂路調教ラップ別成績

ラップ種別	着別度数	勝率	連対率	複勝率	単勝回収率	複勝回収率
B3	1-0-0-1/2	50.0%	50.0%	50.0%	100%	55%
A3	0-1-0-0/1	0.0%	100.0%	100.0%	0%	460%
B2	4-4-3-23/34	11.8%	23.5%	32.4%	157%	92%
A2	2-1-3-28/34	5.9%	8.8%	17.6%	406%	110%
B1	8-4-4-79/95	8.4%	12.6%	16.8%	57%	46%
A1	6-7-8-83/104	5.8%	12.5%	20.2%	114%	119%

前週土日坂路調教時計別成績

土日坂路最速時計	着別度数	勝率	連対率	複勝率	単勝回収率	複勝回収率
～53.9	0-1-2-22/25	0.0%	4.0%	12.0%	0%	23%
54.0～55.9	9-6-7-117/139	6.5%	10.8%	15.8%	70%	75%
56.0～57.9	6-2-3-67/78	7.7%	10.3%	14.1%	39%	87%
58.0～59.9	2-2-3-19/26	7.7%	15.4%	26.9%	150%	71%
60.0～	16-17-18-253/304	5.3%	10.9%	16.8%	105%	67%
無し	26-34-40-598/698	3.7%	8.6%	14.3%	110%	75%

厳選東西144厩舎

美浦 鈴木慎太郎 厩舎

坂路調教ラップ別成績

ラップ種別	着別度数	勝率	連対率	複勝率	単勝回収率	複勝回収率
B3	0-0-0-1/1	0.0%	0.0%	0.0%	0%	0%
A3	0-0-0-2/2	0.0%	0.0%	0.0%	0%	0%
B2	0-1-2-11/14	0.0%	7.1%	21.4%	0%	85%
A2	2-1-1-17/21	9.5%	14.3%	19.0%	78%	40%
B1	0-1-0-17/18	0.0%	5.6%	5.6%	0%	137%
A1	8-2-3-32/45	17.8%	22.2%	28.9%	357%	131%

前週土日坂路調教時計別成績

土日坂路最速時計	着別度数	勝率	連対率	複勝率	単勝回収率	複勝回収率
～53.9	0-0-0-1/1	0.0%	0.0%	0.0%	0%	0%
54.0～55.9	0-0-1-9/10	0.0%	0.0%	10.0%	0%	95%
56.0～57.9	5-4-5-76/90	5.6%	10.0%	15.6%	64%	44%
58.0～59.9	14-6-9-112/141	9.9%	14.2%	20.6%	218%	96%
60.0～	16-19-22-269/326	4.9%	10.7%	17.5%	112%	89%
無し	11-4-9-105/129	8.5%	11.6%	18.6%	325%	109%

美浦 高木登 厩舎

坂路調教ラップ別成績

ラップ種別	着別度数	勝率	連対率	複勝率	単勝回収率	複勝回収率
A3	0-0-2-1/3	0.0%	0.0%	66.7%	0%	130%
B2	9-9-6-40/64	14.1%	28.1%	37.5%	47%	79%
A2	8-11-10-98/127	6.3%	15.0%	22.8%	37%	58%
B1	5-5-3-45/58	8.6%	17.2%	22.4%	82%	73%
A1	13-11-21-89/134	9.7%	17.9%	33.6%	96%	88%

前週土日坂路調教時計別成績

土日坂路最速時計	着別度数	勝率	連対率	複勝率	単勝回収率	複勝回収率
～53.9	0-0-0-2/2	0.0%	0.0%	0.0%	0%	0%
54.0～55.9	15-6-5-64/90	16.7%	23.3%	28.9%	72%	89%
56.0～57.9	78-75-69-572/794	9.8%	19.3%	28.0%	95%	87%
58.0～59.9	5-5-6-53/69	7.2%	14.5%	23.2%	138%	76%
60.0～	26-25-27-225/303	8.6%	16.8%	25.7%	54%	71%
無し	13-14-19-133/179	7.3%	15.1%	25.7%	41%	61%

美浦 高橋文雅 厩舎

坂路調教ラップ別成績

ラップ種別	着別度数	勝率	連対率	複勝率	単勝回収率	複勝回収率
B3	0-1-0-4/5	0.0%	20.0%	20.0%	0%	22%
A3	1-0-1-4/6	16.7%	16.7%	33.3%	40%	80%
B2	3-2-2-32/39	7.7%	12.8%	17.9%	56%	68%
A2	10-8-4-94/116	8.6%	15.5%	19.0%	74%	43%
B1	2-0-2-31/35	5.7%	5.7%	11.4%	9%	18%
A1	13-17-16-143/189	6.9%	15.9%	24.3%	58%	100%

前週土日坂路調教時計別成績

土日坂路最速時計	着別度数	勝率	連対率	複勝率	単勝回収率	複勝回収率
～53.9	0-1-1-4/6	0.0%	16.7%	33.3%	0%	135%
54.0～55.9	0-2-1-19/22	0.0%	9.1%	13.6%	0%	25%
56.0～57.9	9-5-7-53/74	12.2%	18.9%	28.4%	139%	114%
58.0～59.9	8-10-9-85/112	7.1%	16.1%	24.1%	58%	74%
60.0～	34-43-48-561/686	5.0%	11.2%	18.2%	37%	64%
無し	8-12-10-166/196	4.1%	10.2%	15.3%	32%	50%

美浦 高柳瑞樹 厩舎

坂路調教ラップ別成績

ラップ種別	着別度数	勝率	連対率	複勝率	単勝回収率	複勝回収率
B3	1-0-1-0/2	50.0%	50.0%	100.0%	860%	735%
A3	0-1-0-1/2	0.0%	50.0%	50.0%	0%	335%
B2	4-7-5-24/40	10.0%	27.5%	40.0%	122%	129%
A2	8-5-3-30/46	17.4%	28.3%	34.8%	121%	88%
B1	0-1-4-20/25	0.0%	4.0%	20.0%	0%	31%
A1	4-3-0-21/28	14.3%	25.0%	25.0%	100%	65%

前週土日坂路調教時計別成績

土日坂路最速時計	着別度数	勝率	連対率	複勝率	単勝回収率	複勝回収率
～53.9	0-1-0-8/9	0.0%	11.1%	11.1%	0%	18%
54.0～55.9	6-6-15-76/103	5.8%	11.7%	26.2%	118%	76%
56.0～57.9	16-19-9-124/168	9.5%	20.8%	26.2%	69%	81%
58.0～59.9	20-14-14-158/206	9.7%	16.5%	23.3%	110%	60%
60.0～	21-17-25-237/300	7.0%	12.7%	21.0%	48%	59%
無し	24-23-17-227/291	8.2%	16.2%	22.0%	102%	73%

美浦 武井亮 厩舎

坂路調教ラップ別成績

ラップ種別	着別度数	勝率	連対率	複勝率	単勝回収率	複勝回収率
A3	0-0-0-1/1	0.0%	0.0%	0.0%	0%	0%
B2	0-2-2-6/10	0.0%	20.0%	40.0%	0%	147%
A2	2-1-1-8/12	16.7%	25.0%	33.3%	44%	44%
B1	4-1-2-24/31	12.9%	16.1%	22.6%	123%	72%
A1	3-3-5-11/22	13.6%	27.3%	50.0%	221%	139%

前週土日坂路調教時計別成績

土日坂路最速時計	着別度数	勝率	連対率	複勝率	単勝回収率	複勝回収率
~53.9	14-17-13-88/132	10.6%	23.5%	33.3%	53%	67%
54.0~55.9	34-37-41-317/429	7.9%	16.6%	26.1%	72%	85%
56.0~57.9	15-13-12-126/166	9.0%	16.9%	24.1%	74%	60%
58.0~59.9	4-2-1-29/36	11.1%	16.7%	19.4%	281%	63%
60.0~	20-17-22-135/194	10.3%	19.1%	30.4%	145%	94%
無し	31-40-32-339/442	7.0%	16.1%	23.3%	45%	79%

美浦 武市康男 厩舎

坂路調教ラップ別成績

ラップ種別	着別度数	勝率	連対率	複勝率	単勝回収率	複勝回収率
B3	0-0-0-2/2	0.0%	0.0%	0.0%	0%	0%
A3	0-0-0-1/1	0.0%	0.0%	0.0%	0%	0%
B2	1-6-2-59/68	1.5%	10.3%	13.2%	3%	39%
A2	4-1-5-32/42	9.5%	11.9%	23.8%	40%	75%
B1	3-4-3-49/59	5.1%	11.9%	16.9%	380%	86%
A1	7-10-3-73/93	7.5%	18.3%	21.5%	99%	56%

前週土日坂路調教時計別成績

土日坂路最速時計	着別度数	勝率	連対率	複勝率	単勝回収率	複勝回収率
~53.9	1-1-1-22/25	4.0%	8.0%	12.0%	170%	50%
54.0~55.9	10-6-4-116/136	7.4%	11.8%	14.7%	65%	44%
56.0~57.9	5-16-11-198/230	2.2%	9.1%	13.9%	107%	48%
58.0~59.9	9-9-4-117/139	6.5%	12.9%	15.8%	74%	47%
60.0~	20-32-28-265/345	5.8%	15.1%	23.2%	33%	67%
無し	22-41-36-596/695	3.2%	9.1%	14.2%	19%	42%

美浦 竹内正洋 厩舎

坂路調教ラップ別成績

ラップ種別	着別度数	勝率	連対率	複勝率	単勝回収率	複勝回収率
B3	1-0-1-7/9	11.1%	11.1%	22.2%	247%	91%
A3	1-0-0-3/4	25.0%	25.0%	25.0%	47%	27%
B2	6-10-12-67/95	6.3%	16.8%	29.5%	58%	82%
A2	6-11-5-39/61	9.8%	27.9%	36.1%	230%	92%
B1	6-6-5-75/92	6.5%	13.0%	18.5%	103%	63%
A1	4-9-4-48/65	6.2%	20.0%	26.2%	37%	83%

前週土日坂路調教時計別成績

土日坂路最速時計	着別度数	勝率	連対率	複勝率	単勝回収率	複勝回収率
~53.9	0-2-0-7/9	0.0%	22.2%	22.2%	0%	37%
54.0~55.9	8-10-5-83/106	7.5%	17.0%	21.7%	68%	67%
56.0~57.9	17-19-22-131/189	9.0%	19.0%	30.7%	135%	111%
58.0~59.9	7-4-3-53/67	10.4%	16.4%	20.9%	150%	75%
60.0~	29-35-32-289/385	7.5%	16.6%	24.9%	64%	75%
無し	36-44-45-472/597	6.0%	13.4%	20.9%	71%	76%

美浦 田島俊明 厩舎

坂路調教ラップ別成績

ラップ種別	着別度数	勝率	連対率	複勝率	単勝回収率	複勝回収率
A3	2-1-0-4/7	28.6%	42.9%	42.9%	120%	67%
B2	3-4-2-29/38	7.9%	18.4%	23.7%	199%	134%
A2	4-7-5-44/60	6.7%	18.3%	26.7%	81%	77%
B1	1-0-4-34/39	2.6%	2.6%	12.8%	980%	210%
A1	6-7-11-130/154	3.9%	8.4%	15.6%	64%	43%

前週土日坂路調教時計別成績

土日坂路最速時計	着別度数	勝率	連対率	複勝率	単勝回収率	複勝回収率
~53.9	3-0-1-1/5	60.0%	60.0%	80.0%	8028%	1316%
54.0~55.9	3-1-0-25/29	10.3%	13.8%	13.8%	61%	21%
56.0~57.9	11-6-7-78/102	10.8%	16.7%	23.5%	192%	128%
58.0~59.9	3-7-4-67/81	3.7%	12.3%	17.3%	191%	46%
60.0~	42-51-59-681/833	5.0%	11.2%	18.2%	80%	66%
無し	11-20-22-278/331	3.3%	9.4%	16.0%	48%	73%

美浦 田中 剛 厩舎

坂路調教ラップ別成績

ラップ種別	着別度数	勝率	連対率	複勝率	単勝回収率	複勝回収率
B3	0-0-1-0/1	0.0%	0.0%	100.0%	0%	3830%
A3	0-1-0-2/3	0.0%	33.3%	33.3%	0%	93%
B2	3-1-1-34/39	7.7%	10.3%	12.8%	292%	71%
A2	4-4-8-42/58	6.9%	13.8%	27.6%	74%	115%
B1	1-3-2-46/52	1.9%	7.7%	11.5%	46%	37%
A1	6-8-15-76/105	5.7%	13.3%	27.6%	228%	170%

前週土日坂路調教時計別成績

土日坂路最速時計	着別度数	勝率	連対率	複勝率	単勝回収率	複勝回収率
54.0~55.9	0-0-1-4/5	0.0%	0.0%	20.0%	0%	34%
56.0~57.9	3-4-3-32/42	7.1%	16.7%	23.8%	107%	70%
58.0~59.9	2-8-5-67/82	2.4%	12.2%	18.3%	51%	82%
60.0~	24-20-35-308/387	6.2%	11.4%	20.4%	75%	101%
無し	21-38-34-507/600	3.5%	9.8%	15.5%	90%	78%

美浦 田中博康 厩舎

坂路調教ラップ別成績

ラップ種別	着別度数	勝率	連対率	複勝率	単勝回収率	複勝回収率
A3	1-0-0-6/7	14.3%	14.3%	14.3%	68%	22%
B2	4-4-2-14/24	16.7%	33.3%	41.7%	56%	86%
A2	5-8-13-46/72	6.9%	18.1%	36.1%	56%	86%
B1	1-0-3-17/21	4.8%	4.8%	19.0%	20%	31%
A1	15-13-17-102/147	10.2%	19.0%	30.6%	58%	81%

前週土日坂路調教時計別成績

土日坂路最速時計	着別度数	勝率	連対率	複勝率	単勝回収率	複勝回収率
~53.9	1-1-1-9/12	8.3%	16.7%	25.0%	31%	48%
54.0~55.9	25-12-11-74/122	20.5%	30.3%	39.3%	94%	94%
56.0~57.9	26-26-33-187/272	9.6%	19.1%	31.3%	57%	85%
58.0~59.9	20-10-16-91/137	14.6%	21.9%	33.6%	93%	83%
60.0~	32-25-16-191/264	12.1%	21.6%	27.7%	44%	57%
無し	31-25-27-186/269	11.5%	20.8%	30.9%	81%	75%

美浦 田村康仁 厩舎

坂路調教ラップ別成績

ラップ種別	着別度数	勝率	連対率	複勝率	単勝回収率	複勝回収率
A3	1-0-0-0/1	100.0%	100.0%	100.0%	410%	180%
B2	2-0-6-28/36	5.6%	5.6%	22.2%	16%	51%
A2	11-12-6-58/87	12.6%	26.4%	33.3%	181%	96%
B1	5-4-5-41/55	9.1%	16.4%	25.5%	64%	143%
A1	12-14-7-81/114	10.5%	22.8%	28.9%	86%	81%

前週土日坂路調教時計別成績

土日坂路最速時計	着別度数	勝率	連対率	複勝率	単勝回収率	複勝回収率
~53.9	0-0-0-6/6	0.0%	0.0%	0.0%	0%	0%
54.0~55.9	2-1-0-9/12	16.7%	25.0%	25.0%	30%	28%
56.0~57.9	0-0-0-1/1	0.0%	0.0%	0.0%	0%	0%
58.0~59.9	0-0-0-2/2	0.0%	0.0%	0.0%	0%	0%
60.0~	99-122-83-933/1237	8.0%	17.9%	24.6%	87%	78%
無し	34-35-25-320/414	8.2%	16.7%	22.7%	75%	76%

美浦 千葉直人 厩舎

坂路調教ラップ別成績

ラップ種別	着別度数	勝率	連対率	複勝率	単勝回収率	複勝回収率
A3	0-0-0-1/1	0.0%	0.0%	0.0%	0%	0%
A1	0-0-1-6/7	0.0%	0.0%	14.3%	0%	45%

前週土日坂路調教時計別成績

土日坂路最速時計	着別度数	勝率	連対率	複勝率	単勝回収率	複勝回収率
~53.9	0-0-1-0/1	0.0%	0.0%	100.0%	0%	130%
54.0~55.9	1-0-1-4/6	16.7%	16.7%	33.3%	205%	55%
56.0~57.9	0-0-0-10/10	0.0%	0.0%	0.0%	0%	0%
58.0~59.9	0-0-0-7/7	0.0%	0.0%	0.0%	0%	0%
60.0~	3-1-1-28/33	9.1%	12.1%	15.2%	200%	55%
無し	1-1-1-11/14	7.1%	14.3%	21.4%	21%	52%

美浦 辻哲英 厩舎

坂路調教ラップ別成績

ラップ種別	着別度数	勝率	連対率	複勝率	単勝回収率	複勝回収率
B2	0-1-0-1/2	0.0%	50.0%	50.0%	0%	75%
A2	1-0-1-3/5	20.0%	20.0%	40.0%	66%	70%
B1	0-1-1-3/5	0.0%	20.0%	40.0%	0%	346%
A1	1-1-3-11/16	6.3%	12.5%	31.3%	20%	88%

前週土日坂路調教時計別成績

土日坂路最速時計	着別度数	勝率	連対率	複勝率	単勝回収率	複勝回収率
~53.9	0-0-0-1/1	0.0%	0.0%	0.0%	0%	0%
54.0~55.9	1-0-0-3/4	25.0%	25.0%	25.0%	115%	40%
56.0~57.9	5-5-8-66/84	6.0%	11.9%	21.4%	102%	83%
58.0~59.9	4-3-2-26/35	11.4%	20.0%	25.7%	42%	42%
60.0~	20-19-31-225/295	6.8%	13.2%	23.7%	110%	96%
無し	15-14-15-153/197	7.6%	14.7%	22.3%	55%	62%

美浦 手塚貴久 厩舎

坂路調教ラップ別成績

ラップ種別	着別度数	勝率	連対率	複勝率	単勝回収率	複勝回収率
B3	0-0-0-1/1	0.0%	0.0%	0.0%	0%	0%
A3	2-0-0-2/4	50.0%	50.0%	50.0%	107%	67%
B2	3-2-4-22/31	9.7%	16.1%	29.0%	164%	103%
A2	7-11-9-47/74	9.5%	24.3%	36.5%	27%	87%
B1	2-0-3-19/24	8.3%	8.3%	20.8%	26%	46%
A1	14-9-15-97/135	10.4%	17.0%	28.1%	51%	73%

前週土日坂路調教時計別成績

土日坂路最速時計	着別度数	勝率	連対率	複勝率	単勝回収率	複勝回収率
~53.9	2-3-2-16/23	8.7%	21.7%	30.4%	21%	125%
54.0~55.9	32-18-21-189/260	12.3%	19.2%	27.3%	75%	69%
56.0~57.9	51-58-54-381/544	9.4%	20.0%	30.0%	60%	77%
58.0~59.9	28-20-19-143/210	13.3%	22.9%	31.9%	71%	98%
60.0~	27-32-32-165/256	10.5%	23.0%	35.5%	95%	85%
無し	29-31-37-258/355	8.2%	16.9%	27.3%	40%	62%

美浦 戸田博文 厩舎

坂路調教ラップ別成績

ラップ種別	着別度数	勝率	連対率	複勝率	単勝回収率	複勝回収率
B3	1-0-1-0/2	50.0%	50.0%	100.0%	175%	235%
B2	0-0-0-6/6	0.0%	0.0%	0.0%	0%	0%
A2	0-1-0-9/10	0.0%	10.0%	10.0%	0%	36%
B1	0-0-0-11/11	0.0%	0.0%	0.0%	0%	0%
A1	1-1-1-17/20	5.0%	10.0%	15.0%	28%	23%

前週土日坂路調教時計別成績

土日坂路最速時計	着別度数	勝率	連対率	複勝率	単勝回収率	複勝回収率
~53.9	0-0-0-1/1	0.0%	0.0%	0.0%	0%	0%
54.0~55.9	0-1-0-4/5	0.0%	20.0%	20.0%	0%	76%
56.0~57.9	2-2-1-12/17	11.8%	23.5%	29.4%	23%	173%
58.0~59.9	4-4-4-46/58	6.9%	13.8%	20.7%	26%	87%
60.0~	70-96-89-847/1102	6.4%	15.1%	23.1%	61%	77%
無し	5-13-14-233/265	1.9%	6.8%	12.1%	11%	41%

美浦 中川公成 厩舎

坂路調教ラップ別成績

ラップ種別	着別度数	勝率	連対率	複勝率	単勝回収率	複勝回収率
B2	2-1-0-5/8	25.0%	37.5%	37.5%	598%	168%
A2	2-1-1-9/13	15.4%	23.1%	30.8%	120%	86%
B1	1-0-2-16/19	5.3%	5.3%	15.8%	111%	55%
A1	1-0-0-14/15	6.7%	6.7%	6.7%	34%	12%

前週土日坂路調教時計別成績

土日坂路最速時計	着別度数	勝率	連対率	複勝率	単勝回収率	複勝回収率
~53.9	1-0-1-4/6	16.7%	16.7%	33.3%	63%	45%
54.0~55.9	3-0-1-17/21	14.3%	14.3%	19.0%	72%	37%
56.0~57.9	4-7-5-49/65	6.2%	16.9%	24.6%	82%	91%
58.0~59.9	5-3-0-46/54	9.3%	14.8%	14.8%	108%	59%
60.0~	68-60-52-678/858	7.9%	14.9%	21.0%	70%	65%
無し	11-6-11-117/145	7.6%	11.7%	19.3%	83%	71%

厳選東西144厩舎

美浦 中舘英一 厩舎

坂路調教ラップ別成績

ラップ種別	着別度数	勝率	連対率	複勝率	単勝回収率	複勝回収率
B3	1-0-0-1/2	50.0%	50.0%	50.0%	135%	65%
A3	0-0-0-2/2	0.0%	0.0%	0.0%	0%	0%
B2	2-2-0-4/8	25.0%	50.0%	50.0%	157%	101%
A2	3-4-2-8/17	17.6%	41.2%	52.9%	54%	101%
B1	1-0-0-13/14	7.1%	7.1%	7.1%	15%	10%
A1	3-5-4-38/50	6.0%	16.0%	24.0%	60%	67%

前週土日坂路調教時計別成績

土日坂路最速時計	着別度数	勝率	連対率	複勝率	単勝回収率	複勝回収率
～53.9	0-0-0-1/1	0.0%	0.0%	0.0%	0%	0%
54.0～55.9	5-4-1-25/35	14.3%	25.7%	28.6%	178%	88%
56.0～57.9	12-13-10-64/99	12.1%	25.3%	35.4%	61%	90%
58.0～59.9	5-2-1-22/30	16.7%	23.3%	26.7%	405%	135%
60.0～	43-45-36-410/534	8.1%	16.5%	23.2%	58%	66%
無し	65-57-35-492/649	10.0%	18.8%	24.2%	113%	84%

美浦 西田雄一郎 厩舎

坂路調教ラップ別成績

ラップ種別	着別度数	勝率	連対率	複勝率	単勝回収率	複勝回収率
A3	0-0-0-1/1	0.0%	0.0%	0.0%	0%	0%
B2	0-1-3-7/11	0.0%	9.1%	36.4%	0%	128%
A2	1-1-0-15/17	5.9%	11.8%	11.8%	355%	100%
B1	1-2-2-21/26	3.8%	11.5%	19.2%	17%	51%
A1	2-5-8-60/75	2.7%	9.3%	20.0%	11%	39%

前週土日坂路調教時計別成績

土日坂路最速時計	着別度数	勝率	連対率	複勝率	単勝回収率	複勝回収率
～53.9	0-1-0-8/9	0.0%	11.1%	11.1%	0%	13%
54.0～55.9	2-3-7-54/66	3.0%	7.6%	18.2%	11%	58%
56.0～57.9	3-5-2-48/58	5.2%	13.8%	17.2%	113%	61%
58.0～59.9	5-3-0-31/39	12.8%	20.5%	20.5%	37%	33%
60.0～	4-13-13-114/144	2.8%	11.8%	20.8%	20%	77%
無し	7-11-10-142/170	4.1%	10.6%	16.5%	27%	51%

美浦 萩原清 厩舎

坂路調教ラップ別成績

ラップ種別	着別度数	勝率	連対率	複勝率	単勝回収率	複勝回収率
B3	0-0-0-1/1	0.0%	0.0%	0.0%	0%	0%
A3	1-0-0-0/1	100.0%	100.0%	100.0%	230%	110%
B2	0-0-0-6/6	0.0%	0.0%	0.0%	0%	0%
A2	2-1-2-9/14	14.3%	21.4%	35.7%	102%	77%
B1	0-1-1-7/9	0.0%	11.1%	22.2%	0%	118%
A1	1-5-3-25/34	2.9%	17.6%	26.5%	4%	70%

前週土日坂路調教時計別成績

土日坂路最速時計	着別度数	勝率	連対率	複勝率	単勝回収率	複勝回収率
～53.9	1-1-1-6/9	11.1%	22.2%	33.3%	0.25	0.58
54.0～55.9	5-4-5-25/39	12.8%	23.1%	35.9%	2.18	1.15
56.0～57.9	6-2-5-23/36	16.7%	22.2%	36.1%	0.85	0.88
58.0～59.9	0-1-0-11/12	0.0%	8.3%	8.3%	0	0.11
60.0～	5-16-15-71/107	4.7%	19.6%	33.6%	0.16	0.86
無し	84-71-68-536/759	11.1%	20.4%	29.4%	0.99	0.71

美浦 畠山吉宏 厩舎

坂路調教ラップ別成績

ラップ種別	着別度数	勝率	連対率	複勝率	単勝回収率	複勝回収率
B3	0-0-0-3/3	0.0%	0.0%	0.0%	0%	0%
A3	0-1-1-2/4	0.0%	25.0%	50.0%	0%	115%
B2	4-2-9-57/72	5.6%	8.3%	20.8%	83%	68%
A2	2-8-5-58/73	2.7%	13.7%	20.5%	15%	49%
B1	3-5-6-52/66	4.5%	12.1%	21.2%	20%	68%
A1	4-7-4-67/85	8.2%	12.9%	21.2%	47%	54%

前週土日坂路調教時計別成績

土日坂路最速時計	着別度数	勝率	連対率	複勝率	単勝回収率	複勝回収率
～53.9	1-1-0-3/5	20.0%	40.0%	40.0%	432%	122%
54.0～55.9	3-0-1-9/13	23.1%	23.1%	30.8%	193%	73%
56.0～57.9	2-3-2-22/29	6.9%	17.2%	24.1%	45%	119%
58.0～59.9	3-1-7-33/44	6.8%	9.1%	25.0%	59%	88%
60.0～	40-37-53-554/684	5.8%	11.3%	19.0%	54%	71%
無し	27-39-38-491/595	4.5%	11.1%	17.5%	45%	64%

美浦 林徹 厩舎

坂路調教ラップ別成績

ラップ種別	着別度数	勝率	連対率	複勝率	単勝回収率	複勝回収率
B3	1-0-0-1/2	50.0%	50.0%	50.0%	745%	165%
A3	2-1-1-11/15	13.3%	20.0%	26.7%	22%	40%
B2	4-6-1-41/52	7.7%	19.2%	21.2%	74%	76%
A2	9-7-6-61/83	10.8%	19.3%	26.5%	53%	68%
B1	4-2-4-54/64	6.3%	9.4%	15.6%	54%	37%
A1	20-11-6-97/134	14.9%	23.1%	27.6%	102%	68%

前週土日坂路調教時計別成績

土日坂路最速時計	着別度数	勝率	連対率	複勝率	単勝回収率	複勝回収率
～53.9	1-2-1-12/16	6.3%	18.8%	25.0%	18%	96%
54.0～55.9	19-5-7-77/108	17.6%	22.2%	28.7%	100%	59%
56.0～57.9	27-22-28-237/314	8.6%	15.6%	24.5%	71%	65%
58.0～59.9	13-17-10-151/191	6.8%	15.7%	20.9%	36%	59%
60.0～	37-26-25-256/344	10.8%	18.3%	25.6%	74%	59%
無し	15-13-13-166/207	7.2%	13.5%	19.8%	43%	44%

美浦 深山雅史 厩舎

坂路調教ラップ別成績

ラップ種別	着別度数	勝率	連対率	複勝率	単勝回収率	複勝回収率
B2	1-0-0-11/12	8.3%	8.3%	8.3%	121%	34%
A2	0-1-0-6/7	0.0%	14.3%	14.3%	0%	48%
B1	1-0-2-31/34	2.9%	2.9%	8.8%	13%	29%
A1	0-0-1-24/25	0.0%	0.0%	4.0%	0%	26%

前週土日坂路調教時計別成績

土日坂路最速時計	着別度数	勝率	連対率	複勝率	単勝回収率	複勝回収率
～53.9	1-0-1-17/19	5.3%	5.3%	10.5%	97%	51%
54.0～55.9	9-9-11-116/145	6.2%	12.4%	20.0%	172%	160%
56.0～57.9	20-12-9-224/265	7.5%	12.1%	15.5%	95%	57%
58.0～59.9	7-11-14-176/208	3.4%	8.7%	15.4%	45%	98%
60.0～	10-9-13-240/272	3.7%	7.0%	11.8%	58%	53%
無し	6-11-20-239/276	2.2%	6.2%	13.4%	47%	65%

美浦 堀宣行 厩舎

坂路調教ラップ別成績

ラップ種別	着別度数	勝率	連対率	複勝率	単勝回収率	複勝回収率
B3	0-0-1-0/1	0.0%	0.0%	100.0%	0%	170%
B2	4-5-1-12/22	18.2%	40.9%	45.5%	49%	93%
A2	3-0-4-18/25	12.0%	12.0%	28.0%	29%	47%
B1	0-1-0-11/12	0.0%	8.3%	8.3%	0%	12%
A1	10-4-2-36/52	19.2%	26.9%	30.8%	66%	46%

前週土日坂路調教時計別成績

土日坂路最速時計	着別度数	勝率	連対率	複勝率	単勝回収率	複勝回収率
～53.9	2-0-1-1/4	50.0%	50.0%	75.0%	375%	207%
54.0～55.9	25-18-11-105/159	15.7%	27.0%	34.0%	101%	87%
56.0～57.9	70-31-34-208/343	20.4%	29.4%	39.4%	92%	82%
58.0～59.9	37-23-16-157/233	15.9%	25.8%	32.6%	62%	63%
60.0～	65-43-32-174/314	20.7%	34.4%	44.6%	106%	92%
無し	16-14-14-78/122	13.1%	24.6%	36.1%	55%	109%

美浦 牧光二 厩舎

坂路調教ラップ別成績

ラップ種別	着別度数	勝率	連対率	複勝率	単勝回収率	複勝回収率
B3	3-0-2-6/11	27.3%	27.3%	45.5%	360%	170%
A3	0-0-1-3/4	0.0%	0.0%	25.0%	0%	90%
B2	10-6-15-113/144	6.9%	11.1%	21.5%	127%	84%
A2	4-4-7-56/71	5.6%	11.3%	21.1%	213%	121%
B1	12-11-16-178/217	5.5%	10.6%	18.0%	86%	105%
A1	3-3-4-42/52	5.8%	11.5%	19.2%	132%	58%

前週土日坂路調教時計別成績

土日坂路最速時計	着別度数	勝率	連対率	複勝率	単勝回収率	複勝回収率
～53.9	2-2-2-19/25	8.0%	16.0%	24.0%	72%	65%
54.0～55.9	8-3-8-90/109	7.3%	10.1%	17.4%	59%	44%
56.0～57.9	8-9-4-129/150	5.3%	11.3%	14.0%	77%	75%
58.0～59.9	9-7-6-70/92	9.8%	17.4%	23.9%	86%	68%
60.0～	47-51-45-462/605	7.8%	16.2%	23.6%	96%	91%
無し	30-49-51-485/615	4.9%	12.8%	21.1%	38%	57%

厳選東西144厩舎

美浦 水野貴広 厩舎

坂路調教ラップ別成績

ラップ種別	着別度数	勝率	連対率	複勝率	単勝回収率	複勝回収率
B3	0-0-0-1/1	0.0%	0.0%	0.0%	0%	0%
B2	1-2-0-12/15	6.7%	20.0%	20.0%	40%	123%
A2	0-7-2-11/20	0.0%	35.0%	45.0%	0%	245%
B1	1-2-1-13/17	5.9%	17.6%	23.5%	42%	247%
A1	4-1-3-26/34	11.8%	14.7%	23.5%	188%	158%

前週土日坂路調教時計別成績

土日坂路最速時計	着別度数	勝率	連対率	複勝率	単勝回収率	複勝回収率
～53.9	0-0-0-2/2	0.0%	0.0%	0.0%	0%	0%
54.0～55.9	0-0-0-2/2	0.0%	0.0%	0.0%	0%	0%
56.0～57.9	0-1-0-4/5	0.0%	20.0%	20.0%	0%	80%
58.0～59.9	0-1-0-5/6	0.0%	16.7%	16.7%	0%	58%
60.0～	40-59-45-754/898	4.5%	11.0%	16.0%	53%	67%
無し	26-35-35-453/549	4.7%	11.1%	17.5%	101%	70%

美浦 宮田敬介 厩舎

坂路調教ラップ別成績

ラップ種別	着別度数	勝率	連対率	複勝率	単勝回収率	複勝回収率
B3	1-0-1-2/4	25.0%	25.0%	50.0%	47%	77%
A3	0-0-1-2/3	0.0%	0.0%	33.3%	0%	46%
B2	3-1-6-31/41	7.3%	9.8%	24.4%	28%	44%
A2	11-13-9-41/74	14.9%	32.4%	44.6%	61%	93%
B1	1-2-1-24/28	3.6%	10.7%	14.3%	7%	28%
A1	13-11-10-74/108	12.0%	22.2%	31.5%	55%	86%

前週土日坂路調教時計別成績

土日坂路最速時計	着別度数	勝率	連対率	複勝率	単勝回収率	複勝回収率
～53.9	1-1-2-5/9	11.1%	22.2%	44.4%	16%	64%
54.0～55.9	15-13-14-83/125	12.0%	22.4%	33.6%	46%	58%
56.0～57.9	33-23-24-170/250	13.2%	22.4%	32.0%	55%	74%
58.0～59.9	7-7-5-43/62	11.3%	22.6%	30.6%	48%	80%
60.0～	22-11-16-129/178	12.4%	18.5%	27.5%	133%	62%
無し	14-5-7-102/128	10.9%	14.8%	20.3%	123%	70%

美浦 武藤善則 厩舎

坂路調教ラップ別成績

ラップ種別	着別度数	勝率	連対率	複勝率	単勝回収率	複勝回収率
B3	1-1-2-0/4	25.0%	50.0%	100.0%	87%	355%
B2	8-1-3-31/43	18.6%	20.9%	27.9%	83%	75%
A2	7-8-6-57/78	9.0%	19.2%	26.9%	29%	112%
B1	8-7-4-67/86	9.3%	17.4%	22.1%	46%	58%
A1	6-16-14-142/178	3.4%	12.4%	20.2%	21%	51%

前週土日坂路調教時計別成績

土日坂路最速時計	着別度数	勝率	連対率	複勝率	単勝回収率	複勝回収率
～53.9	1-0-0-13/14	7.1%	7.1%	7.1%	122%	27%
54.0～55.9	3-1-3-58/65	4.6%	6.2%	10.8%	18%	32%
56.0～57.9	9-12-11-115/147	6.1%	14.3%	21.8%	63%	83%
58.0～59.9	8-13-12-148/181	4.4%	11.6%	18.2%	42%	60%
60.0～	23-23-21-225/292	7.9%	15.8%	22.9%	94%	71%
無し	40-41-51-609/741	5.4%	10.9%	17.8%	31%	62%

美浦 宗像義忠 厩舎

坂路調教ラップ別成績

ラップ種別	着別度数	勝率	連対率	複勝率	単勝回収率	複勝回収率
B2	4-4-2-31/41	9.8%	19.5%	24.4%	176%	82%
A2	4-3-4-37/48	8.3%	14.6%	22.9%	41%	102%
B1	4-3-8-83/98	4.1%	7.1%	15.3%	15%	74%
A1	3-10-7-60/80	3.8%	16.3%	25.0%	82%	126%

前週土日坂路調教時計別成績

土日坂路最速時計	着別度数	勝率	連対率	複勝率	単勝回収率	複勝回収率
～53.9	2-1-1-10/14	14.3%	21.4%	28.6%	37%	77%
54.0～55.9	28-28-33-267/356	7.9%	15.7%	25.0%	101%	84%
56.0～57.9	29-30-35-321/415	7.0%	14.2%	22.7%	126%	101%
58.0～59.9	7-9-6-136/158	4.4%	10.1%	13.9%	68%	41%
60.0～	12-24-23-311/370	3.2%	9.7%	15.9%	37%	77%
無し	8-11-9-106/134	6.0%	14.2%	20.9%	60%	68%

美浦 森一誠 厩舎

坂路調教ラップ別成績

ラップ種別	着別度数	勝率	連対率	複勝率	単勝回収率	複勝回収率
B2	0-1-0-2/3	0.0%	33.3%	33.3%	0%	36%
A2	3-1-2-18/24	12.5%	16.7%	25.0%	78%	47%
A1	1-0-2-3/6	16.7%	16.7%	50.0%	71%	123%

前週土日坂路調教時計別成績

土日坂路最速時計	着別度数	勝率	連対率	複勝率	単勝回収率	複勝回収率
54.0～55.9	2-0-1-9/12	16.7%	16.7%	25.0%	79%	37%
56.0～57.9	0-0-1-12/13	0.0%	0.0%	7.7%	0%	14%
58.0～59.9	1-0-0-6/7	14.3%	14.3%	14.3%	144%	38%
60.0～	1-3-2-4/10	10.0%	40.0%	60.0%	36%	208%
無し	0-0-0-1/1	0.0%	0.0%	0.0%	0%	0%

美浦 矢野英一 厩舎

坂路調教ラップ別成績

ラップ種別	着別度数	勝率	連対率	複勝率	単勝回収率	複勝回収率
B3	1-0-0-1/2	50.0%	50.0%	50.0%	345%	105%
A3	0-0-0-3/3	0.0%	0.0%	0.0%	0%	0%
B2	3-2-3-20/28	10.7%	17.9%	28.6%	30%	57%
A2	2-5-1-31/39	5.1%	17.9%	20.5%	63%	48%
B1	0-2-6-23/31	0.0%	6.5%	25.8%	0%	82%
A1	5-4-6-26/41	12.2%	22.0%	36.6%	74%	93%

前週土日坂路調教時計別成績

土日坂路最速時計	着別度数	勝率	連対率	複勝率	単勝回収率	複勝回収率
～53.9	0-0-0-3/3	0.0%	0.0%	0.0%	0%	0%
54.0～55.9	1-2-2-37/42	2.4%	7.1%	11.9%	35%	55%
56.0～57.9	1-3-3-35/42	2.4%	9.5%	16.7%	11%	62%
58.0～59.9	3-6-9-80/98	3.1%	9.2%	18.4%	24%	89%
60.0～	21-28-20-208/277	7.6%	17.7%	24.9%	62%	68%
無し	55-49-64-670/838	6.6%	12.4%	20.0%	54%	52%

美浦 和田正一郎 厩舎

坂路調教ラップ別成績

ラップ種別	着別度数	勝率	連対率	複勝率	単勝回収率	複勝回収率
B2	0-0-0-5/5	0.0%	0.0%	0.0%	0%	0%
A2	0-0-0-12/12	0.0%	0.0%	0.0%	0%	0%
B1	0-0-0-10/10	0.0%	0.0%	0.0%	0%	0%
A1	1-0-2-28/31	3.2%	3.2%	9.7%	11%	28%

前週土日坂路調教時計別成績

土日坂路最速時計	着別度数	勝率	連対率	複勝率	単勝回収率	複勝回収率
～53.9	0-1-0-2/3	0.0%	33.3%	33.3%	0%	56%
54.0～55.9	3-0-1-16/20	15.0%	15.0%	20.0%	89%	38%
56.0～57.9	4-6-2-54/66	6.1%	15.2%	18.2%	113%	59%
58.0～59.9	1-6-2-69/78	1.3%	9.0%	11.5%	7%	23%
60.0～	4-11-8-67/90	4.4%	16.7%	25.6%	17%	79%
無し	65-71-67-673/876	7.4%	15.5%	23.2%	69%	79%

美浦 和田勇介 厩舎

坂路調教ラップ別成績

ラップ種別	着別度数	勝率	連対率	複勝率	単勝回収率	複勝回収率
A3	0-1-0-1/2	0.0%	50.0%	50.0%	0%	100%
B2	2-2-4-17/25	8.0%	16.0%	32.0%	48%	93%
A2	2-0-4-21/27	7.4%	7.4%	22.2%	61%	62%
B1	2-7-3-60/72	2.8%	12.5%	16.7%	12%	52%
A1	8-4-6-70/88	9.1%	13.6%	20.5%	110%	59%

前週土日坂路調教時計別成績

土日坂路最速時計	着別度数	勝率	連対率	複勝率	単勝回収率	複勝回収率
～53.9	1-3-3-15/22	4.5%	18.2%	31.8%	300%	270%
54.0～55.9	8-5-8-88/109	7.3%	11.9%	19.3%	72%	69%
56.0～57.9	13-15-14-145/187	7.0%	15.0%	22.5%	68%	70%
58.0～59.9	3-5-4-109/121	2.5%	6.6%	9.9%	53%	55%
60.0～	18-24-22-263/327	5.5%	12.8%	19.6%	39%	75%
無し	25-39-36-346/446	5.6%	14.3%	22.4%	64%	66%

京都ダート1200m

集計期間：2019年～2024年7月21日

栗東

追い切り坂路時計別成績

追い切り坂路時計	着別度数	勝率	連対率	複勝率	単勝回収率	複勝回収率
50.0～51.9	12-15-11-85/123	9.8%	22.0%	30.9%	43%	76%
52.0～53.9	64-53-48-521/686	9.3%	17.1%	24.1%	60%	73%
54.0～55.9	49-68-49-654/820	6.0%	14.3%	20.2%	53%	64%
56.0～57.9	20-16-26-225/287	7.0%	12.5%	21.6%	103%	85%

坂路ラップ別成績

ラップ種別	着別度数	勝率	連対率	複勝率	単勝回収率	複勝回収率
B3	3-4-3-20/30	10.0%	23.3%	33.3%	32%	99%
A3	5-4-6-16/31	16.1%	29.0%	48.4%	124%	131%
B2	28-31-26-268/353	7.9%	16.7%	24.1%	37%	68%
A2	32-35-22-245/334	9.6%	20.1%	26.6%	60%	82%
B1	16-14-15-234/279	5.7%	10.8%	16.1%	46%	67%
A1	29-33-33-283/378	7.7%	16.4%	25.1%	106%	80%

ウッド5F時計別成績

ウッド5F時計	着別度数	勝率	連対率	複勝率	単勝回収率	複勝回収率
64.0～65.9	1-1-4-27/33	3.0%	6.1%	18.2%	26%	34%
66.0～67.9	13-9-5-113/140	9.3%	15.7%	19.3%	121%	60%
68.0～69.9	10-6-9-110/135	7.4%	11.9%	18.5%	161%	74%
70.0～	3-7-5-61/76	3.9%	13.2%	19.7%	30%	66%

ウッド1F時計別成績

ウッド1F時計	着別度数	勝率	連対率	複勝率	単勝回収率	複勝回収率
11.0～11.9	7-6-6-95/114	6.1%	11.4%	16.7%	31%	32%
12.0～12.9	19-18-17-222/276	6.9%	13.4%	19.6%	111%	70%
13.0～13.9	3-2-2-3-68/76	3.9%	6.6%	10.5%	104%	63%

美浦

追い切り坂路時計別成績

追い切り坂路時計	着別度数	勝率	連対率	複勝率	単勝回収率	複勝回収率
50.0～51.9	0-1-0-1/2	0.0%	50.0%	50.0%	0%	195%
52.0～53.9	0-0-3-25/28	0.0%	0.0%	10.7%	0%	105%
54.0～55.9	0-1-2-47/50	0.0%	2.0%	6.0%	0%	10%
56.0～57.9	0-1-1-15/17	0.0%	5.9%	11.8%	0%	56%

坂路ラップ別成績

ラップ種別	着別度数	勝率	連対率	複勝率	単勝回収率	複勝回収率
B3	-	-	-	-	-	-
A3	0-0-0-1/1	0.0%	0.0%	0.0%	0%	0%
B2	0-0-2-6/8	0.0%	0.0%	25.0%	0%	345%
A2	0-0-0-9/9	0.0%	0.0%	0.0%	0%	0%
B1	0-1-2-9/12	0.0%	8.3%	25.0%	0%	115%
A1	0-0-2-26/28	0.0%	0.0%	7.1%	0%	14%

ウッド5F時計別成績

ウッド5F時計	着別度数	勝率	連対率	複勝率	単勝回収率	複勝回収率
64.0～65.9	0-0-0-1/1	0.0%	0.0%	0.0%	0%	0%
66.0～67.9	0-0-0-7/7	0.0%	0.0%	0.0%	0%	0%
68.0～69.9	2-3-1-28/34	5.9%	14.7%	17.6%	35%	67%
70.0～	2-4-2-30/38	5.3%	15.8%	21.1%	52%	77%

ウッド1F時計別成績

ウッド1F時計	着別度数	勝率	連対率	複勝率	単勝回収率	複勝回収率
11.0～11.9	3-4-1-31/39	7.7%	17.9%	20.5%	39%	56%
12.0～12.9	1-3-4-48/56	1.8%	7.1%	14.3%	29%	81%
13.0～13.9	0-0-0-13/13	0.0%	0.0%	0.0%	0%	0%

ここがポイント 栗東坂路追い切りは11秒台加速ラップのチェックを必ずしておきたい。ただ全体的に見れば坂路組もウッド組も極端な差は生まれていない。関東勢は信頼度が低く重い扱いをしても紐まで。

京都ダート1400m

集計期間：2019年～2024年7月21日

栗東

追い切り坂路時計別成績

追い切り坂路時計	着別度数	勝率	連対率	複勝率	単勝回収率	複勝回収率
50.0～51.9	13-14-11-85/123	10.6%	22.0%	30.9%	93%	90%
52.0～53.9	55-62-70-610/797	6.9%	14.7%	23.5%	46%	69%
54.0～55.9	67-60-61-808/996	6.7%	12.8%	18.9%	72%	61%
56.0～57.9	13-20-19-204/256	5.1%	12.9%	20.3%	30%	90%

坂路ラップ別成績

ラップ種別	着別度数	勝率	連対率	複勝率	単勝回収率	複勝回収率
B3	1-0-4-16/21	4.8%	4.8%	23.8%	303%	125%
A3	0-7-4-19/30	0.0%	23.3%	36.7%	0%	119%
B2	29-32-40-274/375	7.7%	16.3%	26.9%	58%	92%
A2	40-37-35-349/461	8.7%	16.7%	24.3%	73%	64%
B1	13-15-20-315/363	3.6%	7.7%	13.2%	27%	47%
A1	39-30-26-341/436	8.9%	15.8%	21.8%	75%	73%

ウッド5F時計別成績

ウッド5F時計	着別度数	勝率	連対率	複勝率	単勝回収率	複勝回収率
64.0～65.9	4-6-3-48/61	6.6%	16.4%	21.3%	86%	68%
66.0～67.9	17-20-11-187/235	7.2%	15.7%	20.4%	52%	56%
68.0～69.9	15-6-8-169/198	7.6%	10.6%	14.6%	79%	37%
70.0～	5-5-5-85/100	5.0%	10.0%	15.0%	54%	63%

ウッド1F時計別成績

ウッド1F時計	着別度数	勝率	連対率	複勝率	単勝回収率	複勝回収率
11.0～11.9	24-12-11-144/191	12.6%	18.8%	24.6%	98%	59%
12.0～12.9	23-29-23-326/401	5.7%	13.0%	18.7%	56%	58%
13.0～13.9	5-2-3-77/87	5.7%	8.0%	11.5%	75%	36%

美浦

追い切り坂路時計別成績

追い切り坂路時計	着別度数	勝率	連対率	複勝率	単勝回収率	複勝回収率
50.0～51.9	0-0-0-2/2	0.0%	0.0%	0.0%	0%	0%
52.0～53.9	2-2-2-20/26	7.7%	15.4%	23.1%	53%	55%
54.0～55.9	1-1-1-26/29	3.4%	6.9%	10.3%	13%	52%
56.0～57.9	0-0-0-2-8/10	0.0%	0.0%	20.0%	0%	386%

坂路ラップ別成績

ラップ種別	着別度数	勝率	連対率	複勝率	単勝回収率	複勝回収率
B3	0-0-0-1/1	0.0%	0.0%	0.0%	0%	0%
A3	-	-	-	-	-	-
B2	0-0-1-6/7	0.0%	0.0%	14.3%	0%	22%
A2	0-0-0-9/9	0.0%	0.0%	0.0%	0%	0%
B1	2-1-1-8/12	16.7%	25.0%	33.3%	117%	87%
A1	0-1-1-16/18	0.0%	5.6%	11.1%	0%	78%

ウッド5F時計別成績

ウッド5F時計	着別度数	勝率	連対率	複勝率	単勝回収率	複勝回収率
64.0～65.9	0-0-0-2/2	0.0%	0.0%	0.0%	0%	0%
66.0～67.9	0-2-2-26/30	0.0%	6.7%	13.3%	0%	32%
68.0～69.9	1-0-0-23/24	4.2%	4.2%	4.2%	380%	51%
70.0～	0-2-1-6/9	0.0%	22.2%	33.3%	0%	141%

ウッド1F時計別成績

ウッド1F時計	着別度数	勝率	連対率	複勝率	単勝回収率	複勝回収率
11.0～11.9	1-3-1-18/23	4.3%	17.4%	21.7%	396%	101%
12.0～12.9	0-2-3-33/38	0.0%	5.3%	13.2%	0%	42%
13.0～13.9	0-2-0-14/16	0.0%	12.5%	12.5%	0%	30%

ここがポイント　栗東ウッド追い切りで終い時計が速い馬は人気問わず注目しておきたい。栗東坂路組は極端な優劣が無いが、迷った時には加速ラップの方を選ぶぐらいで大丈夫。栗東ポリトラック組も好走が多い。関東勢は母数の問題もあるがやはり紐まで。

京都ダート1800m

集計期間：2019年～2024年7月21日

栗東

追い切り坂路時計別成績

追い切り坂路時計	着別度数	勝率	連対率	複勝率	単勝回収率	複勝回収率
50.0～51.9	10-5-11-46/72	13.9%	20.8%	36.1%	140%	87%
52.0～53.9	69-72-64-652/857	8.1%	16.5%	23.9%	53%	71%
54.0～55.9	99-113-93-1001/1306	7.6%	16.2%	23.4%	90%	77%
56.0～57.9	30-38-40-347/455	6.6%	14.9%	23.7%	97%	79%

坂路ラップ別成績

ラップ種別	着別度数	勝率	連対率	複勝率	単勝回収率	複勝回収率
B3	3-1-1-6/11	27.3%	36.4%	45.5%	92%	93%
A3	3-2-1-8/14	21.4%	35.7%	42.9%	63%	65%
B2	33-36-29-318/416	7.9%	16.6%	23.6%	71%	85%
A2	55-46-38-297/436	12.6%	23.2%	31.9%	133%	93%
B1	20-33-32-378/463	4.3%	11.4%	18.4%	50%	60%
A1	45-54-45-396/540	8.3%	18.3%	26.7%	102%	67%

ウッド5F時計別成績

ウッド5F時計	着別度数	勝率	連対率	複勝率	単勝回収率	複勝回収率
64.0～65.9	10-12-9-68/99	10.1%	22.2%	31.3%	51%	78%
66.0～67.9	47-37-33-361/478	9.8%	17.6%	24.5%	105%	82%
68.0～69.9	37-28-40-387/492	7.5%	13.2%	21.3%	54%	65%
70.0～	20-13-15-186/234	8.5%	14.1%	20.5%	170%	81%

ウッド1F時計別成績

ウッド1F時計	着別度数	勝率	連対率	複勝率	単勝回収率	複勝回収率
11.0～11.9	41-25-38-281/385	10.6%	17.1%	27.0%	148%	94%
12.0～12.9	74-66-63-654/857	8.6%	16.3%	23.7%	55%	72%
13.0～13.9	7-10-4-161/182	3.8%	9.3%	11.5%	136%	58%

美浦

追い切り坂路時計別成績

追い切り坂路時計	着別度数	勝率	連対率	複勝率	単勝回収率	複勝回収率
50.0～51.9	0-0-0-1/1	0.0%	0.0%	0.0%	0%	0%
52.0～53.9	0-0-1-18/19	0.0%	0.0%	5.3%	0%	42%
54.0～55.9	2-0-4-24/30	6.7%	6.7%	20.0%	32%	65%
56.0～57.9	0-0-1-13/14	0.0%	0.0%	7.1%	0%	90%

坂路ラップ別成績

ラップ種別	着別度数	勝率	連対率	複勝率	単勝回収率	複勝回収率
B3	-	-	-	-	-	-
A3	0-0-1-0/1	0.0%	0.0%	100.0%	0%	800%
B2	0-0-1-4/5	0.0%	0.0%	20.0%	0%	34%
A2	0-0-0-12/12	0.0%	0.0%	0.0%	0%	0%
B1	0-0-0-7/7	0.0%	0.0%	0.0%	0%	0%
A1	1-1-2-12/16	6.3%	12.5%	25.0%	40%	153%

ウッド5F時計別成績

ウッド5F時計	着別度数	勝率	連対率	複勝率	単勝回収率	複勝回収率
64.0～65.9	1-0-0-5/6	16.7%	16.7%	16.7%	1506%	193%
66.0～67.9	6-5-5-39/55	10.9%	20.0%	29.1%	75%	97%
68.0～69.9	3-4-6-37/50	6.0%	14.0%	26.0%	34%	112%
70.0～	0-0-1-23/24	0.0%	0.0%	4.2%	0%	12%

ウッド1F時計別成績

ウッド1F時計	着別度数	勝率	連対率	複勝率	単勝回収率	複勝回収率
11.0～11.9	3-5-4-32/44	6.8%	18.2%	27.3%	16%	91%
12.0～12.9	6-3-4-57/70	8.6%	12.9%	18.6%	158%	96%
13.0～13.9	1-1-3-25/30	3.3%	6.7%	16.7%	103%	50%

ここがポイント　本編で掲載したように栗東坂路加速ラップ組、11秒台があるラップ（A3・B3）のチェックを怠らないように。栗東ウッドは終いが速い馬に注目。美浦ウッド追い切り馬も馬券内には多く入ることを覚えておきたい。

京都ダート1900m

集計期間：2019年～2024年7月21日

栗東

追い切り坂路時計別成績

追い切り坂路時計	着別度数	勝率	連対率	複勝率	単勝回収率	複勝回収率
50.0～51.9	1-2-4-22/29	3.4%	10.3%	24.1%	57%	61%
52.0～53.9	16-12-15-160/203	7.9%	13.8%	21.2%	34%	48%
54.0～55.9	20-20-26-211/277	7.2%	14.4%	23.8%	68%	67%
56.0～57.9	9-9-4-63/85	10.6%	21.2%	25.9%	67%	48%

坂路ラップ別成績

ラップ種別	着別度数	勝率	連対率	複勝率	単勝回収率	複勝回収率
B3	-	-	-	-	-	-
A3	1-0-0-1/2	50.0%	50.0%	50.0%	100%	55%
B2	4-6-9-88/107	3.7%	9.3%	17.8%	19%	39%
A2	11-7-16-81/115	9.6%	15.7%	29.6%	33%	73%
B1	8-8-6-66/88	9.1%	18.2%	25.0%	126%	78%
A1	8-5-9-89/111	7.2%	11.7%	19.8%	26%	35%

ウッド5F時計別成績

ウッド5F時計	着別度数	勝率	連対率	複勝率	単勝回収率	複勝回収率
64.0～65.9	2-2-3-22/29	6.9%	13.8%	24.1%	24%	72%
66.0～67.9	13-9-12-95/129	10.1%	17.1%	26.4%	191%	91%
68.0～69.9	17-19-8-100/144	11.8%	25.0%	30.6%	64%	95%
70.0～	6-4-5-49/64	9.4%	15.6%	23.4%	165%	81%

ウッド1F時計別成績

ウッド1F時計	着別度数	勝率	連対率	複勝率	単勝回収率	複勝回収率
11.0～11.9	17-16-8-69/110	15.5%	30.0%	37.3%	177%	111%
12.0～12.9	20-18-21-188/247	8.1%	15.4%	23.9%	100%	85%
13.0～13.9	2-1-2-29/34	5.9%	8.8%	14.7%	30%	24%

美浦

追い切り坂路時計別成績

追い切り坂路時計	着別度数	勝率	連対率	複勝率	単勝回収率	複勝回収率
50.0～51.9	-	-	-	-	-	-
52.0～53.9	0-0-1-5/6	0.0%	0.0%	16.7%	0%	225%
54.0～55.9	0-1-0-10/11	0.0%	9.1%	9.1%	0%	16%
56.0～57.9	0-0-0-3/3	0.0%	0.0%	0.0%	0%	0%

坂路ラップ別成績

ラップ種別	着別度数	勝率	連対率	複勝率	単勝回収率	複勝回収率
B3	-	-	-	-	-	-
A3	-	-	-	-	-	-
B2	0-0-0-1/1	0.0%	0.0%	0.0%	0%	0%
A2	0-0-1-2/3	0.0%	0.0%	33.3%	0%	450%
B1	-	-	-	-	-	-
A1	0-1-0-6/7	0.0%	14.3%	14.3%	0%	25%

ウッド5F時計別成績

ウッド5F時計	着別度数	勝率	連対率	複勝率	単勝回収率	複勝回収率
64.0～65.9	0-0-0-4/4	0.0%	0.0%	0.0%	0%	0%
66.0～67.9	1-3-1-12/17	5.9%	23.5%	29.4%	51%	105%
68.0～69.9	2-3-1-20/26	7.7%	19.2%	23.1%	143%	100%
70.0～	0-0-0-6/6	0.0%	0.0%	0.0%	0%	0%

ウッド1F時計別成績

ウッド1F時計	着別度数	勝率	連対率	複勝率	単勝回収率	複勝回収率
11.0～11.9	2-4-1-15/22	9.1%	27.3%	31.8%	184%	119%
12.0～12.9	1-1-1-22/25	4.0%	8.0%	12.0%	22%	44%
13.0～13.9	0-1-0-6/7	0.0%	14.3%	14.3%	0%	95%

ここがポイント

栗東ウッド追い切りの馬を最初にチェック。終い時計が速い馬をピックアップしていくことが基本だが、11秒台の馬が少ない時には12秒台の馬も積極策に馬券に入れておきたい。坂路の成績は目立たないので加速ラップでも過剰な信頼はせずに。

京都芝1200m

集計期間：2019年～2024年7月21日

栗東

追い切り坂路時計別成績

追い切り坂路時計	着別度数	勝率	連対率	複勝率	単勝回収率	複勝回収率
50.0～51.9	10-4-3-50/67	14.9%	20.9%	25.4%	113%	69%
52.0～53.9	23-24-28-271/346	6.6%	13.6%	21.7%	42%	75%
54.0～55.9	18-29-23-241/311	5.8%	15.1%	22.5%	39%	67%
56.0～57.9	8-7-4-78/97	8.2%	15.5%	19.6%	57%	60%

坂路ラップ別成績

ラップ種別	着別度数	勝率	連対率	複勝率	単勝回収率	複勝回収率
B3	4-5-2-21/32	12.5%	28.1%	34.4%	76%	125%
A3	4-4-0-10/18	22.2%	44.4%	44.4%	60%	93%
B2	10-16-17-125/168	6.0%	15.5%	25.6%	34%	90%
A2	19-13-10-156/198	9.6%	16.2%	21.2%	64%	58%
B1	5-3-6-93/107	4.7%	7.5%	13.1%	69%	50%
A1	7-12-13-120/152	4.6%	12.5%	21.1%	21%	56%

ウッド5F時計別成績

ウッド5F時計	着別度数	勝率	連対率	複勝率	単勝回収率	複勝回収率
64.0～65.9	2-0-0-20/22	9.1%	9.1%	9.1%	59%	16%
66.0～67.9	4-3-4-37/48	8.3%	14.6%	22.9%	39%	91%
68.0～69.9	1-2-2-31/36	2.8%	8.3%	13.9%	4%	60%
70.0～	3-0-1-10/14	21.4%	21.4%	28.6%	139%	53%

ウッド1F時計別成績

ウッド1F時計	着別度数	勝率	連対率	複勝率	単勝回収率	複勝回収率
11.0～11.9	7-3-4-57/71	9.9%	14.1%	19.7%	70%	81%
12.0～12.9	7-4-10-69/90	7.8%	12.2%	23.3%	45%	76%
13.0～13.9	0-0-1-13/14	0.0%	0.0%	7.1%	0%	17%

美浦

追い切り坂路時計別成績

追い切り坂路時計	着別度数	勝率	連対率	複勝率	単勝回収率	複勝回収率
50.0～51.9	-	-	-	-	-	-
52.0～53.9	0-1-1-16/18	0.0%	5.6%	11.1%	0%	29%
54.0～55.9	1-1-2-15/19	5.3%	10.5%	21.1%	301%	87%
56.0～57.9	0-0-0-5/5	0.0%	0.0%	0.0%	0%	0%

坂路ラップ別成績

ラップ種別	着別度数	勝率	連対率	複勝率	単勝回収率	複勝回収率
B3	-	-	-	-	-	-
A3	0-0-0-1/1	0.0%	0.0%	0.0%	0%	0%
B2	0-1-0-11/12	0.0%	8.3%	8.3%	0%	18%
A2	1-0-1-5/7	14.3%	14.3%	28.6%	818%	212%
B1	0-0-0-4/4	0.0%	0.0%	0.0%	0%	0%
A1	0-1-2-6/9	0.0%	11.1%	33.3%	0%	53%

ウッド5F時計別成績

ウッド5F時計	着別度数	勝率	連対率	複勝率	単勝回収率	複勝回収率
64.0～65.9	1-0-0-8/9	11.1%	11.1%	11.1%	80%	28%
66.0～67.9	1-2-1-16/20	5.0%	15.0%	20.0%	50%	44%
68.0～69.9	2-4-0-16/22	9.1%	27.3%	27.3%	82%	68%
70.0～	0-1-1-11/13	0.0%	7.7%	15.4%	0%	36%

ウッド1F時計別成績

ウッド1F時計	着別度数	勝率	連対率	複勝率	単勝回収率	複勝回収率
11.0～11.9	2-3-0-21/26	7.7%	19.2%	19.2%	36%	36%
12.0～12.9	3-2-3-26/34	8.8%	14.7%	23.5%	82%	75%
13.0～13.9	0-2-0-12/14	0.0%	14.3%	14.3%	0%	20%

ここがポイント

堅い決着が多いコースで調教別の差が少ない。栗東坂路追い切りは時計の速い馬に注目したい。特に51秒台以下なら信頼度は上がるが該当馬は少ないため、人気サイドで普通に調教が出来ている馬から買うのがベター。美浦は迷ったらウッド組を重視。

京都芝1400m外

集計期間：2019年～2024年7月21日

栗東

追い切り坂路時計別成績

追い切り坂路時計	着別度数	勝率	連対率	複勝率	単勝回収率	複勝回収率
50.0～51.9	4-6-4-45/59	6.8%	16.9%	23.7%	22%	49%
52.0～53.9	25-22-19-217/283	8.8%	16.6%	23.3%	74%	84%
54.0～55.9	20-21-22-189/252	7.9%	16.3%	25.0%	102%	100%
56.0～57.9	1-3-4-45/53	1.9%	7.5%	15.1%	36%	51%

坂路ラップ別成績

ラップ種別	着別度数	勝率	連対率	複勝率	単勝回収率	複勝回収率
B3	1-2-1-20/24	4.2%	12.5%	16.7%	12%	47%
A3	8-6-2-17/33	24.2%	42.4%	48.5%	82%	126%
B2	6-11-11-103/131	4.6%	13.0%	21.4%	106%	86%
A2	20-14-15-145/194	10.3%	17.5%	25.3%	90%	75%
B1	2-1-4-38/45	4.4%	6.7%	15.6%	29%	117%
A1	10-9-13-104/136	7.4%	14.0%	23.5%	79%	86%

ウッド5F時計別成績

ウッド5F時計	着別度数	勝率	連対率	複勝率	単勝回収率	複勝回収率
64.0～65.9	1-0-2-17/20	5.0%	5.0%	15.0%	38%	41%
66.0～67.9	6-8-5-51/70	8.6%	20.0%	27.1%	41%	66%
68.0～69.9	5-4-4-38/51	9.8%	17.6%	25.5%	356%	119%
70.0～	1-2-3-18/24	4.2%	12.5%	25.0%	32%	62%

ウッド1F時計別成績

ウッド1F時計	着別度数	勝率	連対率	複勝率	単勝回収率	複勝回収率
11.0～11.9	7-10-9-69/95	7.4%	17.9%	27.4%	204%	90%
12.0～12.9	10-7-9-76/102	9.8%	16.7%	25.5%	86%	84%
13.0～13.9	0-1-1-12/14	0.0%	7.1%	14.3%	0%	37%

美浦

追い切り坂路時計別成績

追い切り坂路時計	着別度数	勝率	連対率	複勝率	単勝回収率	複勝回収率
50.0～51.9	0-0-0-7/7	0.0%	0.0%	0.0%	0%	0%
52.0～53.9	0-0-1-9/10	0.0%	0.0%	10.0%	0%	18%
54.0～55.9	0-0-1-16/17	0.0%	0.0%	5.9%	0%	8%
56.0～57.9	0-0-0-1/1	0.0%	0.0%	0.0%	0%	0%

坂路ラップ別成績

ラップ種別	着別度数	勝率	連対率	複勝率	単勝回収率	複勝回収率
B3	0-0-0-1/1	0.0%	0.0%	0.0%	0%	0%
A3	0-0-0-2/2	0.0%	0.0%	0.0%	0%	0%
B2	0-0-0-6/6	0.0%	0.0%	0.0%	0%	0%
A2	0-0-1-5/6	0.0%	0.0%	16.7%	0%	30%
B1	0-0-0-2/2	0.0%	0.0%	0.0%	0%	0%
A1	0-0-1-8/9	0.0%	0.0%	11.1%	0%	15%

ウッド5F時計別成績

ウッド5F時計	着別度数	勝率	連対率	複勝率	単勝回収率	複勝回収率
64.0～65.9	1-0-0-5/6	16.7%	16.7%	16.7%	31%	21%
66.0～67.9	3-1-2-9/15	20.0%	26.7%	40.0%	446%	348%
68.0～69.9	1-0-0-15/16	6.3%	6.3%	6.3%	123%	23%
70.0～	0-0-1-8/9	0.0%	0.0%	11.1%	0%	56%

ウッド1F時計別成績

ウッド1F時計	着別度数	勝率	連対率	複勝率	単勝回収率	複勝回収率
11.0～11.9	3-0-2-19/24	12.5%	12.5%	20.8%	135%	173%
12.0～12.9	1-1-1-21/24	4.2%	8.3%	12.5%	150%	55%
13.0～13.9	1-0-1-7/9	11.1%	11.1%	22.2%	218%	97%

ここがポイント

回収率の部分では東西ともにウッド追い切り組が良いことを前提に馬券を構成したいが、栗東坂路の加速ラップ組の信頼度が高い点にも注意。特に11秒台加速ラップは次々馬券内に来るので必ず確認して本命や対抗など重い扱いをしておきたい。

京都芝1600m外

集計期間：2019年～2024年7月21日

栗東

追い切り坂路時計別成績

追い切り坂路時計	着別度数	勝率	連対率	複勝率	単勝回収率	複勝回収率
50.0～51.9	4-5-1-28/38	10.5%	23.7%	26.3%	32%	51%
52.0～53.9	24-24-17-197/262	9.2%	18.3%	24.8%	49%	70%
54.0～55.9	11-20-23-155/209	5.3%	14.8%	25.8%	57%	91%
56.0～57.9	7-2-4-37/50	14.0%	18.0%	26.0%	155%	97%

坂路ラップ別成績

ラップ種別	着別度数	勝率	連対率	複勝率	単勝回収率	複勝回収率
B3	0-2-1-14/17	0.0%	11.8%	17.6%	0%	39%
A3	2-3-3-14/22	9.1%	22.7%	36.4%	34%	63%
B2	5-10-9-88/112	4.5%	13.4%	21.4%	26%	63%
A2	16-14-9-111/150	10.7%	20.0%	26.0%	72%	69%
B1	4-6-6-45/61	6.6%	16.4%	26.2%	27%	85%
A1	9-9-14-71/103	8.7%	17.5%	31.1%	68%	134%

ウッド5F時計別成績

ウッド5F時計	着別度数	勝率	連対率	複勝率	単勝回収率	複勝回収率
64.0～65.9	4-4-4-38/50	8.0%	16.0%	24.0%	60%	77%
66.0～67.9	8-6-4-63/81	9.9%	17.3%	22.2%	74%	65%
68.0～69.9	8-9-6-68/91	8.8%	18.7%	25.3%	60%	61%
70.0～	1-1-3-24/29	3.4%	6.9%	17.2%	24%	55%

ウッド1F時計別成績

ウッド1F時計	着別度数	勝率	連対率	複勝率	単勝回収率	複勝回収率
11.0～11.9	19-15-15-102/151	12.6%	22.5%	32.5%	84%	86%
12.0～12.9	5-8-9-117/139	3.6%	9.4%	15.8%	65%	56%
13.0～13.9	2-0-1-12/15	13.3%	13.3%	20.0%	346%	91%

美浦

追い切り坂路時計別成績

追い切り坂路時計	着別度数	勝率	連対率	複勝率	単勝回収率	複勝回収率
50.0～51.9	0-0-0-2/2	0.0%	0.0%	0.0%	0%	0%
52.0～53.9	0-1-1-8/10	0.0%	10.0%	20.0%	0%	273%
54.0～55.9	0-1-2-8/11	0.0%	9.1%	27.3%	0%	89%
56.0～57.9	0-0-0-3/3	0.0%	0.0%	0.0%	0%	0%

坂路ラップ別成績

ラップ種別	着別度数	勝率	連対率	複勝率	単勝回収率	複勝回収率
B3					0%	0%
A3	0-0-1-2/3	0.0%	0.0%	33.3%	0%	46%
B2	-	-	-	-	-	-
A2	0-0-1-4/5	0.0%	0.0%	20.0%	0%	74%
B1	0-1-0-1/2	0.0%	50.0%	50.0%	0%	1295%
A1	0-0-1-5/6	0.0%	0.0%	16.7%	0%	25%

ウッド5F時計別成績

ウッド5F時計	着別度数	勝率	連対率	複勝率	単勝回収率	複勝回収率
64.0～65.9	0-0-0-6/6	0.0%	0.0%	0.0%	0%	0%
66.0～67.9	1-0-1-20/22	4.5%	4.5%	9.1%	249%	94%
68.0～69.9	1-1-0-20/22	4.5%	9.1%	9.1%	11%	12%
70.0～	1-0-0-8/9	11.1%	11.1%	11.1%	46%	21%

ウッド1F時計別成績

ウッド1F時計	着別度数	勝率	連対率	複勝率	単勝回収率	複勝回収率
11.0～11.9	2-0-1-22/25	8.0%	8.0%	12.0%	229%	88%
12.0～12.9	1-1-0-29/31	3.2%	6.5%	6.5%	13%	10%
13.0～13.9	0-0-0-10/10	0.0%	0.0%	0.0%	0%	0%

ここがポイント　使用頻度が多いわけではないので今後どうなるかは各自のチェックが必要。現状では栗東ウッド追い切り組の馬が全体的に回収率が高いが極端に目立つわけではなく、坂路も当たり前に加速ラップ＞減速ラップだが極端な差は生まれていない。

京都芝2000m

集計期間：2019年～2024年7月21日

栗東

追い切り坂路時計別成績

追い切り坂路時計	着別度数	勝率	連対率	複勝率	単勝回収率	複勝回収率
50.0～51.9	5-4-3-12/24	20.8%	37.5%	50.0%	79%	81%
52.0～53.9	25-33-26-169/253	9.9%	22.9%	33.2%	80%	78%
54.0～55.9	37-30-32-282/381	9.7%	17.6%	26.0%	140%	95%
56.0～57.9	7-7-8-93/115	6.1%	12.2%	19.1%	20%	31%

坂路ラップ別成績

ラップ種別	着別度数	勝率	連対率	複勝率	単勝回収率	複勝回収率
B3	1-0-1-2/4	25.0%	25.0%	50.0%	72%	82%
A3	0-2-0-8/10	0.0%	20.0%	20.0%	0%	32%
B2	8-14-8-84/114	7.0%	19.3%	26.3%	40%	55%
A2	22-19-22-94/157	14.0%	26.1%	40.1%	116%	94%
B1	6-9-9-90/114	5.3%	13.2%	21.1%	187%	83%
A1	20-19-18-129/186	10.8%	21.0%	30.6%	87%	102%

ウッド5F時計別成績

ウッド5F時計	着別度数	勝率	連対率	複勝率	単勝回収率	複勝回収率
64.0～65.9	8-3-7-43/61	13.1%	18.0%	29.5%	117%	67%
66.0～67.9	23-17-18-155/213	10.8%	18.8%	27.2%	87%	80%
68.0～69.9	17-20-20-129/186	9.1%	19.9%	30.6%	62%	105%
70.0～	4-7-4-51/66	6.1%	16.7%	22.7%	91%	70%

ウッド1F時計別成績

ウッド1F時計	着別度数	勝率	連対率	複勝率	単勝回収率	複勝回収率
11.0～11.9	26-23-24-139/212	12.3%	23.1%	34.4%	106%	100%
12.0～12.9	30-24-27-241/322	9.3%	16.8%	25.2%	81%	69%
13.0～13.9	1-4-4-40/49	2.0%	10.2%	18.4%	7%	127%

美浦

追い切り坂路時計別成績

追い切り坂路時計	着別度数	勝率	連対率	複勝率	単勝回収率	複勝回収率
50.0～51.9	-	-	-	-	-	-
52.0～53.9	0-1-0-9/10	0.0%	10.0%	10.0%	0%	19%
54.0～55.9	0-0-1-11/12	0.0%	0.0%	8.3%	0%	50%
56.0～57.9	0-0-0-2/2	0.0%	0.0%	0.0%	0%	0%

坂路ラップ別成績

ラップ種別	着別度数	勝率	連対率	複勝率	単勝回収率	複勝回収率
B3	-	-	-	-	-	-
A3	-	-	-	-	-	-
B2	0-0-0-1/1	0.0%	0.0%	0.0%	0%	0%
A2	0-0-0-1/1	0.0%	0.0%	0.0%	0%	0%
B1	0-0-0-4/4	0.0%	0.0%	0.0%	0%	0%
A1	0-0-1-7/8	0.0%	0.0%	12.5%	0%	75%

ウッド5F時計別成績

ウッド5F時計	着別度数	勝率	連対率	複勝率	単勝回収率	複勝回収率
64.0～65.9	0-0-0-7/7	0.0%	0.0%	0.0%	0%	0%
66.0～67.9	3-0-0-25/28	10.7%	10.7%	10.7%	121%	30%
68.0～69.9	1-2-0-19/22	4.5%	13.6%	13.6%	31%	65%
70.0～	0-2-0-7/9	0.0%	22.2%	22.2%	0%	128%

ウッド1F時計別成績

ウッド1F時計	着別度数	勝率	連対率	複勝率	単勝回収率	複勝回収率
11.0～11.9	1-1-0-34/36	2.8%	5.6%	5.6%	14%	26%
12.0～12.9	1-3-0-13/17	5.9%	23.5%	23.5%	41%	108%
13.0～13.9	2-1-1-13/17	11.8%	17.6%	23.5%	169%	67%

ここがポイント　栗東ウッド組の中でもタイムが良い馬を重要視しておきたい。地味な時計の馬が多くてもその中で上位の馬という見方でもチェックすると選択肢が増える。坂路組はやはり加速ラップを重視するべきだが、美浦坂路組はかなり成績が悪いので東西でちゃんと分ける意識が大切。

京都芝2400m

集計期間：2019年～2024年7月21日

栗東

追い切り坂路時計別成績

追い切り坂路時計	着別度数	勝率	連対率	複勝率	単勝回収率	複勝回収率
50.0～51.9	1-3-0-2/6	16.7%	66.7%	66.7%	73%	168%
52.0～53.9	10-10-15-70/105	9.5%	19.0%	33.3%	115%	101%
54.0～55.9	8-8-8-71/95	8.4%	16.8%	25.3%	40%	52%
56.0～57.9	4-0-1-20/25	16.0%	16.0%	20.0%	128%	73%

坂路ラップ別成績

ラップ種別	着別度数	勝率	連対率	複勝率	単勝回収率	複勝回収率
B3	0-1-0-0/1	0.0%	100.0%	100.0%	0%	500%
A3	1-0-0-0/1	100.0%	100.0%	100.0%	170%	110%
B2	6-5-2-32/45	13.3%	24.4%	28.9%	246%	101%
A2	5-4-5-30/44	11.4%	20.5%	31.8%	31%	52%
B1	0-5-8-23/36	0.0%	13.9%	36.1%	0%	145%
A1	3-3-3-36/45	6.7%	13.3%	20.0%	35%	50%

ウッド5F時計別成績

ウッド5F時計	着別度数	勝率	連対率	複勝率	単勝回収率	複勝回収率
64.0～65.9	2-3-7-26/38	5.3%	13.2%	31.6%	27%	59%
66.0～67.9	9-6-6-65/86	10.5%	17.4%	24.4%	57%	68%
68.0～69.9	8-9-4-59/80	10.0%	21.3%	26.3%	32%	61%
70.0～	0-4-2-17/23	0.0%	17.4%	26.1%	0%	42%

ウッド1F時計別成績

ウッド1F時計	着別度数	勝率	連対率	複勝率	単勝回収率	複勝回収率
11.0～11.9	7-10-4-68/89	7.9%	19.1%	23.6%	31%	48%
12.0～12.9	14-15-15-111/155	9.0%	18.7%	28.4%	42%	68%
13.0～13.9	0-0-1-4/5	0.0%	0.0%	20.0%	0%	56%

美浦

追い切り坂路時計別成績

追い切り坂路時計	着別度数	勝率	連対率	複勝率	単勝回収率	複勝回収率
50.0～51.9	0-0-0-1/1	0.0%	0.0%	0.0%	0%	0%
52.0～53.9	0-1-1-3/5	0.0%	20.0%	40.0%	0%	86%
54.0～55.9	0-0-0-2/2	0.0%	0.0%	0.0%	0%	0%
56.0～57.9	0-0-0-2/2	0.0%	0.0%	0.0%	0%	0%

坂路ラップ別成績

ラップ種別	着別度数	勝率	連対率	複勝率	単勝回収率	複勝回収率
B3	0-0-0-1/1	0.0%	0.0%	0.0%	0%	0%
A3	-	-	-	-	-	-
B2	0-0-0-1/1	0.0%	0.0%	0.0%	0%	0%
A2	0-1-0-2/3	0.0%	33.3%	33.3%	0%	80%
B1	-	-	-	-	-	-
A1	0-0-0-1/1	0.0%	0.0%	0.0%	0%	0%

ウッド5F時計別成績

ウッド5F時計	着別度数	勝率	連対率	複勝率	単勝回収率	複勝回収率
64.0～65.9	0-1-0-1/2	0.0%	50.0%	50.0%	0%	55%
66.0～67.9	1-1-1-13/16	6.3%	12.5%	18.8%	38%	34%
68.0～69.9	3-0-0-6/9	33.3%	33.3%	33.3%	107%	46%
70.0～	1-0-1-1/3	33.3%	33.3%	66.7%	186%	193%

ウッド1F時計別成績

ウッド1F時計	着別度数	勝率	連対率	複勝率	単勝回収率	複勝回収率
11.0～11.9	0-1-0-8/9	0.0%	11.1%	11.1%	0%	13%
12.0～12.9	5-1-0-8/14	35.7%	42.9%	42.9%	143%	75%
13.0～13.9	1-0-3-7/11	9.1%	9.1%	36.4%	37%	73%

ここがポイント

兎にも角にも人気上位の馬が力を見せるコースなので調教の要素はそこまで多く予想に取り込めない。東西ともに人気上位の馬が「過去の好走時と同じような調教をしているかどうか」をチェックする方が馬券的には有効打になる。

阪神ダート1200m

集計期間：2019年～2024年7月21日

栗東

追い切り坂路時計別成績

追い切り坂路時計	着別度数	勝率	連対率	複勝率	単勝回収率	複勝回収率
50.0～51.9	19-18-17-185/239	7.9%	15.5%	22.6%	40%	60%
52.0～53.9	121-107-97-1058/1383	8.7%	16.5%	23.5%	68%	73%
54.0～55.9	105-111-109-1227/1552	6.8%	13.9%	20.9%	51%	64%
56.0～57.9	30-34-31-382/477	6.3%	13.4%	19.9%	45%	87%

坂路ラップ別成績

ラップ種別	着別度数	勝率	連対率	複勝率	単勝回収率	複勝回収率
B3	8-6-5-68/87	9.2%	16.1%	21.8%	61%	69%
A3	14-10-5-43/72	19.4%	33.3%	40.3%	126%	104%
B2	47-54-45-495/641	7.3%	15.8%	22.8%	48%	73%
A2	81-59-64-585/789	10.3%	17.7%	25.9%	76%	74%
B1	22-34-20-399/475	4.6%	11.8%	16.0%	55%	64%
A1	61-63-58-564/746	8.2%	16.6%	24.4%	54%	75%

ウッド5F時計別成績

ウッド5F時計	着別度数	勝率	連対率	複勝率	単勝回収率	複勝回収率
64.0～65.9	9-3-9-49/70	12.9%	17.1%	30.0%	100%	124%
66.0～67.9	17-21-16-174/228	7.5%	16.7%	23.7%	55%	75%
68.0～69.9	16-14-22-206/258	6.2%	11.6%	20.2%	88%	83%
70.0～	8-6-10-124/148	5.4%	9.5%	16.2%	67%	88%

ウッド1F時計別成績

ウッド1F時計	着別度数	勝率	連対率	複勝率	単勝回収率	複勝回収率
11.0～11.9	18-24-24-200/266	6.8%	15.8%	24.8%	60%	88%
12.0～12.9	34-35-36-383/488	7.0%	14.1%	21.5%	68%	80%
13.0～13.9	7-5-8-107/127	5.5%	9.4%	15.7%	69%	75%

美浦

追い切り坂路時計別成績

追い切り坂路時計	着別度数	勝率	連対率	複勝率	単勝回収率	複勝回収率
50.0～51.9	0-0-0-1/1	0.0%	0.0%	0.0%	0%	0%
52.0～53.9	3-4-4-39/50	6.0%	14.0%	22.0%	25%	109%
54.0～55.9	3-0-4-44/51	5.9%	5.9%	13.7%	186%	69%
56.0～57.9	0-0-0-21/21	0.0%	0.0%	0.0%	0%	0%

坂路ラップ別成績

ラップ種別	着別度数	勝率	連対率	複勝率	単勝回収率	複勝回収率
B3	0-0-0-2/2	0.0%	0.0%	0.0%	0%	0%
A3	0-0-0-2/2	0.0%	0.0%	0.0%	0%	0%
B2	1-0-0-7/8	12.5%	12.5%	12.5%	43%	22%
A2	2-1-3-17/23	8.7%	13.0%	26.1%	40%	147%
B1	0-1-0-15/16	0.0%	6.3%	6.3%	0%	10%
A1	2-1-2-23/28	7.1%	10.7%	17.9%	90%	56%

ウッド5F時計別成績

ウッド5F時計	着別度数	勝率	連対率	複勝率	単勝回収率	複勝回収率
64.0～65.9	0-0-0-5/5	0.0%	0.0%	0.0%	0%	0%
66.0～67.9	5-2-5-41/53	9.4%	13.2%	22.6%	74%	94%
68.0～69.9	1-2-3-52/58	1.7%	5.2%	10.3%	16%	54%
70.0～	0-1-1-24/26	0.0%	3.8%	7.7%	0%	22%

ウッド1F時計別成績

ウッド1F時計	着別度数	勝率	連対率	複勝率	単勝回収率	複勝回収率
11.0～11.9	1-2-3-38/44	2.3%	6.8%	13.6%	15%	31%
12.0～12.9	5-1-4-70/80	6.3%	7.5%	12.5%	52%	37%
13.0～13.9	1-1-2-28/32	3.1%	6.3%	12.5%	5%	65%

ここがポイント

栗東坂路なら11秒台加速ラップ、栗東ウッドなら5F65秒台以下、誰が見ても良い調教時計を見せている馬が素直に好成績になっているコース。栗東はポリトラック追い切りの馬も好走が珍しくない。美浦は坂路もウッドも全体成績の差が無い。

阪神ダート1400m

集計期間：2019年～2024年7月21日

栗東

追い切り坂路時計別成績

追い切り坂路時計	着別度数	勝率	連対率	複勝率	単勝回収率	複勝回収率
50.0～51.9	18-24-24-192/258	7.0%	16.3%	25.6%	43%	66%
52.0～53.9	146-131-124-1314/1715	8.5%	16.2%	23.4%	58%	73%
54.0～55.9	127-129-147-1430/1833	6.9%	14.0%	22.0%	59%	78%
56.0～57.9	23-23-38-470/554	4.2%	8.3%	15.2%	24%	49%

坂路ラップ別成績

ラップ種別	着別度数	勝率	連対率	複勝率	単勝回収率	複勝回収率
B3	3-9-6-43/61	4.9%	19.7%	29.5%	40%	97%
A3	10-9-5-37/61	16.4%	31.1%	39.3%	68%	76%
B2	52-60-52-616/780	6.7%	14.4%	21.0%	55%	62%
A2	101-84-78-717/980	10.3%	18.9%	26.8%	71%	79%
B1	32-28-32-481/573	5.6%	10.5%	16.1%	62%	72%
A1	61-57-81-671/870	7.0%	13.6%	22.9%	45%	68%

ウッド5F時計別成績

ウッド5F時計	着別度数	勝率	連対率	複勝率	単勝回収率	複勝回収率
64.0～65.9	10-14-6-86/116	8.6%	20.7%	25.9%	69%	74%
66.0～67.9	35-26-29-328/418	8.4%	14.6%	21.5%	149%	90%
68.0～69.9	29-24-23-358/434	6.7%	12.2%	17.5%	64%	70%
70.0～	12-17-6-165/200	6.0%	14.5%	17.5%	106%	99%

ウッド1F時計別成績

ウッド1F時計	着別度数	勝率	連対率	複勝率	単勝回収率	複勝回収率
11.0～11.9	35-37-20-355/447	7.8%	16.1%	20.6%	63%	73%
12.0～12.9	51-53-50-616/770	6.6%	13.5%	20.0%	90%	73%
13.0～13.9	9-7-7-149/172	5.2%	9.3%	13.4%	47%	83%

美浦

追い切り坂路時計別成績

追い切り坂路時計	着別度数	勝率	連対率	複勝率	単勝回収率	複勝回収率
50.0～51.9	0-0-0-5/5	0.0%	0.0%	0.0%	0%	0%
52.0～53.9	4-3-1-56/64	6.3%	10.9%	12.5%	62%	36%
54.0～55.9	2-3-4-56/65	3.1%	7.7%	13.8%	64%	55%
56.0～57.9	1-0-0-7/8	12.5%	12.5%	12.5%	376%	87%

坂路ラップ別成績

ラップ種別	着別度数	勝率	連対率	複勝率	単勝回収率	複勝回収率
B3	0-0-0-1/1	0.0%	0.0%	0.0%	0%	0%
A3	0-0-0-1/1	0.0%	0.0%	0.0%	0%	0%
B2	1-0-3-17/21	4.8%	4.8%	19.0%	64%	61%
A2	1-3-0-14/18	5.6%	22.2%	22.2%	29%	62%
B1	1-0-0-18/19	5.3%	5.3%	5.3%	95%	23%
A1	3-1-1-26/31	9.7%	12.9%	16.1%	231%	95%

ウッド5F時計別成績

ウッド5F時計	着別度数	勝率	連対率	複勝率	単勝回収率	複勝回収率
64.0～65.9	0-0-1-10/11	0.0%	0.0%	9.1%	0%	65%
66.0～67.9	4-6-8-57/75	5.3%	13.3%	24.0%	31%	89%
68.0～69.9	1-5-1-63/70	1.4%	8.6%	10.0%	32%	48%
70.0～	6-2-0-23/31	19.4%	25.8%	25.8%	127%	91%

ウッド1F時計別成績

ウッド1F時計	着別度数	勝率	連対率	複勝率	単勝回収率	複勝回収率
11.0～11.9	4-4-4-50/62	6.5%	12.9%	19.4%	35%	50%
12.0～12.9	6-7-6-93/112	5.4%	11.6%	17.0%	45%	77%
13.0～13.9	1-2-0-32/35	2.9%	8.6%	8.6%	6%	45%

ここがポイント　栗東坂路加速ラップ組は馬券構成に重要。特に11秒台加速ラップ、2F各12秒台加速ラップは意識的に馬券に入れていくことで的中率は上がる。ただ回収率を上げるためには栗東ウッドでタイムが悪くない人気薄を入れておきたい。

阪神ダート1800m

集計期間：2019年～2024年7月21日

栗東

追い切り坂路時計別成績

追い切り坂路時計	着別度数	勝率	連対率	複勝率	単勝回収率	複勝回収率
50.0～51.9	30-20-20-143/213	14.1%	23.5%	32.9%	67%	76%
52.0～53.9	172-171-159-1343/1845	9.3%	18.6%	27.2%	70%	86%
54.0～55.9	176-185-177-1824/2362	7.5%	15.3%	22.8%	58%	71%
56.0～57.9	47-44-57-524/672	7.0%	13.5%	22.0%	68%	80%

坂路ラップ別成績

ラップ種別	着別度数	勝率	連対率	複勝率	単勝回収率	複勝回収率
B3	7-4-5-21/37	18.9%	29.7%	43.2%	72%	113%
A3	4-4-2-25/35	11.4%	22.9%	28.6%	61%	62%
B2	89-89-80-619/877	10.1%	20.3%	29.4%	69%	88%
A2	95-91-83-671/940	10.1%	19.8%	28.6%	69%	73%
B1	41-51-45-617/754	5.4%	12.2%	18.2%	59%	68%
A1	100-82-95-829/1106	9.0%	16.5%	25.0%	69%	69%

ウッド5F時計別成績

ウッド5F時計	着別度数	勝率	連対率	複勝率	単勝回収率	複勝回収率
64.0～65.9	19-16-13-131/179	10.6%	19.6%	26.8%	52%	58%
66.0～67.9	81-72-78-619/850	9.5%	18.0%	27.2%	84%	85%
68.0～69.9	72-77-75-664/888	8.1%	16.8%	25.2%	59%	72%
70.0～	24-35-34-305/398	6.0%	14.8%	23.4%	50%	71%

ウッド1F時計別成績

ウッド1F時計	着別度数	勝率	連対率	複勝率	単勝回収率	複勝回収率
11.0～11.9	75-68-62-463/668	11.2%	21.4%	30.7%	62%	82%
12.0～12.9	112-130-118-1135/1495	7.5%	16.2%	24.1%	67%	72%
13.0～13.9	21-20-32-281/354	5.9%	11.6%	20.6%	50%	77%

美浦

追い切り坂路時計別成績

追い切り坂路時計	着別度数	勝率	連対率	複勝率	単勝回収率	複勝回収率
50.0～51.9	0-0-0-3/3	0.0%	0.0%	0.0%	0%	0%
52.0～53.9	1-1-4-38/44	2.3%	4.5%	13.6%	4%	35%
54.0～55.9	3-1-0-44/48	6.3%	8.3%	8.3%	57%	25%
56.0～57.9	0-1-2-17/20	0.0%	5.0%	15.0%	0%	64%

坂路ラップ別成績

ラップ種別	着別度数	勝率	連対率	複勝率	単勝回収率	複勝回収率
B3	-	-	-	-	-	-
A3	-	-	-	-	-	-
B2	0-0-0-16/16	0.0%	0.0%	0.0%	0%	0%
A2	2-0-0-14/16	12.5%	12.5%	12.5%	33%	20%
B1	0-0-1-11/12	0.0%	0.0%	8.3%	0%	32%
A1	1-1-2-24/28	3.6%	7.1%	14.3%	10%	35%

ウッド5F時計別成績

ウッド5F時計	着別度数	勝率	連対率	複勝率	単勝回収率	複勝回収率
64.0～65.9	0-0-0-6/6	0.0%	0.0%	0.0%	0%	0%
66.0～67.9	3-3-2-55/63	4.8%	9.5%	12.7%	27%	36%
68.0～69.9	2-2-6-90/100	2.0%	4.0%	10.0%	12%	40%
70.0～	0-0-3-41/44	0.0%	0.0%	6.8%	0%	79%

ウッド1F時計別成績

ウッド1F時計	着別度数	勝率	連対率	複勝率	単勝回収率	複勝回収率
11.0～11.9	2-2-4-55/63	3.2%	6.3%	12.7%	16%	29%
12.0～12.9	4-5-5-110/124	3.2%	7.3%	11.3%	25%	67%
13.0～13.9	1-0-2-32/35	2.9%	2.9%	8.6%	49%	20%

ここがポイント 栗東坂路なら時計が速いほど信頼度が上がる。それ以外はのっぺりとした成績のコースだが本編で書いたように栗東ポリトラック追い切りの馬が狙い目となるレアコースであることはお忘れなく。関東勢は成績が悪いが母数が少ないため仕方ない面がある（どの関西圏も）。

阪神芝1200m

集計期間：2019年～2024年7月21日

栗東

追い切り坂路時計別成績

追い切り坂路時計	着別度数	勝率	連対率	複勝率	単勝回収率	複勝回収率
50.0～51.9	10-12-12-76/110	9.1%	20.0%	30.9%	47%	73%
52.0～53.9	43-39-39-333/454	9.5%	18.1%	26.7%	127%	92%
54.0～55.9	25-26-30-336/417	6.0%	12.2%	19.4%	71%	59%
56.0～57.9	16-11-9-96/132	12.1%	20.5%	27.3%	175%	101%

坂路ラップ別成績

ラップ種別	着別度数	勝率	連対率	複勝率	単勝回収率	複勝回収率
B3	3-5-1-33/42	7.1%	19.0%	21.4%	30%	45%
A3	6-9-7-19/41	14.6%	36.6%	53.7%	56%	99%
B2	14-15-22-161/212	6.6%	13.7%	24.1%	61%	75%
A2	28-27-28-189/272	10.3%	20.2%	30.5%	187%	104%
B1	6-6-8-91/111	5.4%	10.8%	18.0%	53%	64%
A1	20-18-10-165/213	9.4%	17.8%	22.5%	114%	64%

ウッド5F時計別成績

ウッド5F時計	着別度数	勝率	連対率	複勝率	単勝回収率	複勝回収率
64.0～65.9	4-2-4-16/26	15.4%	23.1%	38.5%	151%	168%
66.0～67.9	8-4-3-60/75	10.7%	16.0%	20.0%	148%	57%
68.0～69.9	4-3-4-64/75	5.3%	9.3%	14.7%	34%	37%
70.0～	1-3-5-21/30	3.3%	13.3%	30.0%	27%	118%

ウッド1F時計別成績

ウッド1F時計	着別度数	勝率	連対率	複勝率	単勝回収率	複勝回収率
11.0～11.9	13-9-4-76/102	12.7%	21.6%	25.5%	137%	72%
12.0～12.9	7-8-11-117/143	4.9%	10.5%	18.2%	159%	83%
13.0～13.9	3-1-4-16/24	12.5%	16.7%	33.3%	121%	91%

美浦

追い切り坂路時計別成績

追い切り坂路時計	着別度数	勝率	連対率	複勝率	単勝回収率	複勝回収率
50.0～51.9	0-0-1-1/2	0.0%	0.0%	50.0%	0%	235%
52.0～53.9	1-3-4-20/28	3.6%	14.3%	28.6%	20%	75%
54.0～55.9	1-2-2-26/31	3.2%	9.7%	16.1%	13%	155%
56.0～57.9	0-0-0-5/5	0.0%	0.0%	0.0%	0%	0%

坂路ラップ別成績

ラップ種別	着別度数	勝率	連対率	複勝率	単勝回収率	複勝回収率
B3	-	-	-	-	-	-
A3	-	-	-	-	-	-
B2	1-1-2-9/13	7.7%	15.4%	30.8%	33%	95%
A2	1-2-2-6/11	9.1%	27.3%	45.5%	52%	210%
B1	0-0-0-6/6	0.0%	0.0%	0.0%	0%	0%
A1	0-2-1-12/15	0.0%	13.3%	20.0%	0%	82%

ウッド5F時計別成績

ウッド5F時計	着別度数	勝率	連対率	複勝率	単勝回収率	複勝回収率
64.0～65.9	0-0-0-8/8	0.0%	0.0%	0.0%	0%	0%
66.0～67.9	0-1-5-19/25	0.0%	4.0%	24.0%	0%	79%
68.0～69.9	2-2-3-34/41	4.9%	9.8%	17.1%	54%	55%
70.0～	2-1-0-11/14	14.3%	21.4%	21.4%	47%	47%

ウッド1F時計別成績

ウッド1F時計	着別度数	勝率	連対率	複勝率	単勝回収率	複勝回収率
11.0～11.9	1-4-3-24/32	3.1%	15.6%	25.0%	24%	67%
12.0～12.9	2-0-5-41/48	4.2%	4.2%	14.6%	38%	55%
13.0～13.9	2-1-0-13/16	12.5%	18.8%	18.8%	50%	28%

ここがポイント

栗東ウッド追い切り組を買い続けるだけでプラスになっているほどのコース。栗東坂路は加速ラップの穴が多く回収率も高い。ウッドで5F67秒台以下の馬と坂路加速ラップの人気薄を臆せず狙うべき。美浦坂路組も人気薄の好走にはやや注意。

阪神芝1400m

集計期間：2019年～2024年7月21日

栗東

追い切り坂路時計別成績

追い切り坂路時計	着別度数	勝率	連対率	複勝率	単勝回収率	複勝回収率
50.0～51.9	21-25-12-98/156	13.5%	29.5%	37.2%	141%	103%
52.0～53.9	61-53-68-592/774	7.9%	14.7%	23.5%	53%	87%
54.0～55.9	48-48-64-599/759	6.3%	12.6%	21.1%	44%	71%
56.0～57.9	7-10-10-138/165	4.2%	10.3%	16.4%	77%	98%

坂路ラップ別成績

ラップ種別	着別度数	勝率	連対率	複勝率	単勝回収率	複勝回収率
B3	6-4-3-37/50	12.0%	20.0%	26.0%	163%	76%
A3	8-12-9-43/72	11.1%	27.8%	40.3%	77%	79%
B2	29-27-34-275/365	7.9%	15.3%	24.7%	59%	91%
A2	49-37-44-355/485	10.1%	17.7%	26.8%	77%	84%
B1	7-8-9-154/178	3.9%	8.4%	13.5%	21%	70%
A1	20-30-34-264/348	5.7%	14.4%	24.1%	46%	111%

ウッド5F時計別成績

ウッド5F時計	着別度数	勝率	連対率	複勝率	単勝回収率	複勝回収率
64.0～65.9	5-8-5-47/65	7.7%	20.0%	27.7%	54%	95%
66.0～67.9	14-6-15-137/172	8.1%	11.6%	20.3%	59%	61%
68.0～69.9	8-12-5-137/162	4.9%	12.3%	15.4%	33%	42%
70.0～	4-0-4-51/59	6.8%	6.8%	13.6%	87%	90%

ウッド1F時計別成績

ウッド1F時計	着別度数	勝率	連対率	複勝率	単勝回収率	複勝回収率
11.0～11.9	24-19-15-160/218	11.0%	19.7%	26.6%	63%	67%
12.0～12.9	19-17-20-260/316	6.0%	11.4%	17.7%	54%	62%
13.0～13.9	2-2-2-43/49	4.1%	8.2%	12.2%	21%	85%

美浦

追い切り坂路時計別成績

追い切り坂路時計	着別度数	勝率	連対率	複勝率	単勝回収率	複勝回収率
50.0～51.9	0-1-0-4/5	0.0%	20.0%	20.0%	0%	24%
52.0～53.9	0-1-0-22/23	0.0%	4.3%	4.3%	0%	17%
54.0～55.9	2-0-2-23/27	7.4%	7.4%	14.8%	90%	40%
56.0～57.9	0-0-0-3/3	0.0%	0.0%	0.0%	0%	0%

坂路ラップ別成績

ラップ種別	着別度数	勝率	連対率	複勝率	単勝回収率	複勝回収率
B3	0-0-0-2/2	0.0%	0.0%	0.0%	0%	0%
A3	0-0-0-2/2	0.0%	0.0%	0.0%	0%	0%
B2	0-0-0-8/8	0.0%	0.0%	0.0%	0%	0%
A2	1-1-0-11/13	7.7%	15.4%	15.4%	171%	63%
B1	0-0-0-6/6	0.0%	0.0%	0.0%	0%	0%
A1	1-0-1-10/12	8.3%	8.3%	16.7%	17%	42%

ウッド5F時計別成績

ウッド5F時計	着別度数	勝率	連対率	複勝率	単勝回収率	複勝回収率
64.0～65.9	1-1-1-6/9	11.1%	22.2%	33.3%	74%	90%
66.0～67.9	4-3-2-27/36	11.1%	19.4%	25.0%	246%	73%
68.0～69.9	6-4-1-37/48	12.5%	20.8%	22.9%	107%	72%
70.0～	1-2-0-17/20	5.0%	15.0%	15.0%	29%	35%

ウッド1F時計別成績

ウッド1F時計	着別度数	勝率	連対率	複勝率	単勝回収率	複勝回収率
11.0～11.9	8-5-2-37/52	15.4%	25.0%	28.8%	115%	69%
12.0～12.9	2-3-3-41/49	4.1%	10.2%	16.3%	155%	65%
13.0～13.9	1-2-0-20/23	4.3%	13.0%	13.0%	46%	42%

ここがポイント

「速いことが正義」と本編で書いたことが最重要。栗東坂路が速い馬の成績がずば抜けているので積極的に狙うことが馬券の鍵に。美浦ウッド組の成績も良いコースなので、このコースに関しては関東からの遠征馬を軽視してはいけない。

阪神芝1600m

集計期間:2019年〜2024年7月21日

栗東

追い切り坂路時計別成績

追い切り坂路時計	着別度数	勝率	連対率	複勝率	単勝回収率	複勝回収率
50.0〜51.9	23-9-16-125/173	13.3%	18.5%	27.7%	171%	85%
52.0〜53.9	83-85-93-786/1047	7.9%	16.0%	24.9%	66%	76%
54.0〜55.9	80-88-65-823/1056	7.6%	15.9%	22.1%	90%	82%
56.0〜57.9	11-18-14-209/252	4.4%	11.5%	17.1%	35%	68%

坂路ラップ別成績

ラップ種別	着別度数	勝率	連対率	複勝率	単勝回収率	複勝回収率
B3	5-6-8-30/49	10.2%	22.4%	38.8%	38%	124%
A3	13-13-4-55/85	15.3%	30.6%	35.3%	93%	69%
B2	34-26-46-315/421	8.1%	14.3%	25.2%	126%	102%
A2	55-63-62-472/652	8.4%	18.1%	27.6%	69%	71%
B1	5-7-8-230/250	2.0%	4.8%	8.0%	6%	34%
A1	43-53-30-430/556	7.7%	17.3%	22.7%	72%	83%

ウッド5F時計別成績

ウッド5F時計	着別度数	勝率	連対率	複勝率	単勝回収率	複勝回収率
64.0〜65.9	11-9-12-80/112	9.8%	17.9%	28.6%	59%	71%
66.0〜67.9	33-21-31-334/419	7.9%	12.9%	20.3%	74%	69%
68.0〜69.9	32-29-19-248/328	9.8%	18.6%	24.4%	74%	80%
70.0〜	5-6-8-117/136	3.7%	8.1%	14.0%	108%	73%

ウッド1F時計別成績

ウッド1F時計	着別度数	勝率	連対率	複勝率	単勝回収率	複勝回収率
11.0〜11.9	52-41-47-373/513	10.1%	18.1%	27.3%	93%	94%
12.0〜12.9	40-36-39-500/615	6.5%	12.4%	18.7%	105%	61%
13.0〜13.9	3-1-3-68/75	4.0%	5.3%	9.3%	109%	75%

美浦

追い切り坂路時計別成績

追い切り坂路時計	着別度数	勝率	連対率	複勝率	単勝回収率	複勝回収率
50.0〜51.9	0-1-0-6/7	0.0%	14.3%	14.3%	0%	27%
52.0〜53.9	0-2-2-29/33	0.0%	6.1%	12.1%	0%	61%
54.0〜55.9	1-1-0-25/27	3.7%	7.4%	7.4%	56%	11%
56.0〜57.9	0-2-0-4/6	0.0%	33.3%	33.3%	0%	240%

坂路ラップ別成績

ラップ種別	着別度数	勝率	連対率	複勝率	単勝回収率	複勝回収率
B3	0-0-0-1/1	0.0%	0.0%	0.0%	0%	0%
A3	-	-	-	-	-	-
B2	0-2-0-10/12	0.0%	16.7%	16.7%	0%	44%
A2	0-0-2-12/14	0.0%	0.0%	14.3%	0%	77%
B1	0-0-0-7/7	0.0%	0.0%	0.0%	0%	0%
A1	1-2-0-17/20	5.0%	15.0%	15.0%	76%	46%

ウッド5F時計別成績

ウッド5F時計	着別度数	勝率	連対率	複勝率	単勝回収率	複勝回収率
64.0〜65.9	2-2-1-7/12	16.7%	33.3%	41.7%	63%	61%
66.0〜67.9	5-5-5-63/78	6.4%	12.8%	19.2%	41%	62%
68.0〜69.9	4-7-9-61/81	4.9%	13.6%	24.7%	36%	66%
70.0〜	1-0-1-19/21	4.8%	4.8%	9.5%	24%	57%

ウッド1F時計別成績

ウッド1F時計	着別度数	勝率	連対率	複勝率	単勝回収率	複勝回収率
11.0〜11.9	4-7-8-67/86	4.7%	12.8%	22.1%	33%	57%
12.0〜12.9	7-6-7-78/98	7.1%	13.3%	20.4%	97%	75%
13.0〜13.9	3-2-1-17/23	13.0%	21.7%	26.1%	143%	65%

> **ここがポイント**
> ここも本編の通り「速いことが正義」。栗東坂路時計が速い馬は確実に見逃さない癖をつけておきたい。栗東ウッド追い切り時計は終いの速い馬の信頼度が高いことも覚えておきたいポイント。美浦ウッド組も回収率が高めになっている。

阪神芝2000m

集計期間：2019年〜2024年7月21日

栗東

追い切り坂路時計別成績

追い切り坂路時計	着別度数	勝率	連対率	複勝率	単勝回収率	複勝回収率
50.0〜51.9	3-5-12-51/71	4.2%	11.3%	28.2%	53%	67%
52.0〜53.9	55-58-50-406/569	9.7%	19.9%	28.6%	120%	86%
54.0〜55.9	51-63-59-505/678	7.5%	16.8%	25.5%	60%	78%
56.0〜57.9	6-7-7-101/121	5.0%	10.7%	16.5%	72%	79%

坂路ラップ別成績

ラップ種別	着別度数	勝率	連対率	複勝率	単勝回収率	複勝回収率
B3	2-1-0-5/8	25.0%	37.5%	37.5%	93%	82%
A3	4-6-3-16/29	13.8%	34.5%	44.8%	91%	90%
B2	18-21-36-191/266	6.8%	14.7%	28.2%	59%	73%
A2	30-40-31-230/331	9.1%	21.1%	30.5%	93%	88%
B1	8-16-6-133/163	4.9%	14.7%	18.4%	41%	103%
A1	33-25-36-240/334	9.9%	17.4%	28.1%	78%	77%

ウッド5F時計別成績

ウッド5F時計	着別度数	勝率	連対率	複勝率	単勝回収率	複勝回収率
64.0〜65.9	13-8-9-57/87	14.9%	24.1%	34.5%	47%	58%
66.0〜67.9	35-36-25-248/344	10.2%	20.6%	27.9%	53%	60%
68.0〜69.9	35-32-27-217/311	11.3%	21.5%	30.2%	94%	87%
70.0〜	8-9-15-83/115	7.0%	14.8%	27.8%	28%	112%

ウッド1F時計別成績

ウッド1F時計	着別度数	勝率	連対率	複勝率	単勝回収率	複勝回収率
11.0〜11.9	49-48-44-261/402	12.2%	24.1%	35.1%	75%	96%
12.0〜12.9	43-39-34-375/491	8.8%	16.7%	23.6%	61%	59%
13.0〜13.9	4-5-8-59/76	5.3%	11.8%	22.4%	25%	46%

美浦

追い切り坂路時計別成績

追い切り坂路時計	着別度数	勝率	連対率	複勝率	単勝回収率	複勝回収率
50.0〜51.9	0-0-0-1/1	0.0%	0.0%	0.0%	0%	0%
52.0〜53.9	0-0-3-9/12	0.0%	0.0%	25.0%	0%	85%
54.0〜55.9	0-1-1-9/11	0.0%	9.1%	18.2%	0%	70%
56.0〜57.9	0-0-0-7/7	0.0%	0.0%	0.0%	0%	0%

坂路ラップ別成績

ラップ種別	着別度数	勝率	連対率	複勝率	単勝回収率	複勝回収率
B3	-	-	-	-	-	-
A3	0-0-0-1/1	0.0%	0.0%	0.0%	0%	0%
B2	0-0-1-1/2	0.0%	0.0%	50.0%	0%	140%
A2	0-0-0-3/3	0.0%	0.0%	0.0%	0%	0%
B1	0-0-1-4/5	0.0%	0.0%	20.0%	0%	78%
A1	0-0-1-8/9	0.0%	0.0%	11.1%	0%	70%

ウッド5F時計別成績

ウッド5F時計	着別度数	勝率	連対率	複勝率	単勝回収率	複勝回収率
64.0〜65.9	0-2-1-7/10	0.0%	20.0%	30.0%	0%	54%
66.0〜67.9	4-2-5-34/45	8.9%	13.3%	24.4%	57%	65%
68.0〜69.9	4-2-3-48/57	7.0%	10.5%	15.8%	46%	29%
70.0〜	0-0-0-11/11	0.0%	0.0%	0.0%	0%	0%

ウッド1F時計別成績

ウッド1F時計	着別度数	勝率	連対率	複勝率	単勝回収率	複勝回収率
11.0〜11.9	6-5-5-43/59	10.2%	18.6%	27.1%	59%	64%
12.0〜12.9	3-0-4-58/65	4.6%	4.6%	10.8%	28%	20%
13.0〜13.9	1-1-0-12/14	7.1%	14.3%	14.3%	36%	20%

ここがポイント

栗東坂路11秒台ラップの2つの信頼度の高さは見逃せないポイント。坂路時計は表をただ見つめるだけだと勘違いしてしまうが、52〜53秒の成績が良く、それより速い馬は母数が少ないながら複勝率は高い。速い馬の方が良いと広く考えるべき。

阪神芝2200m

集計期間：2019年～2024年7月21日

栗東

追い切り坂路時計別成績

追い切り坂路時計	着別度数	勝率	連対率	複勝率	単勝回収率	複勝回収率
50.0～51.9	1-5-3-15/24	4.2%	25.0%	37.5%	270%	135%
52.0～53.9	9-16-7-100/132	6.8%	18.9%	24.2%	65%	51%
54.0～55.9	11-9-17-117/154	7.1%	13.0%	24.0%	153%	102%
56.0～57.9	2-6-2-23/33	6.1%	24.2%	30.3%	21%	61%

坂路ラップ別成績

ラップ種別	着別度数	勝率	連対率	複勝率	単勝回収率	複勝回収率
B3	0-0-0-6/6	0.0%	0.0%	0.0%	0%	0%
A3	1-1-1-4/7	14.3%	28.6%	42.9%	257%	104%
B2	2-5-6-47/60	3.3%	11.7%	21.7%	120%	83%
A2	5-12-6-56/79	6.3%	21.5%	29.1%	30%	59%
B1	2-6-2-41/51	3.9%	15.7%	19.6%	14%	55%
A1	9-7-11-38/65	13.8%	24.6%	41.5%	139%	125%

ウッド5F時計別成績

ウッド5F時計	着別度数	勝率	連対率	複勝率	単勝回収率	複勝回収率
64.0～65.9	3-2-3-23/31	9.7%	16.1%	25.8%	66%	67%
66.0～67.9	12-9-10-52/83	14.5%	25.3%	37.3%	179%	105%
68.0～69.9	6-4-2-44/56	10.7%	17.9%	21.4%	42%	97%
70.0～	5-0-3-31/39	12.8%	12.8%	20.5%	72%	65%

ウッド1F時計別成績

ウッド1F時計	着別度数	勝率	連対率	複勝率	単勝回収率	複勝回収率
11.0～11.9	16-6-5-65/92	17.4%	23.9%	29.3%	132%	96%
12.0～12.9	8-9-12-98/127	6.3%	13.4%	22.8%	69%	69%
13.0～13.9	3-2-2-6/13	23.1%	38.5%	53.8%	115%	157%

美浦

追い切り坂路時計別成績

追い切り坂路時計	着別度数	勝率	連対率	複勝率	単勝回収率	複勝回収率
50.0～51.9	-	-	-	-	-	-
52.0～53.9	0-0-0-5/5	0.0%	0.0%	0.0%	0%	0%
54.0～55.9	0-1-0-3/4	0.0%	25.0%	25.0%	0%	290%
56.0～57.9	0-0-0-3/3	0.0%	0.0%	0.0%	0%	0%

坂路ラップ別成績

ラップ種別	着別度数	勝率	連対率	複勝率	単勝回収率	複勝回収率
B3	-	-	-	-	-	-
A3	0-1-0-0/1	0.0%	100.0%	100.0%	0%	1160%
B2	0-0-0-4/4	0.0%	0.0%	0.0%	0%	0%
A2	0-0-0-1/1	0.0%	0.0%	0.0%	0%	0%
B1	-	-	-	-	-	-
A1	0-0-0-1/1	0.0%	0.0%	0.0%	0%	0%

ウッド5F時計別成績

ウッド5F時計	着別度数	勝率	連対率	複勝率	単勝回収率	複勝回収率
64.0～65.9	0-1-0-4/5	0.0%	20.0%	20.0%	0%	112%
66.0～67.9	2-1-1-21/25	8.0%	12.0%	16.0%	22%	51%
68.0～69.9	0-2-3-22/27	0.0%	7.4%	18.5%	0%	21%
70.0～	0-0-0-2/2	0.0%	0.0%	0.0%	0%	0%

ウッド1F時計別成績

ウッド1F時計	着別度数	勝率	連対率	複勝率	単勝回収率	複勝回収率
11.0～11.9	2-3-1-25/31	6.5%	16.1%	19.4%	17%	47%
12.0～12.9	0-1-2-21/24	0.0%	4.2%	12.5%	0%	13%
13.0～13.9	0-0-1-6/7	0.0%	0.0%	14.3%	0%	90%

ここがポイント 栗東ウッド追い切り組から買うべきコースで、全体時計も終い時計も速い方が良いがそれ以外もある程度の成績があることは表の通り。人気薄でもウッドで好時計の馬は積極的に狙いたい。美浦は母数が少ないがやはりウッド組の方が良い。

小倉ダート1000m

集計期間：2019年～2024年7月21日

栗東

追い切り坂路時計別成績

追い切り坂路時計	着別度数	勝率	連対率	複勝率	単勝回収率	複勝回収率
50.0～51.9	10-10-9-67/96	10.4%	20.8%	30.2%	144%	96%
52.0～53.9	38-36-43-311/428	8.9%	17.3%	27.3%	67%	76%
54.0～55.9	34-48-40-413/535	6.4%	15.3%	22.8%	52%	66%
56.0～57.9	16-12-12-160/200	8.0%	14.0%	20.0%	114%	108%

坂路ラップ別成績

ラップ種別	着別度数	勝率	連対率	複勝率	単勝回収率	複勝回収率
B3	3-4-2-24/33	9.1%	21.2%	27.3%	141%	85%
A3	4-2-3-20/29	13.8%	20.7%	31.0%	64%	81%
B2	19-16-19-172/226	8.4%	15.5%	23.9%	87%	70%
A2	27-21-28-203/279	9.7%	17.2%	27.2%	86%	73%
B1	7-7-6-104/124	5.6%	11.3%	16.1%	46%	44%
A1	22-34-23-243/322	6.8%	17.4%	24.5%	95%	81%

ウッド5F時計別成績

ウッド5F時計	着別度数	勝率	連対率	複勝率	単勝回収率	複勝回収率
64.0～65.9	2-1-0-10/13	15.4%	23.1%	23.1%	67%	35%
66.0～67.9	5-0-3-35/43	11.6%	11.6%	18.6%	81%	55%
68.0～69.9	3-2-3-47/55	5.5%	9.1%	14.5%	99%	104%
70.0～	2-1-3-22/28	7.1%	10.7%	21.4%	36%	48%

ウッド1F時計別成績

ウッド1F時計	着別度数	勝率	連対率	複勝率	単勝回収率	複勝回収率
11.0～11.9	7-4-4-50/65	10.8%	16.9%	23.1%	51%	58%
12.0～12.9	15-5-11-82/113	13.3%	17.7%	27.4%	81%	96%
13.0～13.9	1-4-0-33/38	2.6%	13.2%	13.2%	90%	50%

美浦

追い切り坂路時計別成績

追い切り坂路時計	着別度数	勝率	連対率	複勝率	単勝回収率	複勝回収率
50.0～51.9	-	-	-	-	-	-
52.0～53.9	0-0-1-11/12	0.0%	0.0%	8.3%	0%	13%
54.0～55.9	0-1-0-16/17	0.0%	5.9%	5.9%	0%	15%
56.0～57.9	0-1-1-4/6	0.0%	16.7%	33.3%	0%	101%

坂路ラップ別成績

ラップ種別	着別度数	勝率	連対率	複勝率	単勝回収率	複勝回収率
B3	-	-	-	-	-	-
A3	0-0-0-1/1	0.0%	0.0%	0.0%	0%	0%
B2	0-0-0-3/3	0.0%	0.0%	0.0%	0%	0%
A2	0-1-1-4/6	0.0%	16.7%	33.3%	0%	70%
B1	0-0-0-5/5	0.0%	0.0%	0.0%	0%	0%
A1	0-1-0-7/8	0.0%	12.5%	12.5%	0%	22%

ウッド5F時計別成績

ウッド5F時計	着別度数	勝率	連対率	複勝率	単勝回収率	複勝回収率
64.0～65.9	0-0-0-1/1	0.0%	0.0%	0.0%	0%	0%
66.0～67.9	0-0-1-4/5	0.0%	0.0%	20.0%	0%	86%
68.0～69.9	1-1-2-11/15	6.7%	13.3%	26.7%	50%	93%
70.0～	0-1-0-7/8	0.0%	12.5%	12.5%	0%	62%

ウッド1F時計別成績

ウッド1F時計	着別度数	勝率	連対率	複勝率	単勝回収率	複勝回収率
11.0～11.9	1-0-0-7/8	12.5%	12.5%	12.5%	95%	36%
12.0～12.9	0-1-3-13/17	0.0%	5.9%	23.5%	0%	90%
13.0～13.9	1-1-0-9/11	9.1%	18.2%	18.2%	97%	69%

ここがポイント

栗東坂路の全体時計にしても、加速ラップにしても、ウッドの全体時計や終い時計などにしても速い馬の方が成績が良いコースなので比較的予想はしやすい。一方で堅い決着も多く回収率は上げにくい印象がある。関東馬はシンプルに成績が悪い。

小倉ダート1700m

集計期間：2019年～2024年7月21日

栗東

追い切り坂路時計別成績

追い切り坂路時計	着別度数	勝率	連対率	複勝率	単勝回収率	複勝回収率
50.0～51.9	9-10-10-87/116	7.8%	16.4%	25.0%	43%	62%
52.0～53.9	85-76-83-834/1078	7.9%	14.9%	22.6%	77%	70%
54.0～55.9	107-113-95-1195/1510	7.1%	14.6%	20.9%	48%	66%
56.0～57.9	33-49-31-369/482	6.8%	17.0%	23.4%	57%	101%

坂路ラップ別成績

ラップ種別	着別度数	勝率	連対率	複勝率	単勝回収率	複勝回収率
B3	1-2-1-22/26	3.8%	11.5%	15.4%	10%	31%
A3	3-4-6-40/53	5.7%	13.2%	24.5%	16%	40%
B2	36-37-35-403/511	7.0%	14.3%	21.1%	69%	73%
A2	70-59-52-512/693	10.1%	18.6%	26.1%	85%	76%
B1	8-23-19-315/365	2.2%	8.5%	13.7%	32%	55%
A1	70-66-60-657/853	8.2%	15.9%	23.0%	55%	79%

ウッド5F時計別成績

ウッド5F時計	着別度数	勝率	連対率	複勝率	単勝回収率	複勝回収率
64.0～65.9	5-7-4-37/53	9.4%	22.6%	30.2%	39%	97%
66.0～67.9	34-24-26-249/333	10.2%	17.4%	25.2%	109%	91%
68.0～69.9	29-28-18-327/402	7.2%	14.2%	18.7%	60%	97%
70.0～	16-11-17-162/206	7.8%	13.1%	21.4%	153%	89%

ウッド1F時計別成績

ウッド1F時計	着別度数	勝率	連対率	複勝率	単勝回収率	複勝回収率
11.0～11.9	32-31-28-285/376	8.5%	16.8%	24.2%	144%	94%
12.0～12.9	53-51-38-490/632	8.4%	16.5%	22.5%	80%	87%
13.0～13.9	12-8-10-102/132	9.1%	15.2%	22.7%	111%	117%

美浦

追い切り坂路時計別成績

追い切り坂路時計	着別度数	勝率	連対率	複勝率	単勝回収率	複勝回収率
50.0～51.9	-	-	-	-	-	-
52.0～53.9	0-0-0-7/7	0.0%	0.0%	0.0%	0%	0%
54.0～55.9	0-1-0-17/18	0.0%	5.6%	5.6%	0%	8%
56.0～57.9	0-0-0-8/8	0.0%	0.0%	0.0%	0%	0%

坂路ラップ別成績

ラップ種別	着別度数	勝率	連対率	複勝率	単勝回収率	複勝回収率
B3	-	-	-	-	-	-
A3	0-0-0-1/1	0.0%	0.0%	0.0%	0%	0%
B2	0-0-0-3/3	0.0%	0.0%	0.0%	0%	0%
A2	0-0-0-3/3	0.0%	0.0%	0.0%	0%	0%
B1	0-0-0-5/5	0.0%	0.0%	0.0%	0%	0%
A1	0-1-0-4/5	0.0%	20.0%	20.0%	0%	32%

ウッド5F時計別成績

ウッド5F時計	着別度数	勝率	連対率	複勝率	単勝回収率	複勝回収率
64.0～65.9	-	-	-	-	-	-
66.0～67.9	0-0-0-8/8	0.0%	0.0%	0.0%	0%	0%
68.0～69.9	1-0-3-20/24	4.2%	4.2%	16.7%	39%	79%
70.0～	0-1-1-16/18	0.0%	5.6%	11.1%	0%	280%

ウッド1F時計別成績

ウッド1F時計	着別度数	勝率	連対率	複勝率	単勝回収率	複勝回収率
11.0～11.9	0-0-1-5/6	0.0%	0.0%	16.7%	0%	115%
12.0～12.9	1-1-2-29/33	3.0%	6.1%	12.1%	28%	181%
13.0～13.9	0-0-1-17/18	0.0%	0.0%	5.6%	0%	15%

ここがポイント　本編の通りで、坂路組が多いため当然勝ち馬の多くが坂路組。回収率の部分ではウッド組が狙い目。出走馬の中で全体1位や終い1位の馬がお宝的な狙い目になることは再確認してほしい。関東馬は滞在馬の成績が上昇。

小倉芝1200m

集計期間：2019年〜2024年7月21日

栗東

追い切り坂路時計別成績

追い切り坂路時計	着別度数	勝率	連対率	複勝率	単勝回収率	複勝回収率
50.0〜51.9	17-8-20-146/191	8.9%	13.1%	23.6%	53%	76%
52.0〜53.9	106-86-82-947/1221	8.7%	15.7%	22.4%	85%	79%
54.0〜55.9	101-103-104-1193/1501	6.7%	13.6%	20.5%	66%	72%
56.0〜57.9	32-38-40-376/486	6.6%	14.4%	22.6%	85%	92%

坂路ラップ別成績

ラップ種別	着別度数	勝率	連対率	複勝率	単勝回収率	複勝回収率
B3	8-3-6-54/71	11.3%	15.5%	23.9%	70%	65%
A3	15-10-6-54/85	17.6%	29.4%	36.5%	74%	76%
B2	39-40-38-474/591	6.6%	13.4%	19.8%	71%	61%
A2	82-78-66-566/792	10.4%	20.2%	28.5%	86%	89%
B1	12-9-19-279/319	3.8%	6.6%	12.5%	42%	68%
A1	61-65-68-635/829	7.4%	15.2%	23.4%	85%	89%

ウッド5F時計別成績

ウッド5F時計	着別度数	勝率	連対率	複勝率	単勝回収率	複勝回収率
64.0〜65.9	5-5-7-43/60	8.3%	16.7%	28.3%	54%	78%
66.0〜67.9	20-13-14-155/202	9.9%	16.3%	23.3%	82%	119%
68.0〜69.9	14-9-10-179/212	6.6%	10.8%	15.6%	52%	59%
70.0〜	7-5-3-95/110	6.4%	10.9%	13.6%	146%	52%

ウッド1F時計別成績

ウッド1F時計	着別度数	勝率	連対率	複勝率	単勝回収率	複勝回収率
11.0〜11.9	32-21-25-203/281	11.4%	18.9%	27.8%	126%	83%
12.0〜12.9	30-24-20-372/446	6.7%	12.1%	16.6%	57%	78%
13.0〜13.9	2-6-7-92/107	1.9%	7.5%	14.0%	25%	60%

美浦

追い切り坂路時計別成績

追い切り坂路時計	着別度数	勝率	連対率	複勝率	単勝回収率	複勝回収率
50.0〜51.9	0-0-0-4/4	0.0%	0.0%	0.0%	0%	0%
52.0〜53.9	1-0-0-25/26	3.8%	3.8%	3.8%	11%	5%
54.0〜55.9	0-3-1-30/34	0.0%	8.8%	11.8%	0%	82%
56.0〜57.9	1-1-0-11/13	7.7%	15.4%	15.4%	21%	222%

坂路ラップ別成績

ラップ種別	着別度数	勝率	連対率	複勝率	単勝回収率	複勝回収率
B3	-	-	-	-	-	-
A3	0-0-0-1/1	0.0%	0.0%	0.0%	0%	0%
B2	0-0-0-6/6	0.0%	0.0%	0.0%	0%	0%
A2	0-2-0-14/16	0.0%	12.5%	12.5%	0%	66%
B1	0-0-0-10/10	0.0%	0.0%	0.0%	0%	0%
A1	1-1-0-16/18	5.6%	11.1%	11.1%	15%	160%

ウッド5F時計別成績

ウッド5F時計	着別度数	勝率	連対率	複勝率	単勝回収率	複勝回収率
64.0〜65.9	1-0-0-2/3	33.3%	33.3%	33.3%	430%	116%
66.0〜67.9	1-0-0-8/9	11.1%	11.1%	11.1%	787%	151%
68.0〜69.9	2-0-0-35/37	5.4%	5.4%	5.4%	84%	25%
70.0〜	0-2-1-18/21	0.0%	9.5%	14.3%	0%	102%

ウッド1F時計別成績

ウッド1F時計	着別度数	勝率	連対率	複勝率	単勝回収率	複勝回収率
11.0〜11.9	1-1-0-10/12	8.3%	16.7%	16.7%	51%	44%
12.0〜12.9	1-2-1-31/35	2.9%	8.6%	11.4%	36%	71%
13.0〜13.9	1-0-0-27/28	3.6%	3.6%	3.6%	253%	48%

ここがポイント　栗東坂路ラップは表の通りハッキリと加速ラップが好成績となっている。ウッド組なら終い1F11秒台の馬をピックアップするべき。それ以外は東西ともに小倉滞在馬の成績が良くなるので、上手く相手を絡めて馬券を買うことが重要。

小倉芝1800m

集計期間：2019年～2024年7月21日

栗東

追い切り坂路時計別成績

追い切り坂路時計	着別度数	勝率	連対率	複勝率	単勝回収率	複勝回収率
50.0～51.9	5-3-9-47/64	7.8%	12.5%	26.6%	28%	65%
52.0～53.9	45-47-42-417/551	8.2%	16.7%	24.3%	66%	70%
54.0～55.9	70-67-77-585/799	8.8%	17.1%	26.8%	85%	88%
56.0～57.9	15-21-20-184/240	6.3%	15.0%	23.3%	57%	87%

坂路ラップ別成績

ラップ種別	着別度数	勝率	連対率	複勝率	単勝回収率	複勝回収率
B3	0-3-1-6/10	0.0%	30.0%	40.0%	0%	112%
A3	5-2-5-20/32	15.6%	21.9%	37.5%	74%	63%
B2	31-14-32-210/287	10.8%	15.7%	26.8%	93%	89%
A2	33-36-30-293/392	8.4%	17.6%	25.3%	63%	72%
B1	10-4-13-131/158	6.3%	8.9%	17.1%	61%	98%
A1	37-40-41-311/429	8.6%	17.9%	27.5%	97%	93%

ウッド5F時計別成績

ウッド5F時計	着別度数	勝率	連対率	複勝率	単勝回収率	複勝回収率
64.0～65.9	8-0-2-30/40	20.0%	20.0%	25.0%	128%	58%
66.0～67.9	18-13-13-131/175	10.3%	17.7%	25.1%	80%	68%
68.0～69.9	17-14-12-176/219	7.8%	14.2%	19.6%	32%	51%
70.0～	12-4-11-94/121	9.9%	13.2%	22.3%	173%	78%

ウッド1F時計別成績

ウッド1F時計	着別度数	勝率	連対率	複勝率	単勝回収率	複勝回収率
11.0～11.9	33-20-28-198/279	11.8%	19.0%	29.0%	77%	70%
12.0～12.9	25-16-19-285/345	7.2%	11.9%	17.4%	131%	58%
13.0～13.9	4-4-3-54/65	6.2%	12.3%	16.9%	31%	67%

美浦

追い切り坂路時計別成績

追い切り坂路時計	着別度数	勝率	連対率	複勝率	単勝回収率	複勝回収率
50.0～51.9	-	-	-	-	-	-
52.0～53.9	0-0-0-12/12	0.0%	0.0%	0.0%	0%	0%
54.0～55.9	2-0-0-12/14	14.3%	14.3%	14.3%	222%	59%
56.0～57.9	0-0-0-3/3	0.0%	0.0%	0.0%	0%	0%

坂路ラップ別成績

ラップ種別	着別度数	勝率	連対率	複勝率	単勝回収率	複勝回収率
B3	-	-	-	-	-	-
A3	-	-	-	-	-	-
B2	0-0-0-4/4	0.0%	0.0%	0.0%	0%	0%
A2	0-0-0-5/5	0.0%	0.0%	0.0%	0%	0%
B1	0-0-0-3/3	0.0%	0.0%	0.0%	0%	0%
A1	2-0-0-6/8	25.0%	25.0%	25.0%	296%	81%

ウッド5F時計別成績

ウッド5F時計	着別度数	勝率	連対率	複勝率	単勝回収率	複勝回収率
64.0～65.9	1-0-0-0/1	100.0%	100.0%	100.0%	580%	240%
66.0～67.9	0-1-2-4/7	0.0%	14.3%	42.9%	0%	381%
68.0～69.9	1-0-0-10/11	9.1%	9.1%	9.1%	78%	22%
70.0～	1-0-0-6/7	14.3%	14.3%	14.3%	125%	45%

ウッド1F時計別成績

ウッド1F時計	着別度数	勝率	連対率	複勝率	単勝回収率	複勝回収率
11.0～11.9	2-0-2-5/9	22.2%	22.2%	44.4%	193%	341%
12.0～12.9	1-0-0-14/15	6.7%	6.7%	6.7%	38%	16%
13.0～13.9	0-1-1-6/8	0.0%	12.5%	25.0%	0%	75%

ここがポイント　出走頭数の差があるため栗東坂路組の勝ち馬が圧倒的に多い。一方で単勝回収率が東西ともにウッド追い切り組が100%を超えていることが特徴。的中率重視と回収率重視のスタンスで変わるコース。

小倉芝2000m

集計期間:2019年〜2024年7月21日

栗東

追い切り坂路時計別成績

追い切り坂路時計	着別度数	勝率	連対率	複勝率	単勝回収率	複勝回収率
50.0〜51.9	3-4-3-33/43	7.0%	16.3%	23.3%	25%	41%
52.0〜53.9	44-45-49-334/472	9.3%	18.9%	29.2%	91%	91%
54.0〜55.9	61-56-53-470/640	9.5%	18.3%	26.6%	92%	88%
56.0〜57.9	10-11-13-171/205	4.9%	10.2%	16.6%	40%	49%

坂路ラップ別成績

ラップ種別	着別度数	勝率	連対率	複勝率	単勝回収率	複勝回収率
B3	1-1-1-6/9	11.1%	22.2%	33.3%	21%	45%
A3	4-2-3-15/24	16.7%	25.0%	37.5%	52%	52%
B2	18-20-24-167/229	7.9%	16.6%	27.1%	98%	104%
A2	34-37-31-221/323	10.5%	22.0%	31.6%	59%	77%
B1	9-8-14-124/155	5.8%	11.0%	20.0%	97%	93%
A1	38-30-25-250/343	11.1%	19.8%	27.1%	75%	83%

ウッド5F時計別成績

ウッド5F時計	着別度数	勝率	連対率	複勝率	単勝回収率	複勝回収率
64.0〜65.9	3-3-7-31/44	6.8%	13.6%	29.5%	96%	81%
66.0〜67.9	19-17-12-156/204	9.3%	17.6%	23.5%	111%	71%
68.0〜69.9	23-14-15-158/210	11.0%	17.6%	24.8%	77%	74%
70.0〜	6-8-7-98/119	5.0%	11.8%	17.6%	25%	67%

ウッド1F時計別成績

ウッド1F時計	着別度数	勝率	連対率	複勝率	単勝回収率	複勝回収率
11.0〜11.9	28-22-21-191/262	10.7%	19.1%	27.1%	105%	74%
12.0〜12.9	28-29-27-262/346	8.1%	16.5%	24.3%	65%	79%
13.0〜13.9	3-1-4-50/58	5.2%	6.9%	13.8%	18%	39%

美浦

追い切り坂路時計別成績

追い切り坂路時計	着別度数	勝率	連対率	複勝率	単勝回収率	複勝回収率
50.0〜51.9	-	-	-	-	-	-
52.0〜53.9	0-0-1-8/9	0.0%	0.0%	11.1%	0%	107%
54.0〜55.9	0-2-1-13/16	0.0%	12.5%	18.8%	0%	89%
56.0〜57.9	1-0-0-2/3	33.3%	33.3%	33.3%	743%	116%

坂路ラップ別成績

ラップ種別	着別度数	勝率	連対率	複勝率	単勝回収率	複勝回収率
B3	-	-	-	-	-	-
A3	-	-	-	-	-	-
B2	0-1-0-6/7	0.0%	14.3%	14.3%	0%	84%
A2	0-0-1-3/4	0.0%	0.0%	25.0%	0%	242%
B1	0-0-0-1/1	0.0%	0.0%	0.0%	0%	0%
A1	0-1-1-5/7	0.0%	14.3%	28.6%	0%	120%

ウッド5F時計別成績

ウッド5F時計	着別度数	勝率	連対率	複勝率	単勝回収率	複勝回収率
64.0〜65.9	0-0-0-1/1	0.0%	0.0%	0.0%	0%	0%
66.0〜67.9	1-0-0-9/10	10.0%	10.0%	10.0%	40%	17%
68.0〜69.9	1-0-2-8/11	9.1%	9.1%	27.3%	23%	257%
70.0〜	0-0-0-10/10	0.0%	0.0%	0.0%	0%	0%

ウッド1F時計別成績

ウッド1F時計	着別度数	勝率	連対率	複勝率	単勝回収率	複勝回収率
11.0〜11.9	1-0-2-9/12	8.3%	8.3%	25.0%	21%	235%
12.0〜12.9	1-0-0-19/20	5.0%	5.0%	5.0%	20%	8%
13.0〜13.9	0-0-0-4/4	0.0%	0.0%	0.0%	0%	0%

ここがポイント

栗東坂路加速ラップの馬、ウッド終い1Fの速い馬が好成績。他のコースと違うのは栗東ポリトラック追い切り馬の成績が良い点。頻度は少なくても忘れずに探す癖をつけておきたい。

新潟芝1200m

集計期間：2019年〜2024年7月21日

栗東

追い切り坂路時計別成績

追い切り坂路時計	着別度数	勝率	連対率	複勝率	単勝回収率	複勝回収率
50.0〜51.9	4-0-1-12/17	23.5%	23.5%	29.4%	130%	65%
52.0〜53.9	11-5-11-96/123	8.9%	13.0%	22.0%	127%	79%
54.0〜55.9	10-10-13-140/173	5.8%	11.6%	19.1%	25%	71%
56.0〜57.9	4-4-3-44/55	7.3%	14.5%	20.0%	56%	89%

坂路ラップ別成績

ラップ種別	着別度数	勝率	連対率	複勝率	単勝回収率	複勝回収率
B3	1-0-0-3/4	25.0%	25.0%	25.0%	132%	55%
A3	0-0-0-3/3	0.0%	0.0%	0.0%	0%	0%
B2	7-2-7-48/64	10.9%	14.1%	25.0%	217%	106%
A2	8-6-7-65/86	9.3%	16.3%	24.4%	42%	67%
B1	4-0-3-37/44	9.1%	9.1%	15.9%	47%	30%
A1	4-9-4-79/96	4.2%	13.5%	17.7%	19%	98%

ウッド5F時計別成績

ウッド5F時計	着別度数	勝率	連対率	複勝率	単勝回収率	複勝回収率
64.0〜65.9	0-0-2-5/7	0.0%	0.0%	28.6%	0%	65%
66.0〜67.9	0-1-1-13/15	0.0%	6.7%	13.3%	0%	72%
68.0〜69.9	1-0-5-15/21	4.8%	4.8%	28.6%	12%	150%
70.0〜	0-1-0-11/12	0.0%	8.3%	8.3%	0%	19%

ウッド1F時計別成績

ウッド1F時計	着別度数	勝率	連対率	複勝率	単勝回収率	複勝回収率
11.0〜11.9	2-2-5-24/33	6.1%	12.1%	27.3%	43%	64%
12.0〜12.9	3-5-5-36/47	6.4%	12.8%	23.4%	52%	108%
13.0〜13.9	0-0-0-9/9	0.0%	0.0%	0.0%	0%	0%

美浦

追い切り坂路時計別成績

追い切り坂路時計	着別度数	勝率	連対率	複勝率	単勝回収率	複勝回収率
50.0〜51.9	1-1-0-8/10	10.0%	20.0%	20.0%	216%	66%
52.0〜53.9	13-6-7-68/94	13.8%	20.2%	27.7%	316%	112%
54.0〜55.9	12-14-14-161/201	6.0%	12.9%	19.9%	31%	70%
56.0〜57.9	2-2-2-49/55	3.6%	7.3%	10.9%	17%	46%

坂路ラップ別成績

ラップ種別	着別度数	勝率	連対率	複勝率	単勝回収率	複勝回収率
B3	0-2-0-2/4	0.0%	50.0%	50.0%	0%	80%
A3	-	-	-	-	-	-
B2	8-2-5-17/32	25.0%	31.3%	46.9%	289%	124%
A2	5-4-2-30/41	12.2%	22.0%	26.8%	52%	57%
B1	4-4-3-47/58	6.9%	13.8%	19.0%	106%	86%
A1	5-8-5-62/80	6.3%	16.3%	22.5%	29%	77%

ウッド5F時計別成績

ウッド5F時計	着別度数	勝率	連対率	複勝率	単勝回収率	複勝回収率
64.0〜65.9	0-4-0-19/23	0.0%	17.4%	17.4%	0%	47%
66.0〜67.9	8-8-8-83/107	7.5%	15.0%	22.4%	48%	55%
68.0〜69.9	11-8-11-142/172	6.4%	11.0%	17.4%	82%	86%
70.0〜	4-3-5-81/93	4.3%	7.5%	12.9%	39%	35%

ウッド1F時計別成績

ウッド1F時計	着別度数	勝率	連対率	複勝率	単勝回収率	複勝回収率
11.0〜11.9	8-10-10-103/131	6.1%	13.7%	21.4%	95%	76%
12.0〜12.9	16-14-13-196/239	6.7%	12.6%	18.0%	50%	67%
13.0〜13.9	3-4-4-71/82	3.7%	8.5%	13.4%	26%	54%

ここがポイント　東西の坂路追い切りともに減速ラップ（B2）が好成績の珍しいコース。結果の後付けではなく東西ともに坂路時計が速い馬の成績が良いため減速ラップになる可能性が高いということになる。

新潟芝1400m

集計期間：2019年～2024年7月21日

栗東

追い切り坂路時計別成績

追い切り坂路時計	着別度数	勝率	連対率	複勝率	単勝回収率	複勝回収率
50.0～51.9	2-1-1-15/19	10.5%	15.8%	21.1%	157%	70%
52.0～53.9	17-14-13-129/173	9.8%	17.9%	25.4%	97%	88%
54.0～55.9	15-15-15-145/190	7.9%	15.8%	23.7%	80%	90%
56.0～57.9	2-8-6-42/58	3.4%	17.2%	27.6%	155%	98%

坂路ラップ別成績

ラップ種別	着別度数	勝率	連対率	複勝率	単勝回収率	複勝回収率
B3	1-0-1-3/5	20.0%	20.0%	40.0%	146%	104%
A3	2-1-3-18/24	8.3%	12.5%	25.0%	43%	51%
B2	5-9-3-50/67	7.5%	20.9%	25.4%	137%	110%
A2	12-7-8-95/122	9.8%	15.6%	22.1%	83%	84%
B1	4-1-2-28/35	11.4%	14.3%	20.0%	73%	77%
A1	8-8-10-70/96	8.3%	16.7%	27.1%	153%	100%

ウッド5F時計別成績

ウッド5F時計	着別度数	勝率	連対率	複勝率	単勝回収率	複勝回収率
64.0～65.9	3-2-4-10/19	15.8%	26.3%	47.4%	269%	126%
66.0～67.9	3-2-4-22/31	9.7%	16.1%	29.0%	64%	145%
68.0～69.9	1-1-0-32/34	2.9%	5.9%	5.9%	7%	20%
70.0～	4-1-3-17/25	16.0%	20.0%	32.0%	176%	152%

ウッド1F時計別成績

ウッド1F時計	着別度数	勝率	連対率	複勝率	単勝回収率	複勝回収率
11.0～11.9	10-6-8-41/65	15.4%	24.6%	36.9%	276%	114%
12.0～12.9	4-3-3-53/63	6.3%	11.1%	15.9%	43%	101%
13.0～13.9	1-2-0-10/13	7.7%	23.1%	23.1%	196%	76%

美浦

追い切り坂路時計別成績

追い切り坂路時計	着別度数	勝率	連対率	複勝率	単勝回収率	複勝回収率
50.0～51.9	2-1-0-11/14	14.3%	21.4%	21.4%	107%	45%
52.0～53.9	7-9-12-108/136	5.1%	11.8%	20.6%	32%	75%
54.0～55.9	8-9-10-164/191	4.2%	8.9%	14.1%	111%	87%
56.0～57.9	4-2-1-52/59	6.8%	10.2%	11.9%	50%	35%

坂路ラップ別成績

ラップ種別	着別度数	勝率	連対率	複勝率	単勝回収率	複勝回収率
B3	1-0-1-3/5	20.0%	20.0%	40.0%	202%	98%
A3	0-0-0-1/1	0.0%	0.0%	0.0%	0%	0%
B2	4-1-1-43/49	8.2%	10.2%	12.2%	88%	30%
A2	5-5-4-42/56	8.9%	17.9%	25.0%	53%	83%
B1	0-2-4-50/56	0.0%	3.6%	10.7%	0%	50%
A1	4-6-4-83/97	4.1%	10.3%	14.4%	36%	92%

ウッド5F時計別成績

ウッド5F時計	着別度数	勝率	連対率	複勝率	単勝回収率	複勝回収率
64.0～65.9	0-3-2-14/19	0.0%	15.8%	26.3%	0%	62%
66.0～67.9	11-8-9-116/144	7.6%	13.2%	19.4%	121%	78%
68.0～69.9	10-9-18-207/244	4.1%	7.8%	15.2%	51%	49%
70.0～	2-6-4-113/125	1.6%	6.4%	9.6%	85%	77%

ウッド1F時計別成績

ウッド1F時計	着別度数	勝率	連対率	複勝率	単勝回収率	複勝回収率
11.0～11.9	10-13-6-148/177	5.6%	13.0%	16.4%	97%	46%
12.0～12.9	12-12-22-299/345	3.5%	7.0%	13.3%	66%	59%
13.0～13.9	3-6-8-60/77	3.9%	11.7%	22.1%	20%	123%

ここがポイント 1200mと似ており坂路時計が速い馬の信頼度は東西ともに高くなり、減速ラップでも気にならないコース。また、東西ともにウッド1F時計が速い馬の成績が良い点を覚えておきたい。調教で回収率を上げやすいコースの1つ。

新潟芝1600m

集計期間：2019年～2024年7月21日

栗東

追い切り坂路時計別成績

追い切り坂路時計	着別度数	勝率	連対率	複勝率	単勝回収率	複勝回収率
50.0～51.9	1-3-2-17/23	4.3%	17.4%	26.1%	130%	89%
52.0～53.9	19-21-10-149/199	9.5%	20.1%	25.1%	93%	84%
54.0～55.9	17-21-19-177/234	7.3%	16.2%	24.4%	42%	58%
56.0～57.9	5-4-6-49/64	7.8%	14.1%	23.4%	128%	170%

坂路ラップ別成績

ラップ種別	着別度数	勝率	連対率	複勝率	単勝回収率	複勝回収率
B3	0-0-0-4/4	0.0%	0.0%	0.0%	0%	0%
A3	4-3-0-14/21	19.0%	33.3%	33.3%	80%	115%
B2	9-4-6-57/76	11.8%	17.1%	25.0%	185%	83%
A2	9-15-11-103/138	6.5%	17.4%	25.4%	59%	68%
B1	2-5-3-39/49	4.1%	14.3%	20.4%	96%	66%
A1	12-8-9-109/138	8.7%	14.5%	21.0%	53%	72%

ウッド5F時計別成績

ウッド5F時計	着別度数	勝率	連対率	複勝率	単勝回収率	複勝回収率
64.0～65.9	0-2-0-18/20	0.0%	10.0%	10.0%	0%	16%
66.0～67.9	9-3-7-39/58	15.5%	20.7%	32.8%	69%	104%
68.0～69.9	3-5-5-53/66	4.5%	12.1%	16.7%	36%	68%
70.0～	3-4-3-18/28	10.7%	25.0%	35.7%	49%	76%

ウッド1F時計別成績

ウッド1F時計	着別度数	勝率	連対率	複勝率	単勝回収率	複勝回収率
11.0～11.9	9-4-7-63/83	10.8%	15.7%	24.1%	54%	83%
12.0～12.9	9-14-8-85/116	7.8%	19.8%	26.7%	42%	83%
13.0～13.9	0-0-2-12/14	0.0%	0.0%	14.3%	0%	51%

美浦

追い切り坂路時計別成績

追い切り坂路時計	着別度数	勝率	連対率	複勝率	単勝回収率	複勝回収率
50.0～51.9	2-4-1-5/12	16.7%	50.0%	58.3%	62%	146%
52.0～53.9	6-9-13-114/142	4.2%	10.6%	19.7%	44%	65%
54.0～55.9	11-7-11-188/217	5.1%	8.3%	13.4%	29%	43%
56.0～57.9	3-1-2-59/65	4.6%	6.2%	9.2%	115%	36%

坂路ラップ別成績

ラップ種別	着別度数	勝率	連対率	複勝率	単勝回収率	複勝回収率
B3	0-2-1-1/4	0.0%	50.0%	75.0%	0%	220%
A3	0-0-0-1/1	0.0%	0.0%	0.0%	0%	0%
B2	3-7-7-43/60	5.0%	16.7%	28.3%	16%	67%
A2	5-3-6-56/70	7.1%	11.4%	20.0%	81%	68%
B1	2-1-3-42/48	4.2%	6.3%	12.5%	9%	33%
A1	8-4-8-89/109	7.3%	11.0%	18.3%	87%	80%

ウッド5F時計別成績

ウッド5F時計	着別度数	勝率	連対率	複勝率	単勝回収率	複勝回収率
64.0～65.9	0-4-1-25/30	0.0%	13.3%	16.7%	0%	33%
66.0～67.9	16-14-12-147/189	8.5%	15.9%	22.2%	76%	74%
68.0～69.9	21-12-19-238/290	7.2%	11.4%	17.9%	48%	77%
70.0～	4-9-10-122/145	2.8%	9.0%	15.9%	44%	49%

ウッド1F時計別成績

ウッド1F時計	着別度数	勝率	連対率	複勝率	単勝回収率	複勝回収率
11.0～11.9	21-16-24-156/217	9.7%	17.1%	28.1%	92%	98%
12.0～12.9	20-22-19-330/391	5.1%	10.7%	15.6%	48%	51%
13.0～13.9	5-6-4-92/107	4.7%	10.3%	14.0%	56%	90%

ここがポイント

ウッドで全体タイムの速い馬の好走が目立つが、いかんせん堅い決着が多いため人気上位の馬でウッド時計が良い馬を中心に馬券を考える方が良い。特に美浦ウッドでの1F11秒台を馬券の中心にすることが鍵。

新潟芝2000m外

集計期間：2019年～2024年7月21日

栗東

追い切り坂路時計別成績

追い切り坂路時計	着別度数	勝率	連対率	複勝率	単勝回収率	複勝回収率
50.0～51.9	2-1-2-10/15	13.3%	20.0%	33.3%	247%	94%
52.0～53.9	5-8-7-74/94	5.3%	13.8%	21.3%	49%	47%
54.0～55.9	8-15-12-79/114	7.0%	20.2%	30.7%	43%	78%
56.0～57.9	3-2-3-20/28	10.7%	17.9%	28.6%	120%	61%

坂路ラップ別成績

ラップ種別	着別度数	勝率	連対率	複勝率	単勝回収率	複勝回収率
B3	1-0-0-1/2	50.0%	50.0%	50.0%	1060%	140%
A3	0-1-1-6/8	0.0%	12.5%	25.0%	0%	60%
B2	1-1-3-42/47	2.1%	4.3%	10.6%	33%	31%
A2	5-7-8-50/70	7.1%	17.1%	28.6%	39%	75%
B1	2-3-2-19/26	7.7%	19.2%	26.9%	93%	71%
A1	5-7-5-36/53	9.4%	22.6%	32.1%	83%	70%

ウッド5F時計別成績

ウッド5F時計	着別度数	勝率	連対率	複勝率	単勝回収率	複勝回収率
64.0～65.9	0-2-1-10/13	0.0%	15.4%	23.1%	0%	50%
66.0～67.9	9-3-4-39/55	16.4%	21.8%	29.1%	94%	77%
68.0～69.9	4-2-2-28/36	11.1%	16.7%	22.2%	238%	86%
70.0～	1-1-2-13/17	5.9%	11.8%	23.5%	13%	55%

ウッド1F時計別成績

ウッド1F時計	着別度数	勝率	連対率	複勝率	単勝回収率	複勝回収率
11.0～11.9	3-3-5-46/57	5.3%	10.5%	19.3%	19%	65%
12.0～12.9	13-4-4-51/72	18.1%	23.6%	29.2%	195%	70%
13.0～13.9	0-1-1-5/7	0.0%	14.3%	28.6%	0%	101%

美浦

追い切り坂路時計別成績

追い切り坂路時計	着別度数	勝率	連対率	複勝率	単勝回収率	複勝回収率
50.0～51.9	1-1-0-2/4	25.0%	50.0%	50.0%	285%	177%
52.0～53.9	3-5-3-39/50	6.0%	16.0%	22.0%	21%	40%
54.0～55.9	6-4-7-55/72	8.3%	13.9%	23.6%	131%	74%
56.0～57.9	0-0-1-9/10	0.0%	0.0%	10.0%	0%	39%

坂路ラップ別成績

ラップ種別	着別度数	勝率	連対率	複勝率	単勝回収率	複勝回収率
B3	1-0-0-0/1	100.0%	100.0%	100.0%	270%	120%
A3	0-0-0-1/1	0.0%	0.0%	0.0%	0%	0%
B2	1-2-0-16/19	5.3%	15.8%	15.8%	16%	34%
A2	1-1-3-20/25	4.0%	8.0%	20.0%	12%	70%
B1	2-4-3-15/24	8.3%	25.0%	37.5%	68%	96%
A1	4-1-4-20/29	13.8%	17.2%	31.0%	277%	96%

ウッド5F時計別成績

ウッド5F時計	着別度数	勝率	連対率	複勝率	単勝回収率	複勝回収率
64.0～65.9	2-1-0-13/16	12.5%	18.8%	18.8%	275%	65%
66.0～67.9	2-8-7-68/85	2.4%	11.8%	20.0%	11%	72%
68.0～69.9	8-6-9-79/102	7.8%	13.7%	22.5%	119%	81%
70.0～	4-6-4-39/53	7.5%	18.9%	26.4%	38%	38%

ウッド1F時計別成績

ウッド1F時計	着別度数	勝率	連対率	複勝率	単勝回収率	複勝回収率
11.0～11.9	9-12-5-72/98	9.2%	21.4%	26.5%	63%	61%
12.0～12.9	9-8-14-113/144	6.3%	11.8%	21.5%	123%	81%
13.0～13.9	2-4-4-28/38	5.3%	15.8%	26.3%	24%	65%

東西ともにウッド追い切り組の成績が良いことが特徴。馬券構成はまずウッド組の5F70秒以上の遅い馬以外からチョイスし、坂路組を加えていくと理想的な馬券の形を作りやすい。表を参考に終い時計より全体時計を参考にしてほしい。

中京ダート1200m

集計期間：2019年〜2024年7月21日

栗東

追い切り坂路時計別成績

追い切り坂路時計	着別度数	勝率	連対率	複勝率	単勝回収率	複勝回収率
50.0〜51.9	13-12-5-103/133	9.8%	18.8%	22.6%	77%	71%
52.0〜53.9	63-63-53-567/746	8.4%	16.9%	24.0%	88%	81%
54.0〜55.9	63-59-61-616/799	7.9%	15.3%	22.9%	99%	78%
56.0〜57.9	27-21-19-203/270	10.0%	17.8%	24.8%	144%	113%

坂路ラップ別成績

ラップ種別	着別度数	勝率	連対率	複勝率	単勝回収率	複勝回収率
B3	3-1-3-27/34	8.8%	11.8%	20.6%	43%	50%
A3	1-4-3-22/30	3.3%	16.7%	26.7%	17%	57%
B2	37-35-21-302/395	9.4%	18.2%	23.5%	53%	61%
A2	34-34-38-291/397	8.6%	17.1%	26.7%	57%	82%
B1	14-16-10-203/243	5.8%	12.3%	16.5%	130%	94%
A1	48-23-34-312/417	11.5%	17.0%	25.2%	168%	94%

ウッド5F時計別成績

ウッド5F時計	着別度数	勝率	連対率	複勝率	単勝回収率	複勝回収率
64.0〜65.9	0-3-2-19/24	0.0%	12.5%	20.8%	0%	80%
66.0〜67.9	9-7-6-92/114	7.9%	14.0%	19.3%	57%	84%
68.0〜69.9	7-10-11-98/126	5.6%	13.5%	22.2%	39%	99%
70.0〜	4-1-4-42/51	7.8%	9.8%	17.6%	40%	46%

ウッド1F時計別成績

ウッド1F時計	着別度数	勝率	連対率	複勝率	単勝回収率	複勝回収率
11.0〜11.9	11-7-12-100/130	8.5%	13.8%	23.1%	67%	66%
12.0〜12.9	13-15-15-173/216	6.0%	13.0%	19.9%	63%	92%
13.0〜13.9	3-5-2-47/57	5.3%	14.0%	17.5%	168%	65%

美浦

追い切り坂路時計別成績

追い切り坂路時計	着別度数	勝率	連対率	複勝率	単勝回収率	複勝回収率
50.0〜51.9	0-0-1-7/8	0.0%	0.0%	12.5%	0%	18%
52.0〜53.9	3-5-8-98/114	2.6%	7.0%	14.0%	38%	36%
54.0〜55.9	0-7-10-135/152	0.0%	4.6%	11.2%	0%	40%
56.0〜57.9	2-2-4-52/60	3.3%	6.7%	13.3%	9%	112%

坂路ラップ別成績

ラップ種別	着別度数	勝率	連対率	複勝率	単勝回収率	複勝回収率
B3	0-0-1-2/3	0.0%	0.0%	33.3%	0%	63%
A3	0-0-0-2/2	0.0%	0.0%	0.0%	0%	0%
B2	1-1-3-35/40	2.5%	5.0%	12.5%	21%	32%
A2	1-1-3-32/37	2.7%	5.4%	13.5%	15%	41%
B1	0-1-2-55/58	0.0%	1.7%	5.2%	0%	24%
A1	0-3-4-47/54	0.0%	5.6%	13.0%	0%	57%

ウッド5F時計別成績

ウッド5F時計	着別度数	勝率	連対率	複勝率	単勝回収率	複勝回収率
64.0〜65.9	2-0-1-10/13	15.4%	15.4%	23.1%	280%	61%
66.0〜67.9	1-1-5-65/72	1.4%	2.8%	9.7%	93%	46%
68.0〜69.9	6-6-7-117/136	4.4%	8.8%	14.0%	23%	58%
70.0〜	3-4-2-57/66	4.5%	10.6%	13.6%	17%	33%

ウッド1F時計別成績

ウッド1F時計	着別度数	勝率	連対率	複勝率	単勝回収率	複勝回収率
11.0〜11.9	3-3-5-67/78	3.8%	7.7%	14.1%	16%	39%
12.0〜12.9	7-8-7-132/154	4.5%	9.7%	14.3%	92%	68%
13.0〜13.9	3-3-4-88/98	3.1%	6.1%	10.2%	19%	26%

ここがポイント

栗東坂路追い切り、加速ラップで終いのみ12秒台の地味な時計（A1）が圧倒的に好成績で、その理由については本編で解説した。また東西ともにポリトラック組がやけに人気薄で好走するコースという点も特徴。

中京ダート1400m

集計期間：2019年～2024年7月21日

栗東

追い切り坂路時計別成績

追い切り坂路時計	着別度数	勝率	連対率	複勝率	単勝回収率	複勝回収率
50.0～51.9	13-11-8-140/172	7.6%	14.0%	18.6%	71%	58%
52.0～53.9	80-95-67-728/970	8.2%	18.0%	24.9%	57%	77%
54.0～55.9	75-67-82-730/954	7.9%	14.9%	23.5%	81%	78%
56.0～57.9	14-17-14-205/250	5.6%	12.4%	18.0%	51%	63%

坂路ラップ別成績

ラップ種別	着別度数	勝率	連対率	複勝率	単勝回収率	複勝回収率
B3	1-5-4-33/43	2.3%	14.0%	23.3%	26%	73%
A3	9-3-4-37/53	17.0%	22.6%	30.2%	64%	53%
B2	37-30-35-374/476	7.8%	14.1%	21.4%	76%	65%
A2	46-56-45-398/545	8.4%	18.7%	27.0%	55%	68%
B1	13-15-9-220/257	5.1%	10.9%	14.4%	35%	57%
A1	42-45-38-347/472	8.9%	18.4%	26.5%	105%	91%

ウッド5F時計別成績

ウッド5F時計	着別度数	勝率	連対率	複勝率	単勝回収率	複勝回収率
64.0～65.9	6-1-4-52/63	9.5%	11.1%	17.5%	98%	50%
66.0～67.9	24-19-23-169/235	10.2%	18.3%	28.1%	146%	105%
68.0～69.9	14-6-12-171/203	6.9%	9.9%	15.8%	60%	51%
70.0～	7-10-8-93/118	5.9%	14.4%	21.2%	59%	52%

ウッド1F時計別成績

ウッド1F時計	着別度数	勝率	連対率	複勝率	単勝回収率	複勝回収率
11.0～11.9	20-19-25-165/229	8.7%	17.0%	27.9%	124%	95%
12.0～12.9	32-20-27-317/396	8.1%	13.1%	19.9%	108%	70%
13.0～13.9	6-7-6-78/97	6.2%	13.4%	19.6%	50%	66%

美浦

追い切り坂路時計別成績

追い切り坂路時計	着別度数	勝率	連対率	複勝率	単勝回収率	複勝回収率
50.0～51.9	1-0-1-1/3	33.3%	33.3%	66.7%	176%	326%
52.0～53.9	7-5-8-138/158	4.4%	7.6%	12.7%	38%	40%
54.0～55.9	15-14-17-194/240	6.3%	12.1%	19.2%	43%	63%
56.0～57.9	2-4-1-66/73	2.7%	8.2%	9.6%	8%	50%

坂路ラップ別成績

ラップ種別	着別度数	勝率	連対率	複勝率	単勝回収率	複勝回収率
B3	-	-	-	-	-	-
A3	2-0-0-1/3	66.7%	66.7%	66.7%	606%	193%
B2	2-2-0-42/46	4.3%	8.7%	8.7%	11%	26%
A2	4-3-5-56/68	5.9%	10.3%	17.6%	81%	83%
B1	1-2-4-57/64	1.6%	4.7%	10.9%	3%	27%
A1	9-8-7-86/110	8.2%	15.5%	21.8%	49%	83%

ウッド5F時計別成績

ウッド5F時計	着別度数	勝率	連対率	複勝率	単勝回収率	複勝回収率
64.0～65.9	2-1-0-25/28	7.1%	10.7%	10.7%	79%	19%
66.0～67.9	13-4-8-149/174	7.5%	9.8%	14.4%	95%	54%
68.0～69.9	8-11-9-199/227	3.5%	8.4%	12.3%	28%	36%
70.0～	3-6-4-74/87	3.4%	10.3%	14.9%	36%	51%

ウッド1F時計別成績

ウッド1F時計	着別度数	勝率	連対率	複勝率	単勝回収率	複勝回収率
11.0～11.9	12-10-7-114/143	8.4%	15.4%	20.3%	57%	45%
12.0～12.9	11-7-15-263/296	3.7%	6.1%	11.1%	64%	46%
13.0～13.9	4-6-1-128/139	2.9%	7.2%	7.9%	10%	21%

ここがポイント 栗東ウッド追い切り組が好成績で5Fは67秒台以下、終い1Fは12秒台以下なら充分と考えておけば回収率を上げていける。もちろん坂路組の頭数が圧倒的に多いので的中率と回収率のどちらを取るかは個々の価値観で考えてほしい。

中京ダート1800m

集計期間：2019年～2024年7月21日

栗東

追い切り坂路時計別成績

追い切り坂路時計	着別度数	勝率	連対率	複勝率	単勝回収率	複勝回収率
50.0～51.9	18-12-9-82/121	14.9%	24.8%	32.2%	82%	76%
52.0～53.9	111-96-88-669/964	11.5%	21.5%	30.6%	89%	78%
54.0～55.9	105-104-95-938/1242	8.5%	16.8%	24.5%	74%	68%
56.0～57.9	28-36-29-318/411	6.8%	15.6%	22.6%	53%	71%

坂路ラップ別成績

ラップ種別	着別度数	勝率	連対率	複勝率	単勝回収率	複勝回収率
B3	6-3-1-12/22	27.3%	40.9%	45.5%	97%	83%
A3	4-1-3-18/26	15.4%	19.2%	30.8%	65%	51%
B2	51-52-42-331/476	10.7%	21.6%	30.5%	92%	83%
A2	59-60-49-425/593	9.9%	20.1%	28.3%	68%	66%
B1	26-26-28-284/364	7.1%	14.3%	22.0%	85%	61%
A1	64-58-54-427/603	10.6%	20.2%	29.2%	68%	90%

ウッド5F時計別成績

ウッド5F時計	着別度数	勝率	連対率	複勝率	単勝回収率	複勝回収率
64.0～65.9	7-7-16-61/91	7.7%	15.4%	33.0%	46%	85%
66.0～67.9	39-26-47-314/426	9.2%	15.3%	26.3%	65%	79%
68.0～69.9	28-41-27-318/414	6.8%	16.7%	23.2%	41%	65%
70.0～	13-17-25-167/222	5.9%	13.5%	24.8%	62%	96%

ウッド1F時計別成績

ウッド1F時計	着別度数	勝率	連対率	複勝率	単勝回収率	複勝回収率
11.0～11.9	31-33-40-270/374	8.3%	17.1%	27.8%	57%	70%
12.0～12.9	53-52-70-533/708	7.5%	14.8%	24.7%	55%	79%
13.0～13.9	7-11-7-117/142	4.9%	12.7%	17.6%	28%	53%

美浦

追い切り坂路時計別成績

追い切り坂路時計	着別度数	勝率	連対率	複勝率	単勝回収率	複勝回収率
50.0～51.9	0-1-1-6/8	0.0%	12.5%	25.0%	0%	51%
52.0～53.9	2-2-3-68/75	2.7%	5.3%	9.3%	78%	35%
54.0～55.9	10-8-8-152/178	5.6%	10.1%	14.6%	110%	80%
56.0～57.9	0-2-0-60/62	0.0%	3.2%	3.2%	0%	5%

坂路ラップ別成績

ラップ種別	着別度数	勝率	連対率	複勝率	単勝回収率	複勝回収率
B3	-	-	-	-	-	-
A3	-	-	-	-	-	-
B2	1-0-0-24/25	4.0%	4.0%	4.0%	11%	6%
A2	2-2-1-28/33	6.1%	12.1%	15.2%	430%	69%
B1	1-1-2-52/56	1.8%	3.6%	7.1%	12%	94%
A1	3-5-2-51/61	4.9%	13.1%	16.4%	31%	53%

ウッド5F時計別成績

ウッド5F時計	着別度数	勝率	連対率	複勝率	単勝回収率	複勝回収率
64.0～65.9	0-3-1-12/16	0.0%	18.8%	25.0%	0%	87%
66.0～67.9	8-17-6-107/138	5.8%	18.1%	22.5%	38%	85%
68.0～69.9	8-12-22-162/204	3.9%	9.8%	20.6%	97%	91%
70.0～	6-4-2-83/95	6.3%	10.5%	12.6%	75%	53%

ウッド1F時計別成績

ウッド1F時計	着別度数	勝率	連対率	複勝率	単勝回収率	複勝回収率
11.0～11.9	5-8-11-86/110	4.5%	11.8%	21.8%	41%	80%
12.0～12.9	14-18-16-209/257	5.4%	12.5%	18.7%	80%	66%
13.0～13.9	5-13-10-103/131	3.8%	13.7%	21.4%	23%	90%

ここがポイント　栗東坂路組で時計が良い馬の成績が良いコース。53秒台以下で出走馬の中の1～5位の馬が3割以上のレースで勝利して単勝回収率90％を超えていることは特徴の1つ。東西ともポリトラック組の成績も良い。

中京芝1200m

集計期間：2019年～2024年7月21日

栗東

追い切り坂路時計別成績

追い切り坂路時計	着別度数	勝率	連対率	複勝率	単勝回収率	複勝回収率
50.0～51.9	14-15-8-69/106	13.2%	27.4%	34.9%	72%	84%
52.0～53.9	36-27-28-339/430	8.4%	14.7%	21.2%	116%	68%
54.0～55.9	25-30-23-289/367	6.8%	15.0%	21.3%	56%	70%
56.0～57.9	6-8-7-68/89	6.7%	15.7%	23.6%	62%	76%

坂路ラップ別成績

ラップ種別	着別度数	勝率	連対率	複勝率	単勝回収率	複勝回収率
B3	5-6-3-28/42	11.9%	26.2%	33.3%	105%	88%
A3	11-8-2-31/52	21.2%	36.5%	40.4%	116%	94%
B2	10-15-14-164/203	4.9%	12.3%	19.2%	91%	53%
A2	26-24-20-213/283	9.2%	17.7%	24.7%	82%	76%
B1	4-4-3-67/78	5.1%	10.3%	14.1%	171%	91%
A1	17-14-9-149/189	9.0%	16.4%	21.2%	81%	62%

ウッド5F時計別成績

ウッド5F時計	着別度数	勝率	連対率	複勝率	単勝回収率	複勝回収率
64.0～65.9	2-1-2-19/24	8.3%	12.5%	20.8%	19%	33%
66.0～67.9	1-5-7-46/59	1.7%	10.2%	22.0%	13%	62%
68.0～69.9	2-3-1-45/51	3.9%	9.8%	11.8%	19%	20%
70.0～	2-4-0-17/23	8.7%	26.1%	26.1%	180%	167%

ウッド1F時計別成績

ウッド1F時計	着別度数	勝率	連対率	複勝率	単勝回収率	複勝回収率
11.0～11.9	6-9-9-78/102	5.9%	14.7%	23.5%	17%	64%
12.0～12.9	8-7-4-77/96	8.3%	15.6%	19.8%	85%	73%
13.0～13.9	1-2-0-22/25	4.0%	12.0%	12.0%	236%	77%

美浦

追い切り坂路時計別成績

追い切り坂路時計	着別度数	勝率	連対率	複勝率	単勝回収率	複勝回収率
50.0～51.9	1-1-0-8/10	10.0%	20.0%	20.0%	60%	49%
52.0～53.9	4-1-7-51/63	6.3%	7.9%	19.0%	94%	128%
54.0～55.9	5-1-2-65/73	6.8%	8.2%	11.0%	152%	61%
56.0～57.9	0-1-0-14/15	0.0%	6.7%	6.7%	0%	15%

坂路ラップ別成績

ラップ種別	着別度数	勝率	連対率	複勝率	単勝回収率	複勝回収率
B3	0-0-0-3/3	0.0%	0.0%	0.0%	0%	0%
A3	0-0-1-1/2	0.0%	0.0%	50.0%	0%	100%
B2	0-3-3-14/20	0.0%	15.0%	30.0%	0%	81%
A2	3-0-2-28/33	9.1%	9.1%	15.2%	96%	55%
B1	1-0-2-18/21	4.8%	4.8%	14.3%	13%	229%
A1	5-1-1-33/40	12.5%	15.0%	17.5%	146%	78%

ウッド5F時計別成績

ウッド5F時計	着別度数	勝率	連対率	複勝率	単勝回収率	複勝回収率
64.0～65.9	2-1-1-14/18	11.1%	16.7%	22.2%	157%	85%
66.0～67.9	1-2-2-55/60	1.7%	5.0%	8.3%	7%	36%
68.0～69.9	1-5-6-57/69	1.4%	8.7%	17.4%	40%	187%
70.0～	0-1-2-33/36	0.0%	2.8%	8.3%	0%	21%

ウッド1F時計別成績

ウッド1F時計	着別度数	勝率	連対率	複勝率	単勝回収率	複勝回収率
11.0～11.9	3-4-2-54/63	4.8%	11.1%	14.3%	88%	86%
12.0～12.9	3-4-9-79/95	3.2%	7.4%	16.8%	15%	131%
13.0～13.9	1-2-5-42/50	2.0%	6.0%	16.0%	36%	85%

ここがポイント　攻撃的に買えるコースと本編に書いた通りで、坂路追い切りで11秒台のあるラップの馬が抜群の好成績。該当馬がいない場合は無駄に馬券を買わず、該当馬がいる時だけに資金を集中させることが高回収率を得るための戦略。

厳選50コース

中京芝1400m

集計期間：2019年〜2024年7月21日

栗東

追い切り坂路時計別成績

追い切り坂路時計	着別度数	勝率	連対率	複勝率	単勝回収率	複勝回収率
50.0〜51.9	8-9-6-63/86	9.3%	19.8%	26.7%	93%	74%
52.0〜53.9	41-40-52-380/513	8.0%	15.8%	25.9%	83%	92%
54.0〜55.9	27-32-26-380/465	5.8%	12.7%	18.3%	65%	60%
56.0〜57.9	9-8-8-102/127	7.1%	13.4%	19.7%	95%	64%

坂路ラップ別成績

ラップ種別	着別度数	勝率	連対率	複勝率	単勝回収率	複勝回収率
B3	6-3-1-16/26	23.1%	34.6%	38.5%	323%	110%
A3	3-5-2-27/37	8.1%	21.6%	27.0%	27%	120%
B2	15-21-22-193/251	6.0%	14.3%	23.1%	72%	82%
A2	28-25-25-21-219/293	9.6%	18.1%	25.3%	61%	74%
B1	2-6-11-108/127	1.6%	6.3%	15.0%	53%	70%
A1	16-18-20-180/234	6.8%	14.5%	23.1%	111%	73%

ウッド5F時計別成績

ウッド5F時計	着別度数	勝率	連対率	複勝率	単勝回収率	複勝回収率
64.0〜65.9	5-5-5-3-29/42	11.9%	23.8%	31.0%	58%	93%
66.0〜67.9	13-13-10-106/142	9.2%	18.3%	25.4%	63%	91%
68.0〜69.9	5-8-9-91/113	4.4%	11.5%	19.5%	40%	48%
70.0〜	2-4-2-45/53	3.8%	11.3%	15.1%	7%	47%

ウッド1F時計別成績

ウッド1F時計	着別度数	勝率	連対率	複勝率	単勝回収率	複勝回収率
11.0〜11.9	15-21-13-116/165	9.1%	21.8%	29.7%	48%	90%
12.0〜12.9	12-16-11-178/217	5.5%	12.9%	18.0%	60%	58%
13.0〜13.9	1-1-3-40/45	2.2%	4.4%	11.1%	18%	19%

美浦

追い切り坂路時計別成績

追い切り坂路時計	着別度数	勝率	連対率	複勝率	単勝回収率	複勝回収率
50.0〜51.9	1-0-0-2/3	33.3%	33.3%	33.3%	350%	93%
52.0〜53.9	6-2-3-43/54	11.1%	14.8%	20.4%	125%	69%
54.0〜55.9	3-1-5-69/78	3.8%	5.1%	11.5%	48%	53%
56.0〜57.9	0-1-0-12/13	0.0%	7.7%	7.7%	0%	11%

坂路ラップ別成績

ラップ種別	着別度数	勝率	連対率	複勝率	単勝回収率	複勝回収率
B3	-	-	-	-	-	-
A3	0-0-1-0/1	0.0%	0.0%	100.0%	0%	130%
B2	2-0-2-13/17	11.8%	11.8%	23.5%	71%	91%
A2	5-1-1-25/32	15.6%	18.8%	21.9%	121%	50%
B1	0-0-0-13/13	0.0%	0.0%	0.0%	0%	0%
A1	2-0-2-28/32	6.3%	6.3%	12.5%	54%	32%

ウッド5F時計別成績

ウッド5F時計	着別度数	勝率	連対率	複勝率	単勝回収率	複勝回収率
64.0〜65.9	1-1-0-5/7	14.3%	28.6%	28.6%	32%	34%
66.0〜67.9	3-6-6-66/81	3.7%	11.1%	18.5%	68%	108%
68.0〜69.9	9-6-6-86/107	8.4%	14.0%	19.6%	78%	59%
70.0〜	0-1-1-35/37	0.0%	2.7%	5.4%	0%	12%

ウッド1F時計別成績

ウッド1F時計	着別度数	勝率	連対率	複勝率	単勝回収率	複勝回収率
11.0〜11.9	5-7-4-52/68	7.4%	17.6%	23.5%	43%	88%
12.0〜12.9	6-4-10-121/141	4.3%	7.1%	14.2%	70%	55%
13.0〜13.9	2-5-2-62/71	2.8%	9.9%	12.7%	17%	44%

ここがポイント

東西ともに坂路追い切り時計が速い馬の成績が良いので馬券の中心にしやすい。ウッド追い切り組に関しては終い11秒台の馬を残すぐらいで丁度良く、12秒台の馬まで手を広げて的中頻度を無理に増やしても回収率が落ちるだけになる。

中京芝1600m

集計期間：2019年～2024年7月21日

栗東

追い切り坂路時計別成績

追い切り坂路時計	着別度数	勝率	連対率	複勝率	単勝回収率	複勝回収率
50.0～51.9	7-9-10-73/99	7.1%	16.2%	26.3%	173%	75%
52.0～53.9	56-46-54-414/570	9.8%	17.9%	27.4%	77%	79%
54.0～55.9	53-53-65-516/687	7.7%	15.4%	24.9%	88%	78%
56.0～57.9	10-8-7-113/138	7.2%	13.0%	18.1%	62%	44%

坂路ラップ別成績

ラップ種別	着別度数	勝率	連対率	複勝率	単勝回収率	複勝回収率
B3	1-3-0-13/17	5.9%	23.5%	23.5%	18%	48%
A3	8-5-5-21/39	20.5%	33.3%	46.2%	185%	120%
B2	20-13-27-220/280	7.1%	11.8%	21.4%	116%	76%
A2	42-42-51-276/411	10.2%	20.4%	32.8%	115%	86%
B1	3-6-6-112/127	2.4%	7.1%	11.8%	57%	55%
A1	32-32-28-257/349	9.2%	18.3%	26.4%	76%	89%

ウッド5F時計別成績

ウッド5F時計	着別度数	勝率	連対率	複勝率	単勝回収率	複勝回収率
64.0～65.9	2-3-6-47/58	3.4%	8.6%	19.0%	16%	51%
66.0～67.9	22-19-12-160/213	10.3%	19.2%	24.9%	87%	67%
68.0～69.9	9-16-18-130/173	5.2%	14.5%	24.9%	41%	63%
70.0～	9-11-5-78/103	8.7%	19.4%	24.3%	70%	80%

ウッド1F時計別成績

ウッド1F時計	着別度数	勝率	連対率	複勝率	単勝回収率	複勝回収率
11.0～11.9	29-30-29-215/303	9.6%	19.5%	29.0%	81%	94%
12.0～12.9	18-28-18-250/314	5.7%	14.6%	20.4%	41%	51%
13.0～13.9	3-2-1-47/53	5.7%	9.4%	11.3%	35%	24%

美浦

追い切り坂路時計別成績

追い切り坂路時計	着別度数	勝率	連対率	複勝率	単勝回収率	複勝回収率
50.0～51.9	1-1-0-8/10	10.0%	20.0%	20.0%	231%	96%
52.0～53.9	1-1-1-35/38	2.6%	5.3%	7.9%	12%	53%
54.0～55.9	4-9-5-69/87	4.6%	14.9%	20.7%	104%	121%
56.0～57.9	1-2-0-23/26	3.8%	11.5%	11.5%	76%	65%

坂路ラップ別成績

ラップ種別	着別度数	勝率	連対率	複勝率	単勝回収率	複勝回収率
B3	-	-	-	-	-	-
A3	0-1-0-1/2	0.0%	50.0%	50.0%	0%	85%
B2	1-0-1-12/14	7.1%	7.1%	14.3%	165%	72%
A2	2-0-1-15/18	11.1%	11.1%	16.7%	36%	26%
B1	0-1-0-23/24	0.0%	4.2%	4.2%	0%	31%
A1	4-3-1-27/35	11.4%	20.0%	22.9%	310%	154%

ウッド5F時計別成績

ウッド5F時計	着別度数	勝率	連対率	複勝率	単勝回収率	複勝回収率
64.0～65.9	2-2-1-14/19	10.5%	21.1%	26.3%	341%	111%
66.0～67.9	6-2-9-69/86	7.0%	9.3%	19.8%	76%	77%
68.0～69.9	8-10-5-92/115	7.0%	15.7%	20.0%	74%	63%
70.0～	4-2-0-45/51	7.8%	11.8%	11.8%	98%	37%

ウッド1F時計別成績

ウッド1F時計	着別度数	勝率	連対率	複勝率	単勝回収率	複勝回収率
11.0～11.9	10-6-6-78/100	10.0%	16.0%	22.0%	75%	69%
12.0～12.9	10-9-10-108/137	7.3%	13.9%	21.2%	141%	78%
13.0～13.9	4-2-1-57/64	6.3%	9.4%	10.9%	36%	28%

ここがポイント　基本的には栗東坂路加速ラップのA2とA3を見ておけば良いコースであることは本編でもご紹介した通り。ただ、心理的に坂路狙いのイメージを持ちすぎるとウッド組を軽視してしまいがちなので注意しておきたい。

中京芝2000m

集計期間：2019年～2024年7月21日

栗東

追い切り坂路時計別成績

追い切り坂路時計	着別度数	勝率	連対率	複勝率	単勝回収率	複勝回収率
50.0～51.9	10-10-6-51/77	13.0%	26.0%	33.8%	78%	92%
52.0～53.9	52-62-57-432/603	8.6%	18.9%	28.4%	69%	68%
54.0～55.9	55-67-54-490/666	8.3%	18.3%	26.4%	74%	79%
56.0～57.9	10-9-13-128/160	6.3%	11.9%	20.0%	45%	55%

坂路ラップ別成績

ラップ種別	着別度数	勝率	連対率	複勝率	単勝回収率	複勝回収率
B3	2-2-0-4/8	25.0%	50.0%	50.0%	41%	68%
A3	5-1-4-17/27	18.5%	22.2%	37.0%	56%	52%
B2	25-23-29-197/274	9.1%	17.5%	28.1%	72%	73%
A2	38-47-39-249/373	10.2%	22.8%	33.2%	72%	82%
B1	4-14-13-150/181	2.2%	9.9%	17.1%	63%	71%
A1	28-34-27-255/344	8.1%	18.0%	25.9%	57%	74%

ウッド5F時計別成績

ウッド5F時計	着別度数	勝率	連対率	複勝率	単勝回収率	複勝回収率
64.0～65.9	12-7-7-76/102	11.8%	18.6%	25.5%	42%	85%
66.0～67.9	34-30-37-252/353	9.6%	18.1%	28.6%	53%	74%
68.0～69.9	33-28-27-220/308	10.7%	19.8%	28.6%	53%	62%
70.0～	7-7-13-98/125	5.6%	11.2%	21.6%	218%	58%

ウッド1F時計別成績

ウッド1F時計	着別度数	勝率	連対率	複勝率	単勝回収率	複勝回収率
11.0～11.9	46-38-50-275/409	11.2%	20.5%	32.8%	65%	70%
12.0～12.9	39-36-39-388/502	7.8%	14.9%	22.7%	39%	57%
13.0～13.9	6-6-5-58/75	8.0%	16.0%	22.7%	327%	115%

美浦

追い切り坂路時計別成績

追い切り坂路時計	着別度数	勝率	連対率	複勝率	単勝回収率	複勝回収率
50.0～51.9	2-0-0-4/6	33.3%	33.3%	33.3%	88%	48%
52.0～53.9	3-0-3-38/44	6.8%	6.8%	13.6%	90%	38%
54.0～55.9	1-2-2-79/84	1.2%	3.6%	6.0%	2%	13%
56.0～57.9	0-0-1-33/34	0.0%	0.0%	2.9%	0%	14%

坂路ラップ別成績

ラップ種別	着別度数	勝率	連対率	複勝率	単勝回収率	複勝回収率
B3	1-0-0-1/2	50.0%	50.0%	50.0%	175%	90%
A3	0-0-0-2/2	0.0%	0.0%	0.0%	0%	0%
B2	0-0-1-13/14	0.0%	0.0%	7.1%	0%	11%
A2	2-1-1-16/20	10.0%	15.0%	20.0%	129%	49%
B1	0-0-1-16/17	0.0%	0.0%	5.9%	0%	14%
A1	1-0-0-31/32	3.1%	3.1%	3.1%	5%	3%

ウッド5F時計別成績

ウッド5F時計	着別度数	勝率	連対率	複勝率	単勝回収率	複勝回収率
64.0～65.9	1-4-3-9/17	5.9%	29.4%	47.1%	55%	138%
66.0～67.9	9-10-5-93/117	7.7%	16.2%	20.5%	67%	55%
68.0～69.9	6-4-6-124/140	4.3%	7.1%	11.4%	33%	28%
70.0～	5-1-2-53/61	8.2%	9.8%	13.1%	58%	53%

ウッド1F時計別成績

ウッド1F時計	着別度数	勝率	連対率	複勝率	単勝回収率	複勝回収率
11.0～11.9	12-8-6-79/105	11.4%	19.0%	24.8%	199%	68%
12.0～12.9	9-9-11-158/187	4.8%	9.6%	15.5%	33%	51%
13.0～13.9	4-4-2-73/83	4.8%	9.6%	12.0%	59%	53%

ここがポイント　東西ともにウッド1F時計が速い馬の信頼度が高いことが特徴で特に美浦ウッド組は回収率も高く人気薄の一撃にも注意しておきたい。栗東坂路に関しては加速ラップの馬が馬券構成を考える上で重要なピースになっている。

中山ダート1200m

集計期間：2019年～2024年7月21日

栗東

追い切り坂路時計別成績

追い切り坂路時計	着別度数	勝率	連対率	複勝率	単勝回収率	複勝回収率
50.0～51.9	13-11-11-83/118	11.0%	20.3%	29.7%	97%	87%
52.0～53.9	17-15-34-214/280	6.1%	11.4%	23.6%	42%	79%
54.0～55.9	26-19-22-177/244	10.7%	18.4%	27.5%	153%	125%
56.0～57.9	11-3-6-63/83	13.3%	16.9%	24.1%	295%	103%

坂路ラップ別成績

ラップ種別	着別度数	勝率	連対率	複勝率	単勝回収率	複勝回収率
B3	1-3-4-25/33	3.0%	12.1%	24.2%	25%	64%
A3	2-3-3-16/24	8.3%	20.8%	33.3%	33%	89%
B2	11-8-16-124/159	6.9%	11.9%	22.0%	36%	73%
A2	16-17-22-125/180	8.9%	18.3%	30.6%	78%	89%
B1	0-3-10-53/66	0.0%	4.5%	19.7%	0%	164%
A1	16-11-9-105/141	11.3%	19.1%	25.5%	308%	134%

ウッド5F時計別成績

ウッド5F時計	着別度数	勝率	連対率	複勝率	単勝回収率	複勝回収率
64.0～65.9	1-0-2-5/8	12.5%	12.5%	37.5%	42%	106%
66.0～67.9	2-2-2-34/40	5.0%	10.0%	15.0%	27%	58%
68.0～69.9	1-3-1-22/27	3.7%	14.8%	18.5%	23%	66%
70.0～	1-1-1-10/13	7.7%	15.4%	23.1%	28%	50%

ウッド1F時計別成績

ウッド1F時計	着別度数	勝率	連対率	複勝率	単勝回収率	複勝回収率
11.0～11.9	2-5-3-25/35	5.7%	20.0%	28.6%	26%	69%
12.0～12.9	5-6-4-54/69	7.2%	15.9%	21.7%	40%	73%
13.0～13.9	2-0-1-10/13	15.4%	15.4%	23.1%	92%	69%

美浦

追い切り坂路時計別成績

追い切り坂路時計	着別度数	勝率	連対率	複勝率	単勝回収率	複勝回収率
50.0～51.9	9-11-8-75/103	8.7%	19.4%	27.2%	23%	85%
52.0～53.9	98-93-84-938/1213	8.1%	15.7%	22.7%	73%	69%
54.0～55.9	88-96-104-1483/1771	5.0%	10.4%	16.3%	66%	61%
56.0～57.9	19-23-32-499/573	3.3%	7.3%	12.9%	34%	53%

坂路ラップ別成績

ラップ種別	着別度数	勝率	連対率	複勝率	単勝回収率	複勝回収率
B3	5-1-1-13/20	25.0%	30.0%	35.0%	142%	68%
A3	3-2-2-14/21	14.3%	23.8%	33.3%	580%	216%
B2	27-30-28-294/379	7.1%	15.0%	22.4%	49%	68%
A2	34-51-33-354/472	7.2%	18.0%	25.0%	73%	76%
B1	27-18-34-472/551	4.9%	8.2%	14.3%	20%	44%
A1	57-57-54-636/804	7.1%	14.2%	20.9%	107%	80%

ウッド5F時計別成績

ウッド5F時計	着別度数	勝率	連対率	複勝率	単勝回収率	複勝回収率
64.0～65.9	25-15-14-134/188	13.3%	21.3%	28.7%	85%	70%
66.0～67.9	84-93-96-1000/1273	6.6%	13.9%	21.4%	48%	78%
68.0～69.9	106-116-107-1454/1783	5.9%	12.5%	18.5%	66%	65%
70.0～	43-50-47-650/790	5.4%	11.8%	17.7%	39%	48%

ウッド1F時計別成績

ウッド1F時計	着別度数	勝率	連対率	複勝率	単勝回収率	複勝回収率
11.0～11.9	92-76-91-859/1118	8.2%	15.0%	23.2%	46%	68%
12.0～12.9	157-178-162-1868/2365	6.6%	14.2%	21.0%	53%	70%
13.0～13.9	63-59-58-821/1001	6.3%	12.2%	18.0%	89%	65%

美浦坂路追い切り組は素直に加速ラップを重視。中でも11秒台加速ラップと減速ラップの2つは極端に好成績なので勝負のチャンスと考えておきたい。美浦ウッドなら5F65秒台以下の好時計なら見逃さないようにしたい。栗東馬は終いだけ伸ばした加速ラップは頭から狙いやすい。

中山ダート1800m

集計期間：2019年～2024年7月21日

栗東

追い切り坂路時計別成績

追い切り坂路時計	着別度数	勝率	連対率	複勝率	単勝回収率	複勝回収率
50.0～51.9	3-1-1-26/31	9.7%	12.9%	16.1%	97%	52%
52.0～53.9	19-20-17-147/203	9.4%	19.2%	27.6%	61%	83%
54.0～55.9	19-20-15-136/190	10.0%	20.5%	28.4%	146%	106%
56.0～57.9	4-5-7-50/66	6.1%	13.6%	24.2%	40%	113%

坂路ラップ別成績

ラップ種別	着別度数	勝率	連対率	複勝率	単勝回収率	複勝回収率
B3	1-0-1-3/5	20.0%	20.0%	40.0%	292%	110%
A3	1-1-0-3/5	20.0%	40.0%	40.0%	26%	46%
B2	5-4-5-64/78	6.4%	11.5%	17.9%	31%	38%
A2	11-15-14-86/126	8.7%	20.6%	31.7%	57%	112%
B1	4-2-2-50/58	6.9%	10.3%	13.8%	93%	94%
A1	14-14-13-69/110	12.7%	25.5%	37.3%	97%	141%

ウッド5F時計別成績

ウッド5F時計	着別度数	勝率	連対率	複勝率	単勝回収率	複勝回収率
64.0～65.9	2-2-0-15/19	10.5%	21.1%	21.1%	32%	33%
66.0～67.9	9-9-5-64/87	10.3%	20.7%	26.4%	100%	93%
68.0～69.9	5-6-7-66/84	6.0%	13.1%	21.4%	84%	65%
70.0～	7-3-3-29/42	16.7%	23.8%	31.0%	146%	96%

ウッド1F時計別成績

ウッド1F時計	着別度数	勝率	連対率	複勝率	単勝回収率	複勝回収率
11.0～11.9	8-6-7-57/78	10.3%	17.9%	26.9%	73%	86%
12.0～12.9	14-14-9-106/143	9.8%	19.6%	25.9%	100%	74%
13.0～13.9	2-1-0-18/21	9.5%	14.3%	14.3%	134%	69%

美浦

追い切り坂路時計別成績

追い切り坂路時計	着別度数	勝率	連対率	複勝率	単勝回収率	複勝回収率
50.0～51.9	6-3-5-42/56	10.7%	16.1%	25.0%	153%	94%
52.0～53.9	61-55-64-684/864	7.1%	13.4%	20.8%	68%	80%
54.0～55.9	82-86-102-1164/1434	5.7%	11.7%	18.8%	72%	87%
56.0～57.9	26-19-22-399/466	5.6%	9.7%	14.4%	35%	45%

坂路ラップ別成績

ラップ種別	着別度数	勝率	連対率	複勝率	単勝回収率	複勝回収率
B3	2-0-1-7/10	20.0%	20.0%	30.0%	491%	164%
A3	2-0-0-7/9	22.2%	22.2%	22.2%	103%	37%
B2	19-19-17-233/288	6.6%	13.2%	19.1%	54%	80%
A2	24-30-29-248/331	7.3%	16.3%	25.1%	161%	81%
B1	17-23-23-358/421	4.0%	9.5%	15.0%	40%	56%
A1	41-47-56-478/622	6.6%	14.1%	23.2%	64%	106%

ウッド5F時計別成績

ウッド5F時計	着別度数	勝率	連対率	複勝率	単勝回収率	複勝回収率
64.0～65.9	25-20-19-162/226	11.1%	19.9%	28.3%	81%	95%
66.0～67.9	155-160-142-1361/1818	8.5%	17.3%	25.1%	83%	79%
68.0～69.9	157-194-163-1945/2459	6.4%	14.3%	20.9%	65%	68%
70.0～	75-67-67-829/1038	7.2%	13.7%	20.1%	89%	91%

ウッド1F時計別成績

ウッド1F時計	着別度数	勝率	連対率	複勝率	単勝回収率	複勝回収率
11.0～11.9	124-132-131-1122/1509	8.2%	17.0%	25.6%	66%	79%
12.0～12.9	256-236-217-2442/3151	8.1%	15.6%	22.5%	82%	77%
13.0～13.9	73-95-78-987/1233	5.9%	13.6%	20.0%	73%	75%

ここがポイント

美浦坂路の加速ラップとウッドで好時計の馬を狙うのが基本。本編の方でさらに詳しく絞り込んでいるのでそちらをご確認いただければありがたい。

中山芝1200m

集計期間：2019年～2024年7月21日

栗東

追い切り坂路時計別成績

追い切り坂路時計	着別度数	勝率	連対率	複勝率	単勝回収率	複勝回収率
50.0～51.9	9-10-4-39/62	14.5%	30.6%	37.1%	85%	148%
52.0～53.9	17-14-17-143/191	8.9%	16.2%	25.1%	80%	72%
54.0～55.9	7-6-7-107/127	5.5%	10.2%	15.7%	67%	51%
56.0～57.9	3-1-2-28/34	8.8%	11.8%	17.6%	33%	42%

坂路ラップ別成績

ラップ種別	着別度数	勝率	連対率	複勝率	単勝回収率	複勝回収率
B3	5-4-2-16/27	18.5%	33.3%	40.7%	108%	115%
A3	5-2-1-17/25	20.0%	28.0%	32.0%	119%	60%
B2	5-8-8-80/101	5.0%	12.9%	20.8%	23%	85%
A2	8-9-8-82/107	7.5%	15.9%	23.4%	74%	70%
B1	1-3-1-27/32	3.1%	12.5%	15.6%	41%	64%
A1	7-1-6-54/68	10.3%	11.8%	20.6%	261%	80%

ウッド5F時計別成績

ウッド5F時計	着別度数	勝率	連対率	複勝率	単勝回収率	複勝回収率
64.0～65.9	1-0-2-6/9	11.1%	11.1%	33.3%	414%	121%
66.0～67.9	2-0-1-13/16	12.5%	12.5%	18.8%	25%	28%
68.0～69.9	1-0-0-13/14	7.1%	7.1%	7.1%	42%	18%
70.0～	0-0-0-5/5	0.0%	0.0%	0.0%	0%	0%

ウッド1F時計別成績

ウッド1F時計	着別度数	勝率	連対率	複勝率	単勝回収率	複勝回収率
11.0～11.9	5-2-2-36/45	11.1%	15.6%	20.0%	66%	62%
12.0～12.9	3-1-3-25/32	9.4%	12.5%	21.9%	156%	68%
13.0～13.9	0-1-1-6/8	0.0%	12.5%	25.0%	0%	116%

美浦

追い切り坂路時計別成績

追い切り坂路時計	着別度数	勝率	連対率	複勝率	単勝回収率	複勝回収率
50.0～51.9	6-3-3-32/44	13.6%	20.5%	27.3%	117%	81%
52.0～53.9	13-20-19-164/216	6.0%	15.3%	24.1%	43%	81%
54.0～55.9	18-19-20-268/325	5.5%	11.4%	17.5%	121%	91%
56.0～57.9	4-6-6-77/93	4.3%	10.8%	17.2%	72%	62%

坂路ラップ別成績

ラップ種別	着別度数	勝率	連対率	複勝率	単勝回収率	複勝回収率
B3	3-1-0-8/12	25.0%	33.3%	33.3%	330%	119%
A3	1-0-1-6/8	12.5%	12.5%	25.0%	28%	63%
B2	7-10-8-62/87	8.0%	19.5%	28.7%	26%	81%
A2	11-10-8-62/91	12.1%	23.1%	31.9%	120%	104%
B1	3-2-5-88/98	3.1%	5.1%	10.2%	223%	70%
A1	10-12-13-105/140	7.1%	15.7%	25.0%	91%	77%

ウッド5F時計別成績

ウッド5F時計	着別度数	勝率	連対率	複勝率	単勝回収率	複勝回収率
64.0～65.9	3-4-3-57/67	4.5%	10.4%	14.9%	20%	49%
66.0～67.9	36-31-30-303/400	9.0%	16.8%	24.3%	62%	72%
68.0～69.9	27-32-28-350/437	6.2%	13.5%	19.9%	64%	69%
70.0～	10-9-7-134/160	6.3%	11.9%	16.3%	120%	70%

ウッド1F時計別成績

ウッド1F時計	着別度数	勝率	連対率	複勝率	単勝回収率	複勝回収率
11.0～11.9	29-33-26-298/386	7.5%	16.1%	22.8%	54%	65%
12.0～12.9	43-37-42-451/573	7.5%	14.0%	21.3%	88%	86%
13.0～13.9	11-15-10-157/193	5.7%	13.5%	18.7%	64%	71%

ここがポイント　東西ともに坂路51秒以下が好成績のコース。これに連動して11秒台の減速ラップも好成績になっている。本書を読むと加速ラップ重視になりすぎるかもしれないが、時計が速い馬は減速して当たり前だという認識は持っておいたほうが良い。

中山芝1600m

集計期間：2019年～2024年7月21日

栗東

追い切り坂路時計別成績

追い切り坂路時計	着別度数	勝率	連対率	複勝率	単勝回収率	複勝回収率
50.0～51.9	2-2-3-27/34	5.9%	11.8%	20.6%	34%	55%
52.0～53.9	22-11-18-105/156	14.1%	21.2%	32.7%	167%	106%
54.0～55.9	9-7-12-90/118	7.6%	13.6%	23.7%	62%	68%
56.0～57.9	1-4-3-20/28	3.6%	17.9%	28.6%	38%	90%

坂路ラップ別成績

ラップ種別	着別度数	勝率	連対率	複勝率	単勝回収率	複勝回収率
B3	1-1-3-8/13	7.7%	15.4%	38.5%	47%	113%
A3	1-1-3-9/14	7.1%	14.3%	35.7%	26%	62%
B2	5-5-7-50/67	7.5%	14.9%	25.4%	125%	95%
A2	15-5-5-6/71/97	15.5%	20.6%	26.8%	175%	84%
B1	3-2-3-13/21	14.3%	23.8%	38.1%	109%	123%
A1	6-7-7-54/74	8.1%	17.6%	27.0%	65%	78%

ウッド5F時計別成績

ウッド5F時計	着別度数	勝率	連対率	複勝率	単勝回収率	複勝回収率
64.0～65.9	0-3-2-13/18	0.0%	16.7%	27.8%	0%	203%
66.0～67.9	6-3-6-44/59	10.2%	15.3%	25.4%	145%	97%
68.0～69.9	1-4-5-36/46	2.2%	10.9%	21.7%	4%	60%
70.0～	2-3-1-10/16	12.5%	31.3%	37.5%	142%	114%

ウッド1F時計別成績

ウッド1F時計	着別度数	勝率	連対率	複勝率	単勝回収率	複勝回収率
11.0～11.9	4-9-7-65/85	4.7%	15.3%	23.5%	56%	95%
12.0～12.9	5-5-8-61/79	6.3%	12.7%	22.8%	82%	72%
13.0～13.9	0-0-0-12/12	0.0%	0.0%	0.0%	0%	0%

美浦

追い切り坂路時計別成績

追い切り坂路時計	着別度数	勝率	連対率	複勝率	単勝回収率	複勝回収率
50.0～51.9	10-2-4-27/43	23.3%	27.9%	37.2%	490%	144%
52.0～53.9	38-31-28-343/440	8.6%	15.7%	22.0%	69%	76%
54.0～55.9	35-25-33-457/550	6.4%	10.9%	16.9%	62%	53%
56.0～57.9	9-6-8-142/165	5.5%	9.1%	13.9%	39%	46%

坂路ラップ別成績

ラップ種別	着別度数	勝率	連対率	複勝率	単勝回収率	複勝回収率
B3	0-0-1-4/5	0.0%	0.0%	20.0%	0%	80%
A3	5-1-0-9/15	33.3%	40.0%	40.0%	181%	81%
B2	12-13-13-109/147	8.2%	17.0%	25.9%	69%	92%
A2	19-16-11-140/186	10.2%	18.8%	24.7%	63%	79%
B1	5-3-6-135/149	3.4%	5.4%	9.4%	48%	27%
A1	33-11-19-230/293	11.3%	15.0%	21.5%	100%	64%

ウッド5F時計別成績

ウッド5F時計	着別度数	勝率	連対率	複勝率	単勝回収率	複勝回収率
64.0～65.9	12-7-14-96/129	9.3%	14.7%	25.6%	52%	57%
66.0～67.9	65-86-64-623/838	7.8%	18.0%	25.7%	51%	73%
68.0～69.9	70-74-73-791/1008	6.9%	14.3%	21.5%	84%	77%
70.0～	21-27-26-343/417	5.0%	11.5%	17.7%	41%	85%

ウッド1F時計別成績

ウッド1F時計	着別度数	勝率	連対率	複勝率	単勝回収率	複勝回収率
11.0～11.9	77-79-57-562/775	9.9%	20.1%	27.5%	86%	78%
12.0～12.9	83-112-94-1052/1341	6.2%	14.5%	21.6%	56%	78%
13.0～13.9	26-21-46-407/500	5.2%	9.4%	18.6%	43%	55%

ここがポイント

栗東坂路時計が良い馬や2F各12秒台の加速ラップを刻んでいる馬が狙い目。ウッド組の好走も多く、地元関東馬が中心とはいえ、関西馬が狙いやすいコースだと覚えておくと馬券構成はしやすい。

中山芝1800m

集計期間：2019年～2024年7月21日

栗東

追い切り坂路時計別成績

追い切り坂路時計	着別度数	勝率	連対率	複勝率	単勝回収率	複勝回収率
50.0～51.9	3-4-1-10/18	16.7%	38.9%	44.4%	90%	130%
52.0～53.9	12-7-11-77/107	11.2%	17.8%	28.0%	97%	70%
54.0～55.9	2-5-3-66/76	2.6%	9.2%	13.2%	16%	37%
56.0～57.9	6-2-2-9/19	31.6%	42.1%	52.6%	208%	113%

坂路ラップ別成績

ラップ種別	着別度数	勝率	連対率	複勝率	単勝回収率	複勝回収率
B3	1-1-0-3/5	20.0%	40.0%	40.0%	88%	86%
A3	1-0-1-5/7	14.3%	14.3%	28.6%	91%	75%
B2	2-3-4-31/40	5.0%	12.5%	22.5%	53%	75%
A2	7-6-6-43/62	11.3%	21.0%	30.6%	96%	78%
B1	1-2-0-14/17	5.9%	17.6%	17.6%	87%	58%
A1	8-1-5-40/54	14.8%	16.7%	25.9%	75%	54%

ウッド5F時計別成績

ウッド5F時計	着別度数	勝率	連対率	複勝率	単勝回収率	複勝回収率
64.0～65.9	3-3-2-11/19	15.8%	31.6%	42.1%	93%	98%
66.0～67.9	4-7-5-16/32	12.5%	34.4%	50.0%	75%	196%
68.0～69.9	0-2-3-28/33	0.0%	6.1%	15.2%	0%	49%
70.0～	1-2-0-13/16	6.3%	18.8%	18.8%	23%	31%

ウッド1F時計別成績

ウッド1F時計	着別度数	勝率	連対率	複勝率	単勝回収率	複勝回収率
11.0～11.9	6-10-8-38/62	9.7%	25.8%	38.7%	74%	133%
12.0～12.9	3-6-5-46/60	5.0%	15.0%	23.3%	22%	62%
13.0～13.9	1-0-0-0/1	100.0%	100.0%	100.0%	180%	130%

美浦

追い切り坂路時計別成績

追い切り坂路時計	着別度数	勝率	連対率	複勝率	単勝回収率	複勝回収率
50.0～51.9	1-2-1-10/14	7.1%	21.4%	28.6%	66%	68%
52.0～53.9	15-9-12-119/155	9.7%	15.5%	23.2%	33%	68%
54.0～55.9	8-17-9-187/221	3.6%	11.3%	15.4%	17%	49%
56.0～57.9	1-1-2-64/68	1.5%	2.9%	5.9%	27%	20%

坂路ラップ別成績

ラップ種別	着別度数	勝率	連対率	複勝率	単勝回収率	複勝回収率
B3	0-0-1-0/1	0.0%	0.0%	100.0%	0%	120%
A3	0-0-1-0/1	0.0%	0.0%	100.0%	0%	150%
B2	4-2-4-35/45	8.9%	13.3%	22.2%	38%	106%
A2	9-8-4-49/70	12.9%	24.3%	30.0%	51%	64%
B1	4-4-1-53/62	6.5%	12.9%	14.5%	24%	40%
A1	2-4-5-94/105	1.9%	5.7%	10.5%	9%	34%

ウッド5F時計別成績

ウッド5F時計	着別度数	勝率	連対率	複勝率	単勝回収率	複勝回収率
64.0～65.9	8-10-5-59/82	9.8%	22.0%	28.0%	55%	65%
66.0～67.9	51-46-39-340/476	10.7%	20.4%	28.6%	80%	70%
68.0～69.9	47-47-53-456/603	7.8%	15.6%	24.4%	96%	65%
70.0～	13-12-18-148/191	6.8%	13.1%	22.5%	49%	66%

ウッド1F時計別成績

ウッド1F時計	着別度数	勝率	連対率	複勝率	単勝回収率	複勝回収率
11.0～11.9	52-49-52-358/511	10.2%	19.8%	29.9%	101%	78%
12.0～12.9	55-56-52-540/703	7.8%	15.8%	23.2%	73%	61%
13.0～13.9	21-16-19-197/253	8.3%	14.6%	22.1%	50%	56%

ここがポイント　シンプルに栗東坂路は加速ラップ組、美浦ウッド組は1F11秒台の馬が頭1つ抜けて成績が良いため馬券の中心にしていく馬をすぐチョイスすることができる。美浦坂路組の成績が改修工事を経て栗東に似てくるかどうかの観察も重要。

中山芝2000m

集計期間:2019年〜2024年7月21日

栗東

追い切り坂路時計別成績

追い切り坂路時計	着別度数	勝率	連対率	複勝率	単勝回収率	複勝回収率
50.0〜51.9	2-0-0-9/11	18.2%	18.2%	18.2%	109%	33%
52.0〜53.9	6-4-5-83/98	6.1%	10.2%	15.3%	41%	42%
54.0〜55.9	5-10-11-68/94	5.3%	16.0%	27.7%	58%	86%
56.0〜57.9	5-2-2-21/30	16.7%	23.3%	30.0%	243%	226%

坂路ラップ別成績

ラップ種別	着別度数	勝率	連対率	複勝率	単勝回収率	複勝回収率
B3	1-0-0-5/6	16.7%	16.7%	16.7%	101%	35%
A3	1-2-1-3/7	14.3%	42.9%	57.1%	40%	110%
B2	4-3-2-36/45	8.9%	15.6%	20.0%	85%	108%
A2	2-1-6-47/56	3.6%	5.4%	16.1%	51%	69%
B1	0-0-0-12/12	0.0%	0.0%	0.0%	0%	0%
A1	5-8-5-37/55	9.1%	23.6%	32.7%	157%	101%

ウッド5F時計別成績

ウッド5F時計	着別度数	勝率	連対率	複勝率	単勝回収率	複勝回収率
64.0〜65.9	2-3-4-16/25	8.0%	20.0%	36.0%	29%	66%
66.0〜67.9	4-4-7-45/60	6.7%	13.3%	25.0%	101%	58%
68.0〜69.9	6-8-8-40/62	9.7%	22.6%	35.5%	58%	114%
70.0〜	1-1-0-18/20	5.0%	10.0%	10.0%	15%	29%

ウッド1F時計別成績

ウッド1F時計	着別度数	勝率	連対率	複勝率	単勝回収率	複勝回収率
11.0〜11.9	10-8-11-51/80	12.5%	22.5%	36.3%	186%	113%
12.0〜12.9	3-9-7-66/85	3.5%	14.1%	22.4%	54%	59%
13.0〜13.9	2-0-1-10/13	15.4%	15.4%	23.1%	54%	43%

美浦

追い切り坂路時計別成績

追い切り坂路時計	着別度数	勝率	連対率	複勝率	単勝回収率	複勝回収率
50.0〜51.9	3-1-2-11/17	17.6%	23.5%	35.3%	100%	57%
52.0〜53.9	19-11-22-158/210	9.0%	14.3%	24.8%	91%	78%
54.0〜55.9	16-20-18-308/362	4.4%	9.9%	14.9%	55%	52%
56.0〜57.9	3-6-5-105/119	2.5%	7.6%	11.8%	6%	71%

坂路ラップ別成績

ラップ種別	着別度数	勝率	連対率	複勝率	単勝回収率	複勝回収率
B3	1-0-0-1/2	50.0%	50.0%	50.0%	590%	140%
A3	1-0-1-4/6	16.7%	16.7%	33.3%	220%	221%
B2	5-4-5-39/53	9.4%	17.0%	26.4%	96%	77%
A2	3-5-10-69/87	3.4%	9.2%	20.7%	100%	112%
B1	6-3-8-73/90	6.7%	10.0%	18.9%	27%	42%
A1	11-9-10-156/186	5.9%	10.8%	16.1%	51%	44%

ウッド5F時計別成績

ウッド5F時計	着別度数	勝率	連対率	複勝率	単勝回収率	複勝回収率
64.0〜65.9	8-11-10-88/117	6.8%	16.2%	24.8%	55%	68%
66.0〜67.9	67-70-63-533/733	9.1%	18.7%	27.3%	72%	82%
68.0〜69.9	72-73-56-658/859	8.4%	16.9%	23.4%	49%	64%
70.0〜	19-17-16-253/305	6.2%	11.8%	17.0%	55%	57%

ウッド1F時計別成績

ウッド1F時計	着別度数	勝率	連対率	複勝率	単勝回収率	複勝回収率
11.0〜11.9	76-68-54-452/650	11.7%	22.2%	30.5%	74%	72%
12.0〜12.9	86-82-78-892/1138	7.6%	14.8%	21.6%	62%	66%
13.0〜13.9	20-30-21-299/370	5.4%	13.5%	19.2%	36%	69%

ここがポイント

東西ともにウッド終い1F11秒台組が鍵で、土日坂路最速時計のある馬が狙い目という点は本書でお伝えした通り。それ以外で極端に目立つ狙い目は無いので本編での紹介文を確認されたい。

東京ダート1400m

集計期間：2019年～2024年7月21日

栗東

追い切り坂路時計別成績

追い切り坂路時計	着別度数	勝率	連対率	複勝率	単勝回収率	複勝回収率
50.0～51.9	5-6-9-59/79	6.3%	13.9%	25.3%	47%	96%
52.0～53.9	28-30-19-277/354	7.9%	16.4%	21.8%	43%	61%
54.0～55.9	32-20-21-200/273	11.7%	19.0%	26.7%	100%	77%
56.0～57.9	5-5-9-50/69	7.2%	14.5%	27.5%	59%	142%

坂路ラップ別成績

ラップ種別	着別度数	勝率	連対率	複勝率	単勝回収率	複勝回収率
B3	1-1-0-12/14	7.1%	14.3%	14.3%	19%	48%
A3	5-2-2-12/21	23.8%	33.3%	42.9%	139%	95%
B2	9-14-9-138/170	5.3%	13.5%	18.8%	23%	64%
A2	26-23-19-153/221	11.8%	22.2%	30.8%	102%	88%
B1	6-4-7-60/77	7.8%	13.0%	22.1%	38%	48%
A1	14-7-10-98/129	10.9%	16.3%	24.0%	88%	81%

ウッド5F時計別成績

ウッド5F時計	着別度数	勝率	連対率	複勝率	単勝回収率	複勝回収率
64.0～65.9	2-4-0-17/23	8.7%	26.1%	26.1%	99%	60%
66.0～67.9	11-4-3-45/63	17.5%	23.8%	28.6%	81%	78%
68.0～69.9	14-5-4-39/62	22.6%	30.6%	37.1%	202%	166%
70.0～	0-1-1-18/20	0.0%	5.0%	10.0%	0%	23%

ウッド1F時計別成績

ウッド1F時計	着別度数	勝率	連対率	複勝率	単勝回収率	複勝回収率
11.0～11.9	15-7-5-64/91	16.5%	24.2%	29.7%	73%	78%
12.0～12.9	12-9-5-77/103	11.7%	20.4%	25.2%	129%	100%
13.0～13.9	1-0-1-7/9	11.1%	11.1%	22.2%	53%	92%

美浦

追い切り坂路時計別成績

追い切り坂路時計	着別度数	勝率	連対率	複勝率	単勝回収率	複勝回収率
50.0～51.9	7-4-6-37/54	13.0%	20.4%	31.5%	117%	99%
52.0～53.9	66-63-48-680/857	7.7%	15.1%	20.7%	91%	68%
54.0～55.9	68-77-81-992/1218	5.6%	11.9%	18.6%	55%	73%
56.0～57.9	16-11-27-287/341	4.7%	7.9%	15.8%	117%	102%

坂路ラップ別成績

ラップ種別	着別度数	勝率	連対率	複勝率	単勝回収率	複勝回収率
B3	0-0-0-5/5	0.0%	0.0%	0.0%	0%	0%
A3	1-1-0-9/11	9.1%	18.2%	18.2%	30%	27%
B2	20-18-17-222/277	7.2%	13.7%	19.9%	48%	67%
A2	26-27-25-231/309	8.4%	17.2%	25.2%	111%	74%
B1	16-19-28-325/388	4.1%	9.0%	16.2%	43%	77%
A1	37-40-37-419/533	6.9%	14.4%	21.4%	66%	89%

ウッド5F時計別成績

ウッド5F時計	着別度数	勝率	連対率	複勝率	単勝回収率	複勝回収率
64.0～65.9	12-3-13-115/143	8.4%	10.5%	19.6%	49%	53%
66.0～67.9	71-67-70-817/1025	6.9%	13.5%	20.3%	64%	75%
68.0～69.9	83-86-105-1171/1445	5.7%	11.7%	19.0%	46%	63%
70.0～	32-43-29-492/596	5.4%	12.6%	17.4%	66%	70%

ウッド1F時計別成績

ウッド1F時計	着別度数	勝率	連対率	複勝率	単勝回収率	複勝回収率
11.0～11.9	70-59-70-747/946	7.4%	13.6%	21.0%	56%	64%
12.0～12.9	118-125-116-1489/1848	6.4%	13.1%	19.4%	55%	68%
13.0～13.9	38-49-57-651/795	4.8%	10.9%	18.1%	54%	78%

ここがポイント　栗東坂路追い切りは11秒台加速ラップのチェックを必ずしておきたい。ただ全体的に見れば坂路組もウッド組も極端な差は生まれていない。関東勢は信頼度が低く重い扱いをしても紐まで。

東京ダート1600m

集計期間：2019年～2024年7月21日

栗東

追い切り坂路時計別成績

追い切り坂路時計	着別度数	勝率	連対率	複勝率	単勝回収率	複勝回収率
50.0～51.9	5-6-8-59/78	6.4%	14.1%	24.4%	21%	62%
52.0～53.9	28-33-33-262/356	7.9%	17.1%	26.4%	68%	105%
54.0～55.9	33-35-24-283/375	8.8%	18.1%	24.5%	62%	90%
56.0～57.9	5-3-3-59/70	7.1%	11.4%	15.7%	69%	48%

坂路ラップ別成績

ラップ種別	着別度数	勝率	連対率	複勝率	単勝回収率	複勝回収率
B3	0-1-2-21/24	0.0%	4.2%	12.5%	0%	28%
A3	5-3-2-21/31	16.1%	25.8%	32.3%	128%	137%
B2	13-12-9-144/178	7.3%	14.0%	19.1%	49%	85%
A2	19-23-23-145/210	9.0%	20.0%	31.0%	63%	115%
B1	3-7-4-67/81	3.7%	12.3%	17.3%	17%	52%
A1	22-17-13-133/185	11.9%	21.1%	28.1%	123%	96%

ウッド5F時計別成績

ウッド5F時計	着別度数	勝率	連対率	複勝率	単勝回収率	複勝回収率
64.0～65.9	1-6-3-26/36	2.8%	19.4%	27.8%	31%	102%
66.0～67.9	12-6-10-63/91	13.2%	19.8%	30.8%	147%	167%
68.0～69.9	10-0-7-74/91	11.0%	11.0%	18.7%	92%	57%
70.0～	2-2-1-23/28	7.1%	14.3%	17.9%	135%	69%

ウッド1F時計別成績

ウッド1F時計	着別度数	勝率	連対率	複勝率	単勝回収率	複勝回収率
11.0～11.9	15-6-9-89/119	12.6%	17.6%	25.2%	124%	83%
12.0～12.9	12-11-16-119/158	7.6%	14.6%	24.7%	81%	115%
13.0～13.9	0-0-0-14/14	0.0%	0.0%	0.0%	0%	0%

美浦

追い切り坂路時計別成績

追い切り坂路時計	着別度数	勝率	連対率	複勝率	単勝回収率	複勝回収率
50.0～51.9	2-3-6-51/62	3.2%	8.1%	17.7%	14%	26%
52.0～53.9	45-47-61-554/707	6.4%	13.0%	21.6%	148%	88%
54.0～55.9	73-77-79-1028/1257	5.8%	11.9%	18.2%	82%	63%
56.0～57.9	15-19-24-298/356	4.2%	9.6%	16.3%	35%	59%

坂路ラップ別成績

ラップ種別	着別度数	勝率	連対率	複勝率	単勝回収率	複勝回収率
B3	0-0-0-4/4	0.0%	0.0%	0.0%	0%	0%
A3	3-0-1-7/11	27.3%	27.3%	36.4%	75%	45%
B2	15-19-24-175/233	6.4%	14.6%	24.9%	51%	96%
A2	22-27-22-212/283	7.8%	17.3%	25.1%	93%	87%
B1	26-15-28-317/386	6.7%	10.6%	17.9%	217%	79%
A1	37-32-45-434/548	6.8%	12.6%	20.8%	72%	66%

ウッド5F時計別成績

ウッド5F時計	着別度数	勝率	連対率	複勝率	単勝回収率	複勝回収率
64.0～65.9	16-5-11-107/139	11.5%	15.1%	23.0%	64%	65%
66.0～67.9	99-104-91-986/1280	7.7%	15.9%	23.0%	52%	76%
68.0～69.9	138-149-125-1438/1850	7.5%	15.5%	22.3%	81%	67%
70.0～	60-58-50-636/804	7.5%	14.7%	20.9%	55%	74%

ウッド1F時計別成績

ウッド1F時計	着別度数	勝率	連対率	複勝率	単勝回収率	複勝回収率
11.0～11.9	114-98-95-911/1218	9.4%	17.4%	25.2%	51%	69%
12.0～12.9	179-170-164-1738/2251	8.0%	15.5%	22.8%	79%	75%
13.0～13.9	55-69-49-765/938	5.9%	13.2%	18.4%	56%	65%

ここがポイント

栗東はウッド追い切り組が好成績で坂路組は加速ラップ組だけが好成績というわかりやすい構図になっている。関東馬は関西馬に苦戦しているが、基本的には美浦坂路なら加速ラップ、ウッドなら全体時計や終いが良い馬を選ぶべきだろう。

東京ダート2100m

集計期間：2019年～2024年7月21日

栗東

追い切り坂路時計別成績

追い切り坂路時計	着別度数	勝率	連対率	複勝率	単勝回収率	複勝回収率
50.0～51.9	1-1-0-14/16	6.3%	12.5%	12.5%	13%	15%
52.0～53.9	10-16-12-112/150	6.7%	17.3%	25.3%	79%	70%
54.0～55.9	19-11-15-125/170	11.2%	17.6%	26.5%	57%	63%
56.0～57.9	6-3-1-29/39	15.4%	23.1%	25.6%	87%	58%

坂路ラップ別成績

ラップ種別	着別度数	勝率	連対率	複勝率	単勝回収率	複勝回収率
B3	0-1-0-3/4	0.0%	25.0%	25.0%	0%	30%
A3	1-1-0-1/3	33.3%	66.7%	66.7%	193%	130%
B2	3-5-6-61/75	4.0%	10.7%	18.7%	21%	52%
A2	9-7-2-50/68	13.2%	23.5%	26.5%	51%	52%
B1	4-7-5-50/66	6.1%	16.7%	24.2%	54%	72%
A1	6-6-7-49/68	8.8%	17.6%	27.9%	123%	73%

ウッド5F時計別成績

ウッド5F時計	着別度数	勝率	連対率	複勝率	単勝回収率	複勝回収率
64.0～65.9	0-2-1-19/22	0.0%	9.1%	13.6%	0%	21%
66.0～67.9	12-4-5-80/101	11.9%	15.8%	20.8%	39%	38%
68.0～69.9	7-7-8-59/81	8.6%	17.3%	27.2%	66%	76%
70.0～	2-2-2-32/38	5.3%	10.5%	15.8%	47%	39%

ウッド1F時計別成績

ウッド1F時計	着別度数	勝率	連対率	複勝率	単勝回収率	複勝回収率
11.0～11.9	9-7-6-70/92	9.8%	17.4%	23.9%	57%	58%
12.0～12.9	10-12-11-110/143	7.0%	15.4%	23.1%	25%	52%
13.0～13.9	3-0-0-26/29	10.3%	10.3%	10.3%	93%	26%

美浦

追い切り坂路時計別成績

追い切り坂路時計	着別度数	勝率	連対率	複勝率	単勝回収率	複勝回収率
50.0～51.9	1-2-2-10/15	6.7%	20.0%	33.3%	10%	152%
52.0～53.9	8-10-12-152/182	4.4%	9.9%	16.5%	26%	60%
54.0～55.9	13-9-20-251/293	4.4%	7.5%	14.3%	139%	85%
56.0～57.9	6-3-3-71/83	7.2%	10.8%	14.5%	63%	32%

坂路ラップ別成績

ラップ種別	着別度数	勝率	連対率	複勝率	単勝回収率	複勝回収率
B3	-	-	-	-	-	-
A3	-	-	-	-	-	-
B2	5-1-10-51/67	7.5%	9.0%	23.9%	114%	108%
A2	3-4-4-55/66	4.5%	10.6%	16.7%	16%	31%
B1	7-5-3-71/86	8.1%	14.0%	17.4%	331%	88%
A1	8-8-7-116/139	5.8%	11.5%	16.5%	87%	90%

ウッド5F時計別成績

ウッド5F時計	着別度数	勝率	連対率	複勝率	単勝回収率	複勝回収率
64.0～65.9	1-3-12-39/55	1.8%	7.3%	29.1%	17%	78%
66.0～67.9	37-33-25-320/415	8.9%	16.9%	22.9%	128%	77%
68.0～69.9	48-64-48-511/671	7.2%	16.7%	23.8%	121%	87%
70.0～	20-24-20-277/341	5.9%	12.9%	18.8%	72%	68%

ウッド1F時計別成績

ウッド1F時計	着別度数	勝率	連対率	複勝率	単勝回収率	複勝回収率
11.0～11.9	20-33-33-290/376	5.3%	14.1%	22.9%	52%	67%
12.0～12.9	62-64-56-638/820	7.6%	15.4%	22.2%	112%	77%
13.0～13.9	30-32-25-281/368	8.2%	16.8%	23.6%	138%	99%

ここがポイント　美浦ウッド追い切りで5F70秒以上の遅い馬を省くだけで回収率が上がるコースというポイントをまず押さえておきたい。また、該当数は少ないが東西のポリトラック追い切り組の好走が目立ち回収率も高いため、ポリトラック組の有無は確認することを推奨したい。

東京芝1400m

集計期間：2019年～2024年7月21日

栗東

追い切り坂路時計別成績

追い切り坂路時計	着別度数	勝率	連対率	複勝率	単勝回収率	複勝回収率
50.0～51.9	3-4-6-28/41	7.3%	17.1%	31.7%	28%	115%
52.0～53.9	17-21-17-149/204	8.3%	18.6%	27.0%	89%	71%
54.0～55.9	16-23-11-122/172	9.3%	22.7%	29.1%	66%	85%
56.0～57.9	2-5-4-24/35	5.7%	20.0%	31.4%	136%	69%

坂路ラップ別成績

ラップ種別	着別度数	勝率	連対率	複勝率	単勝回収率	複勝回収率
B3	2-2-2-13/19	10.5%	21.1%	31.6%	381%	158%
A3	2-6-2-20/30	6.7%	26.7%	33.3%	100%	93%
B2	6-11-10-53/80	7.5%	21.3%	33.8%	56%	94%
A2	14-18-10-97/139	10.1%	23.0%	30.2%	83%	81%
B1	1-2-1-27/31	3.2%	9.7%	12.9%	13%	42%
A1	9-9-6-64/88	10.2%	20.5%	27.3%	70%	59%

ウッド5F時計別成績

ウッド5F時計	着別度数	勝率	連対率	複勝率	単勝回収率	複勝回収率
64.0～65.9	2-3-1-16/22	9.1%	22.7%	27.3%	44%	52%
66.0～67.9	5-3-4-41/53	9.4%	15.1%	22.6%	297%	102%
68.0～69.9	3-3-5-25/36	8.3%	16.7%	30.6%	91%	139%
70.0～	2-0-0-15/17	11.8%	11.8%	11.8%	34%	17%

ウッド1F時計別成績

ウッド1F時計	着別度数	勝率	連対率	複勝率	単勝回収率	複勝回収率
11.0～11.9	7-6-7-69/89	7.9%	14.6%	22.5%	96%	94%
12.0～12.9	10-7-4-45/66	15.2%	25.8%	31.8%	250%	91%
13.0～13.9	0-0-2-7/9	0.0%	0.0%	22.2%	0%	104%

美浦

追い切り坂路時計別成績

追い切り坂路時計	着別度数	勝率	連対率	複勝率	単勝回収率	複勝回収率
50.0～51.9	1-2-2-22/27	3.7%	11.1%	18.5%	6%	38%
52.0～53.9	23-30-28-252/333	6.9%	15.9%	24.3%	37%	128%
54.0～55.9	28-26-37-420/511	5.5%	10.6%	17.8%	68%	63%
56.0～57.9	5-8-10-136/159	3.1%	8.2%	14.5%	94%	79%

坂路ラップ別成績

ラップ種別	着別度数	勝率	連対率	複勝率	単勝回収率	複勝回収率
B3	0-0-3-8/11	0.0%	0.0%	27.3%	0%	446%
A3	1-0-0-3/4	25.0%	25.0%	25.0%	55%	27%
B2	7-6-8-98/119	5.9%	10.9%	17.6%	44%	70%
A2	10-12-13-104/139	7.2%	15.8%	25.2%	42%	65%
B1	3-6-7-114/130	2.3%	6.9%	12.3%	15%	127%
A1	18-20-20-198/256	7.0%	14.8%	22.7%	100%	83%

ウッド5F時計別成績

ウッド5F時計	着別度数	勝率	連対率	複勝率	単勝回収率	複勝回収率
64.0～65.9	7-12-3-89/111	6.3%	17.1%	19.8%	20%	46%
66.0～67.9	52-35-51-506/644	8.1%	13.5%	21.4%	95%	71%
68.0～69.9	74-58-59-626/817	9.1%	16.2%	23.4%	104%	82%
70.0～	19-28-17-308/372	5.1%	12.6%	17.2%	31%	56%

ウッド1F時計別成績

ウッド1F時計	着別度数	勝率	連対率	複勝率	単勝回収率	複勝回収率
11.0～11.9	66-45-43-515/669	9.9%	16.6%	23.0%	98%	63%
12.0～12.9	64-75-77-827/1043	6.1%	13.3%	20.7%	70%	76%
13.0～13.9	35-23-24-351/433	8.1%	13.4%	18.9%	52%	58%

ここがポイント　栗東坂路で加速ラップの馬、東西ウッド5Fで時計が遅くない馬（70秒以上ではない）を中心にしていくことが基本となるコース。美浦の坂路も加速ラップが好成績なので改修工事後の成績はさらに上がるかもしれない。

東京芝1600m

集計期間：2019年～2024年7月21日

栗東

追い切り坂路時計別成績

追い切り坂路時計	着別度数	勝率	連対率	複勝率	単勝回収率	複勝回収率
50.0～51.9	4-5-3-37/49	8.2%	18.4%	24.5%	52%	43%
52.0～53.9	12-20-24-179/235	5.1%	13.6%	23.8%	19%	53%
54.0～55.9	20-13-10-160/203	9.9%	16.3%	21.2%	153%	85%
56.0～57.9	6-5-6-32/49	12.2%	22.4%	34.7%	116%	94%

坂路ラップ別成績

ラップ種別	着別度数	勝率	連対率	複勝率	単勝回収率	複勝回収率
B3	3-0-1-6/10	30.0%	30.0%	40%	236%	73%
A3	4-3-1-24/32	12.5%	21.9%	25.0%	36%	46%
B2	7-10-9-89/115	6.1%	14.8%	22.6%	27%	52%
A2	10-15-18-119/162	6.2%	15.4%	26.5%	26%	63%
B1	0-0-0-23/23	0.0%	0.0%	0.0%	0%	0%
A1	14-9-8-81/112	12.5%	20.5%	27.7%	267%	90%

ウッド5F時計別成績

ウッド5F時計	着別度数	勝率	連対率	複勝率	単勝回収率	複勝回収率
64.0～65.9	4-1-2-19/26	15.4%	19.2%	26.9%	60%	64%
66.0～67.9	11-5-7-62/85	12.9%	18.8%	27.1%	95%	82%
68.0～69.9	6-12-3-40/61	9.8%	29.5%	34.4%	59%	64%
70.0～	2-3-2-18/25	8.0%	20.0%	28.0%	29%	72%

ウッド1F時計別成績

ウッド1F時計	着別度数	勝率	連対率	複勝率	単勝回収率	複勝回収率
11.0～11.9	9-8-7-80/104	8.7%	16.3%	23.1%	32%	55%
12.0～12.9	17-15-7-80/119	14.3%	26.9%	32.8%	123%	84%
13.0～13.9	1-0-0-8/9	11.1%	11.1%	11.1%	51%	22%

美浦

追い切り坂路時計別成績

追い切り坂路時計	着別度数	勝率	連対率	複勝率	単勝回収率	複勝回収率
50.0～51.9	4-2-2-14/22	18.2%	27.3%	36.4%	116%	80%
52.0～53.9	16-35-31-302/384	4.2%	13.3%	21.4%	81%	99%
54.0～55.9	25-35-35-461/556	4.5%	10.8%	17.1%	91%	87%
56.0～57.9	6-5-4-146/161	3.7%	6.8%	9.3%	12%	30%

坂路ラップ別成績

ラップ種別	着別度数	勝率	連対率	複勝率	単勝回収率	複勝回収率
B3	0-1-0-2/3	0.0%	33.3%	33.3%	0%	36%
A3	0-1-2-1/4	0.0%	25.0%	75.0%	0%	142%
B2	2-14-11-89/116	1.7%	13.8%	23.3%	11%	47%
A2	9-13-13-126/161	5.6%	13.7%	21.7%	60%	84%
B1	5-6-7-134/152	3.3%	7.2%	11.8%	138%	57%
A1	18-23-22-220/283	6.4%	14.5%	22.3%	62%	89%

ウッド5F時計別成績

ウッド5F時計	着別度数	勝率	連対率	複勝率	単勝回収率	複勝回収率
64.0～65.9	11-10-8-83/112	9.8%	18.8%	25.9%	69%	62%
66.0～67.9	71-65-68-636/840	8.5%	16.2%	24.3%	57%	71%
68.0～69.9	101-82-93-864/1140	8.9%	16.1%	24.2%	64%	74%
70.0～	36-29-39-380/484	7.4%	13.4%	21.5%	209%	93%

ウッド1F時計別成績

ウッド1F時計	着別度数	勝率	連対率	複勝率	単勝回収率	複勝回収率
11.0～11.9	109-76-86-582/853	12.8%	21.7%	31.8%	68%	74%
12.0～12.9	106-110-115-1113/1444	7.3%	15.0%	22.9%	92%	76%
13.0～13.9	27-26-25-435/513	5.3%	10.3%	15.2%	116%	79%

ここがポイント 本編で紹介したように、加速ラップ云々よりも終い2Fと1Fをどれだけ伸ばしているかが重要な狙い目となるコース。ただ全体で見れば栗東も美浦も坂路組よりウッド組の成績が安定しているという特徴もある。

厳選50コース

東京芝1800m

集計期間：2019年～2024年7月21日

栗東

追い切り坂路時計別成績

追い切り坂路時計	着別度数	勝率	連対率	複勝率	単勝回収率	複勝回収率
50.0～51.9	5-1-4-18/28	17.9%	21.4%	35.7%	88%	112%
52.0～53.9	17-19-15-123/174	9.8%	20.7%	29.3%	88%	76%
54.0～55.9	9-12-19-106/146	6.2%	14.4%	27.4%	48%	74%
56.0～57.9	2-1-1-23/27	7.4%	11.1%	14.8%	39%	23%

坂路ラップ別成績

ラップ種別	着別度数	勝率	連対率	複勝率	単勝回収率	複勝回収率
B3	0-0-1-3/4	0.0%	0.0%	25.0%	0%	32%
A3	4-3-2-9/18	22.2%	38.9%	50.0%	146%	77%
B2	6-8-9-59/82	7.3%	17.1%	28.0%	34%	82%
A2	9-9-10-85/113	8.0%	15.9%	24.8%	43%	51%
B1	2-7-4-23/36	5.6%	25.0%	36.1%	32%	141%
A1	5-3-5-54/67	7.5%	11.9%	19.4%	83%	61%

ウッド5F時計別成績

ウッド5F時計	着別度数	勝率	連対率	複勝率	単勝回収率	複勝回収率
64.0～65.9	2-3-1-8/14	14.3%	35.7%	42.9%	147%	87%
66.0～67.9	8-8-13-61/90	8.9%	17.8%	32.2%	61%	75%
68.0～69.9	8-6-8-47/69	11.6%	20.3%	31.9%	96%	93%
70.0～	2-1-1-3-17/23	8.7%	13.0%	26.1%	56%	71%

ウッド1F時計別成績

ウッド1F時計	着別度数	勝率	連対率	複勝率	単勝回収率	複勝回収率
11.0～11.9	16-12-17-72/117	13.7%	23.9%	38.5%	102%	96%
12.0～12.9	9-11-10-74/104	8.7%	19.2%	28.8%	57%	71%
13.0～13.9	1-1-0-9/11	9.1%	18.2%	18.2%	109%	37%

美浦

追い切り坂路時計別成績

追い切り坂路時計	着別度数	勝率	連対率	複勝率	単勝回収率	複勝回収率
50.0～51.9	3-6-0-10/19	15.8%	47.4%	47.4%	64%	80%
52.0～53.9	24-18-15-187/244	9.8%	17.2%	23.4%	56%	71%
54.0～55.9	17-21-19-295/352	4.8%	10.8%	16.2%	89%	51%
56.0～57.9	3-6-7-94/110	2.7%	8.2%	14.5%	12%	41%

坂路ラップ別成績

ラップ種別	着別度数	勝率	連対率	複勝率	単勝回収率	複勝回収率
B3	0-0-1-1/2	0.0%	0.0%	50.0%	0%	145%
A3	2-2-0-5/9	22.2%	44.4%	44.4%	82%	122%
B2	6-5-3-54/68	8.8%	16.2%	20.6%	36%	34%
A2	12-11-6-91/120	10.0%	19.2%	24.2%	40%	49%
B1	2-9-4-79/94	2.1%	11.7%	16.0%	28%	89%
A1	15-11-11-130/167	9.0%	15.6%	22.2%	47%	45%

ウッド5F時計別成績

ウッド5F時計	着別度数	勝率	連対率	複勝率	単勝回収率	複勝回収率
64.0～65.9	7-18-9-62/96	7.3%	26.0%	35.4%	20%	90%
66.0～67.9	59-59-61-501/680	8.7%	17.4%	26.3%	47%	62%
68.0～69.9	80-70-65-652/867	9.2%	17.3%	24.8%	83%	70%
70.0～	19-21-26-274/340	5.6%	11.8%	19.4%	77%	85%

ウッド1F時計別成績

ウッド1F時計	着別度数	勝率	連対率	複勝率	単勝回収率	複勝回収率
11.0～11.9	80-81-58-437/656	12.2%	24.5%	33.4%	73%	81%
12.0～12.9	79-78-90-835/1082	7.3%	14.5%	22.8%	68%	67%
13.0～13.9	22-23-29-348/422	5.2%	10.7%	17.5%	85%	71%

ここがポイント

栗東坂路時計が速い馬の成績が良い。ウッドも5F時計1F時計ともに速いほど狙い目となっている。美浦に関しても坂路は加速ラップ、ウッドは終い1F11秒台と妥当な成績というよりは、競馬と調教の常識にピタッと嵌まる傾向。

東京芝2000m

集計期間：2019年～2024年7月21日

栗東

追い切り坂路時計別成績

追い切り坂路時計	着別度数	勝率	連対率	複勝率	単勝回収率	複勝回収率
50.0～51.9	2-2-2-8/14	14.3%	28.6%	42.9%	162%	90%
52.0～53.9	9-15-13-88/125	7.2%	19.2%	29.6%	69%	86%
54.0～55.9	5-17-12-81/115	4.3%	19.1%	29.6%	97%	78%
56.0～57.9	0-4-2-19/25	0.0%	16.0%	24.0%	0%	48%

坂路ラップ別成績

ラップ種別	着別度数	勝率	連対率	複勝率	単勝回収率	複勝回収率
B3	1-2-0-2/5	20.0%	60.0%	60.0%	148%	144%
A3	2-2-2-5/11	18.2%	36.4%	54.5%	34%	102%
B2	4-3-6-32/45	8.9%	15.6%	28.9%	84%	92%
A2	5-10-11-61/87	5.7%	17.2%	29.9%	136%	78%
B1	1-2-2-25/30	3.3%	10.0%	16.7%	141%	68%
A1	3-8-5-40/56	5.4%	19.6%	28.6%	17%	60%

ウッド5F時計別成績

ウッド5F時計	着別度数	勝率	連対率	複勝率	単勝回収率	複勝回収率
64.0～65.9	1-1-2-16/20	5.0%	10.0%	20.0%	8%	84%
66.0～67.9	5-11-10-52/78	6.4%	20.5%	33.3%	33%	70%
68.0～69.9	1-9-5-34/49	2.0%	20.4%	30.6%	4%	76%
70.0～	0-0-1-20/21	0.0%	0.0%	4.8%	0%	14%

ウッド1F時計別成績

ウッド1F時計	着別度数	勝率	連対率	複勝率	単勝回収率	複勝回収率
11.0～11.9	3-9-8-67/87	3.4%	13.8%	23.0%	13%	59%
12.0～12.9	3-13-11-67/94	3.2%	17.0%	28.7%	16%	68%
13.0～13.9	0-0-0-4/4	0.0%	0.0%	0.0%	0%	0%

美浦

追い切り坂路時計別成績

追い切り坂路時計	着別度数	勝率	連対率	複勝率	単勝回収率	複勝回収率
50.0～51.9	1-2-0-11/14	7.1%	21.4%	21.4%	122%	76%
52.0～53.9	15-7-17-98/137	10.9%	16.1%	28.5%	84%	71%
54.0～55.9	16-17-10-196/239	6.7%	13.8%	18.0%	37%	51%
56.0～57.9	4-0-4-64/72	5.6%	5.6%	11.1%	111%	36%

坂路ラップ別成績

ラップ種別	着別度数	勝率	連対率	複勝率	単勝回収率	複勝回収率
B3	1-0-0-2/3	33.3%	33.3%	33.3%	573%	146%
A3	-	-	-	-	-	-
B2	4-4-5-28/41	9.8%	19.5%	31.7%	140%	124%
A2	7-5-3-43/58	12.1%	20.7%	25.9%	78%	52%
B1	2-3-2-56/63	3.2%	7.9%	11.1%	10%	16%
A1	10-9-7-81/107	9.3%	17.8%	24.3%	39%	50%

ウッド5F時計別成績

ウッド5F時計	着別度数	勝率	連対率	複勝率	単勝回収率	複勝回収率
64.0～65.9	16-8-5-36/65	24.6%	36.9%	44.6%	99%	102%
66.0～67.9	46-39-38-302/425	10.8%	20.0%	28.9%	90%	75%
68.0～69.9	56-49-55-410/570	9.8%	18.4%	28.1%	89%	69%
70.0～	18-22-22-159/221	8.1%	18.1%	28.1%	54%	70%

ウッド1F時計別成績

ウッド1F時計	着別度数	勝率	連対率	複勝率	単勝回収率	複勝回収率
11.0～11.9	50-47-47-266/410	12.2%	23.7%	35.1%	76%	79%
12.0～12.9	86-67-64-538/755	11.4%	20.3%	28.7%	91%	77%
13.0～13.9	22-15-24-173/234	9.4%	15.8%	26.1%	125%	75%

ここがポイント

美浦ウッド時計の良い馬を重点的に狙うべきコース。どうしても馬券率は母数の少ない栗東馬が多く、パッと見は西高東低に見えるが、ウッドで好時計の関東馬を信頼したい。土日坂路の有無なども本書を参考にして活用してほしい。

東京芝2400m

集計期間：2019年～2024年7月21日

栗東

追い切り坂路時計別成績

追い切り坂路時計	着別度数	勝率	連対率	複勝率	単勝回収率	複勝回収率
50.0～51.9	2-3-2-13/20	10.0%	25.0%	35.0%	33%	101%
52.0～53.9	7-13-12-93/125	5.6%	16.0%	25.6%	119%	77%
54.0～55.9	11-16-12-92/131	8.4%	20.6%	29.8%	77%	79%
56.0～57.9	1-3-1-21/26	3.8%	15.4%	19.2%	30%	148%

坂路ラップ別成績

ラップ種別	着別度数	勝率	連対率	複勝率	単勝回収率	複勝回収率
B3	2-0-0-2/4	50.0%	50.0%	50.0%	167%	72%
A3	0-3-0-6/9	0.0%	33.3%	33.3%	0%	121%
B2	3-9-5-35/52	5.8%	23.1%	32.7%	25%	78%
A2	6-5-9-59/79	7.6%	13.9%	25.3%	187%	74%
B1	1-2-2-29/34	2.9%	8.8%	14.7%	13%	57%
A1	7-9-8-51/75	9.3%	21.3%	32.0%	57%	121%

ウッド5F時計別成績

ウッド5F時計	着別度数	勝率	連対率	複勝率	単勝回収率	複勝回収率
64.0～65.9	0-3-0-21/24	0.0%	12.5%	12.5%	0%	22%
66.0～67.9	6-3-9-55/73	8.2%	12.3%	24.7%	36%	50%
68.0～69.9	3-4-6-53/66	4.5%	10.6%	19.7%	10%	38%
70.0～	0-5-1-23/29	0.0%	17.2%	20.7%	0%	101%

ウッド1F時計別成績

ウッド1F時計	着別度数	勝率	連対率	複勝率	単勝回収率	複勝回収率
11.0～11.9	5-10-8-75/98	5.1%	15.3%	23.5%	16%	43%
12.0～12.9	5-4-7-82/98	5.1%	9.2%	16.3%	17%	47%
13.0～13.9	1-0-1-5/7	14.3%	14.3%	28.6%	150%	130%

美浦

追い切り坂路時計別成績

追い切り坂路時計	着別度数	勝率	連対率	複勝率	単勝回収率	複勝回収率
50.0～51.9	1-0-2-10/13	7.7%	7.7%	23.1%	25%	50%
52.0～53.9	6-7-12-80/105	5.7%	12.4%	23.8%	34%	65%
54.0～55.9	6-11-10-100/127	4.7%	13.4%	21.3%	40%	61%
56.0～57.9	1-2-3-31/37	2.7%	8.1%	16.2%	33%	44%

坂路ラップ別成績

ラップ種別	着別度数	勝率	連対率	複勝率	単勝回収率	複勝回収率
B3	-	-	-	-	-	-
A3	-	-	-	-	-	-
B2	1-1-3-23/28	3.6%	7.1%	17.9%	9%	32%
A2	3-7-4-29/43	7.0%	23.3%	32.6%	18%	84%
B1	3-2-5-35/45	6.7%	11.1%	22.2%	84%	86%
A1	5-2-6-60/73	6.8%	9.6%	17.8%	42%	38%

ウッド5F時計別成績

ウッド5F時計	着別度数	勝率	連対率	複勝率	単勝回収率	複勝回収率
64.0～65.9	5-5-7-31/48	10.4%	20.8%	35.4%	53%	88%
66.0～67.9	43-31-25-255/354	12.1%	20.9%	28.0%	86%	85%
68.0～69.9	45-32-29-288/394	11.4%	19.5%	26.9%	80%	68%
70.0～	10-12-12-131/165	6.1%	13.3%	20.6%	105%	59%

ウッド1F時計別成績

ウッド1F時計	着別度数	勝率	連対率	複勝率	単勝回収率	複勝回収率
11.0～11.9	48-33-30-238/349	13.8%	23.2%	31.8%	67%	58%
12.0～12.9	44-40-41-370/495	8.9%	17.0%	25.3%	85%	87%
13.0～13.9	22-14-19-156/211	10.4%	17.1%	26.1%	124%	89%

ここがポイント

本編で書いた「美浦ウッド組で土日坂路が加速ラップ」であることが最重要なので、そちらをご覧いただければありがたい。

福島ダート1700m

集計期間:2019年～2024年7月21日

栗東

追い切り坂路時計別成績

追い切り坂路時計	着別度数	勝率	連対率	複勝率	単勝回収率	複勝回収率
50.0～51.9	3-1-2-25/31	9.7%	12.9%	19.4%	45%	69%
52.0～53.9	30-21-19-245/315	9.5%	16.2%	22.2%	92%	69%
54.0～55.9	44-36-26-284/390	11.3%	20.5%	27.2%	104%	104%
56.0～57.9	8-16-5-90/119	6.7%	20.2%	24.4%	62%	65%

坂路ラップ別成績

ラップ種別	着別度数	勝率	連対率	複勝率	単勝回収率	複勝回収率
B3	0-0-0-2/2	0.0%	0.0%	0.0%	0%	0%
A3	4-1-2-5/12	33.3%	41.7%	58.3%	250%	139%
B2	13-10-9-122/154	8.4%	14.9%	20.8%	49%	64%
A2	20-19-9-119/167	12.0%	23.4%	28.7%	71%	76%
B1	6-7-10-110/133	4.5%	9.8%	17.3%	118%	65%
A1	20-17-8-120/165	12.1%	22.4%	27.3%	118%	71%

ウッド5F時計別成績

ウッド5F時計	着別度数	勝率	連対率	複勝率	単勝回収率	複勝回収率
64.0～65.9	3-2-2-17/24	12.5%	20.8%	29.2%	209%	82%
66.0～67.9	11-6-7-84/108	10.2%	15.7%	22.2%	77%	78%
68.0～69.9	5-10-12-78/105	4.8%	14.3%	25.7%	48%	83%
70.0～	2-6-1-42/51	3.9%	15.7%	17.6%	36%	87%

ウッド1F時計別成績

ウッド1F時計	着別度数	勝率	連対率	複勝率	単勝回収率	複勝回収率
11.0～11.9	6-7-11-62/86	7.0%	15.1%	27.9%	68%	80%
12.0～12.9	16-15-12-158/201	8.0%	15.4%	21.4%	69%	75%
13.0～13.9	2-3-2-32/39	5.1%	12.8%	17.9%	71%	85%

美浦

追い切り坂路時計別成績

追い切り坂路時計	着別度数	勝率	連対率	複勝率	単勝回収率	複勝回収率
50.0～51.9	3-2-2-12/19	15.8%	26.3%	36.8%	136%	110%
52.0～53.9	29-24-18-203/274	10.6%	19.3%	25.9%	96%	82%
54.0～55.9	33-24-39-415/511	6.5%	11.2%	18.8%	151%	95%
56.0～57.9	7-8-11-115/141	5.0%	10.6%	18.4%	32%	60%

坂路ラップ別成績

ラップ種別	着別度数	勝率	連対率	複勝率	単勝回収率	複勝回収率
B3	1-1-0-1/3	33.3%	66.7%	66.7%	93%	290%
A3	0-2-0-2/4	0.0%	50.0%	50.0%	0%	87%
B2	9-6-5-70/90	10.0%	16.7%	22.2%	123%	63%
A2	8-6-7-79/100	8.0%	14.0%	21.0%	125%	92%
B1	16-6-12-130/164	9.8%	13.4%	20.7%	147%	97%
A1	16-18-14-144/192	8.3%	17.7%	25.0%	224%	102%

ウッド5F時計別成績

ウッド5F時計	着別度数	勝率	連対率	複勝率	単勝回収率	複勝回収率
64.0～65.9	2-3-6-57/68	2.9%	7.4%	16.2%	43%	41%
66.0～67.9	30-34-29-388/481	6.2%	13.3%	19.3%	126%	79%
68.0～69.9	34-48-48-547/677	5.0%	12.1%	19.3%	62%	66%
70.0～	13-18-22-230/283	4.6%	11.0%	18.7%	40%	55%

ウッド1F時計別成績

ウッド1F時計	着別度数	勝率	連対率	複勝率	単勝回収率	複勝回収率
11.0～11.9	34-34-39-377/484	7.0%	14.0%	22.1%	105%	75%
12.0～12.9	44-68-58-728/898	4.9%	12.5%	18.9%	54%	63%
13.0～13.9	4-13-14-198/229	1.7%	7.4%	13.5%	8%	37%

東西ともに坂路追い切り組、中でも加速ラップの成績が良い。特に美浦坂路に関しては表を見ての通りで坂路組全体が好成績となっている。ウッド組も表の通りで東西ともに時計が重要になっている。

福島芝1200m

集計期間:2019年～2024年7月21日

栗東

追い切り坂路時計別成績

追い切り坂路時計	着別度数	勝率	連対率	複勝率	単勝回収率	複勝回収率
50.0～51.9	11-11-4-32/58	19.0%	37.9%	44.8%	130%	126%
52.0～53.9	28-18-16-200/262	10.7%	17.6%	23.7%	139%	79%
54.0～55.9	36-26-24-257/343	10.5%	18.1%	25.1%	96%	96%
56.0～57.9	11-12-9-88/120	9.2%	19.2%	26.7%	55%	76%

坂路ラップ別成績

ラップ種別	着別度数	勝率	連対率	複勝率	単勝回収率	複勝回収率
B3	5-4-1-17/27	18.5%	33.3%	37.0%	92%	89%
A3	3-1-1-17/22	13.6%	18.2%	22.7%	185%	55%
B2	13-8-8-98/127	10.2%	16.5%	22.8%	139%	92%
A2	14-17-11-136/178	7.9%	17.4%	23.6%	39%	67%
B1	8-6-5-60/79	10.1%	17.7%	24.1%	108%	75%
A1	25-16-12-120/173	14.5%	23.7%	30.6%	111%	95%

ウッド5F時計別成績

ウッド5F時計	着別度数	勝率	連対率	複勝率	単勝回収率	複勝回収率
64.0～65.9	3-1-3-17/24	12.5%	16.7%	29.2%	167%	92%
66.0～67.9	3-6-4-40/53	5.7%	17.0%	24.5%	59%	68%
68.0～69.9	3-2-4-30/39	7.7%	12.8%	23.1%	63%	75%
70.0～	2-2-0-21/25	8.0%	16.0%	16.0%	31%	71%

ウッド1F時計別成績

ウッド1F時計	着別度数	勝率	連対率	複勝率	単勝回収率	複勝回収率
11.0～11.9	10-8-10-53/81	12.3%	22.2%	34.6%	70%	91%
12.0～12.9	6-6-8-68/88	6.8%	13.6%	22.7%	79%	102%
13.0～13.9	0-0-1-23/24	0.0%	0.0%	4.2%	0%	12%

美浦

追い切り坂路時計別成績

追い切り坂路時計	着別度数	勝率	連対率	複勝率	単勝回収率	複勝回収率
50.0～51.9	1-0-1-28/30	3.3%	3.3%	6.7%	17%	22%
52.0～53.9	22-17-23-234/296	7.4%	13.2%	20.9%	60%	63%
54.0～55.9	27-32-50-437/546	4.9%	10.8%	20.0%	41%	53%
56.0～57.9	10-17-9-164/200	5.0%	13.5%	18.0%	49%	72%

坂路ラップ別成績

ラップ種別	着別度数	勝率	連対率	複勝率	単勝回収率	複勝回収率
B3	0-1-1-3/5	0.0%	20.0%	40.0%	0%	138%
A3	3-0-0-6/9	33.3%	33.3%	33.3%	138%	62%
B2	5-4-11-73/93	5.4%	9.7%	21.5%	61%	56%
A2	9-10-12-80/111	8.1%	17.1%	27.9%	52%	83%
B1	5-2-7-122/136	3.7%	5.1%	10.3%	42%	39%
A1	23-31-30-179/263	8.7%	20.5%	31.9%	69%	77%

ウッド5F時計別成績

ウッド5F時計	着別度数	勝率	連対率	複勝率	単勝回収率	複勝回収率
64.0～65.9	5-7-5-49/66	7.6%	18.2%	25.8%	103%	83%
66.0～67.9	30-27-24-324/405	7.4%	14.1%	20.0%	68%	57%
68.0～69.9	29-36-34-419/518	5.6%	12.5%	19.1%	53%	75%
70.0～	13-19-16-242/290	4.5%	11.0%	16.6%	35%	43%

ウッド1F時計別成績

ウッド1F時計	着別度数	勝率	連対率	複勝率	単勝回収率	複勝回収率
11.0～11.9	34-41-23-325/423	8.0%	17.7%	23.2%	63%	68%
12.0～12.9	39-46-50-636/771	5.1%	11.0%	17.5%	43%	57%
13.0～13.9	9-14-11-190/224	4.0%	10.3%	15.2%	63%	57%

ここがポイント

栗東坂路組が好成績で、全体時計が速いほどさらに好成績に。2F12秒台の減速ラップ(B1)を除いてしまえばそれだけで馬券収支がプラスに動いていく点はかなり重要。関東馬は軽視してもいいが坂路加速ラップだけは気にかけておきたい。

福島芝1800m

集計期間：2019年～2024年7月21日

栗東

追い切り坂路時計別成績

追い切り坂路時計	着別度数	勝率	連対率	複勝率	単勝回収率	複勝回収率
50.0～51.9	0-0-0-9/9	0.0%	0.0%	0.0%	0%	0%
52.0～53.9	16-13-8-112/149	10.7%	19.5%	24.8%	118%	71%
54.0～55.9	23-15-8-123/169	13.6%	22.5%	27.2%	145%	90%
56.0～57.9	5-5-1-27/38	13.2%	26.3%	28.9%	114%	60%

坂路ラップ別成績

ラップ種別	着別度数	勝率	連対率	複勝率	単勝回収率	複勝回収率
B3	0-0-0-2/2	0.0%	0.0%	0.0%	0%	0%
A3	0-0-0-5/5	0.0%	0.0%	0.0%	0%	0%
B2	3-6-2-50/61	4.9%	14.8%	18.0%	14%	40%
A2	15-6-1-62/84	17.9%	25.0%	26.2%	192%	79%
B1	1-2-3-38/44	2.3%	6.8%	13.6%	117%	75%
A1	16-6-7-62/91	17.6%	24.2%	31.9%	83%	74%

ウッド5F時計別成績

ウッド5F時計	着別度数	勝率	連対率	複勝率	単勝回収率	複勝回収率
64.0～65.9	1-1-1-14/17	5.9%	11.8%	17.6%	49%	48%
66.0～67.9	8-3-4-29/44	18.2%	25.0%	34.1%	148%	107%
68.0～69.9	5-1-2-31/39	12.8%	15.4%	20.5%	117%	42%
70.0～	0-0-2-8/10	0.0%	0.0%	20.0%	0%	47%

ウッド1F時計別成績

ウッド1F時計	着別度数	勝率	連対率	複勝率	単勝回収率	複勝回収率
11.0～11.9	9-3-5-48/65	13.8%	18.5%	26.2%	118%	63%
12.0～12.9	6-6-5-43/60	10.0%	20.0%	28.3%	84%	131%
13.0～13.9	1-0-1-6/8	12.5%	12.5%	25.0%	97%	36%

美浦

追い切り坂路時計別成績

追い切り坂路時計	着別度数	勝率	連対率	複勝率	単勝回収率	複勝回収率
50.0～51.9	1-0-1-7/9	11.1%	11.1%	22.2%	28%	31%
52.0～53.9	12-14-9-117/152	7.9%	17.1%	23.0%	93%	88%
54.0～55.9	15-14-9-197/235	6.4%	12.3%	16.2%	101%	45%
56.0～57.9	0-3-3-66/72	0.0%	4.2%	8.3%	0%	37%

坂路ラップ別成績

ラップ種別	着別度数	勝率	連対率	複勝率	単勝回収率	複勝回収率
B3	-	-	-	-	-	-
A3	0-0-0-1/1	0.0%	0.0%	0.0%	0%	0%
B2	4-3-1-32/40	10.0%	17.5%	20.0%	60%	50%
A2	6-5-5-37/53	11.3%	20.8%	30.2%	206%	85%
B1	2-4-5-65/76	2.6%	7.9%	14.5%	27%	53%
A1	9-8-4-89/110	8.2%	15.5%	19.1%	94%	65%

ウッド5F時計別成績

ウッド5F時計	着別度数	勝率	連対率	複勝率	単勝回収率	複勝回収率
64.0～65.9	1-5-3-35/44	2.3%	13.6%	20.5%	32%	102%
66.0～67.9	19-24-33-228/304	6.3%	14.1%	25.0%	72%	125%
68.0～69.9	38-33-32-355/458	8.3%	15.5%	22.5%	100%	91%
70.0～	6-10-17-149/182	3.3%	8.8%	18.1%	25%	51%

ウッド1F時計別成績

ウッド1F時計	着別度数	勝率	連対率	複勝率	単勝回収率	複勝回収率
11.0～11.9	25-29-34-262/350	7.1%	15.4%	25.1%	78%	89%
12.0～12.9	36-39-47-448/570	6.3%	13.2%	21.4%	55%	95%
13.0～13.9	6-8-10-108/132	4.5%	10.6%	18.2%	111%	85%

ここがポイント　東西ともに2F各12秒台まとめの坂路加速ラップが抜けた好成績になっており、本編で書いたようにそこだけ狙い続けることがベスト。栗東ウッド追い切り馬も平均成績が高い。ラップ非該当の関東馬は紐まで。

おわりに

　窓の外から入ってくる蝉の声を聞きながら、オリンピック期間と丸かぶりの時期に本書の原稿を書いていました。

　今回のオリンピックでは誤審の話題が多くなってしまいましたが、審判も人間である以上、判断を間違うことがあるのは仕方がない部分もあるでしょう。
　ただ、陸上競技など、タイムや飛距離で優劣が決まる種目ではあまり誤審が起きません。競馬というジャンルでも審議の結果で論争が起こることが稀にあるものの、多くの場合は「一番速くゴールを駆け抜けた馬が勝ち」で間違いありません。

　調教に関しても「人が独自の判断をして採点する」ことと「事実としての時計をベースに判断する」ことでは違いがあるもので、本書では「事実」に重きをおいております。

　本書内で何度も書きましたが、あくまでも調教のプロは調教師であって、調教を見る側の我々競馬ファン側ではありません。
　様々な考え方や個性を持った調教師の方々をリスペクトして、プロの仕事を数字という"事実を元にして"競馬予想に役立てていくという考え方をすれば"誤審"は起こりにくいものです。

　また「こちら側の判断が間違っていたとしても、保険がかかっているファクターが調教である」という話も書かせていただきました。

　数字という事実、それを元にした分析と推測、それに間違いがあっても競馬の長い歴史の中で「常識」と言える部分の結果が保険として構えている構造になっているわけですから、これほど強

い予想ファクターは他にありません。

　この強みは、本書を末永く愛読いただけることにも繋がります。
　意識的に年齢の若い調教師が率いる厩舎に力を入れて分析・解説しましたので大げさではなく 10 年以上は使えると思います。逆に言えば続編を書くことも当分無いはずです。

　厩舎の調教内容の細かい変化や「本に向かない面倒な狙い目」などは YouTube で今後も紹介していきますし、新しい発見があればそれも配信していきます。
　本書で初めて私を知ってくださった方であれば、調教関連の動画も沢山ありますので、ぜひ遊びにきてください。
　調教を活用しての的中、これまでは手が届かなかった高配当、一緒に手に入れていきましょう。

　最後まで読んでいただいた読者の皆さまに感謝の気持ちを込めて特典動画をプレゼントいたします。以下の URL へぜひアクセスしてください。

https://redlinelabs.com/2024ck　　パスワード：20TIME24

最後まで読んでいただいてありがとうございました。

2024 年 10 月　著者

YouTube チャンネル「TAKE TUBE」	
	https://www.youtube.com/c/TAKETUBE
X（旧Twitter）	https://twitter.com/yuyaheadandhand
レッドラインラボ	https://redlinelabs.com
NewGame[+]weekend	https://at-a-gallopx.net

竹内 裕也（たけうち ゆうや）

2006年末より競馬ブログを開始。
JRA-VANへのソフト掲載や「競馬最強の法則」での連載を経て競馬本をこれまでに5冊出版。現在はYouTubeチャンネル（競馬本著者の「馬券」ch TAKE TUBE）での活動に力を入れており、2024年12月時点での登録者は約26,000名。
特に「調教・追い切り」に関する動画が人気で、G1レースでの超高額馬券を的中するなどYouTube予想における調教理論が注目されている。
過去5冊の著書があるものの、種牡馬や馬場視点などがテーマだったことから、リスナー・ファンから寄せられた調教に関する本を出版してほしいとのリクエストに応えての刊行となる。

調教タイムの読み方

2024年10月20日 初版第1刷発行
2025年 1月20日 初版第3刷発行

著者　　竹内裕也
発行人　山手章弘
発行所　イカロス出版株式会社
　　　　〒101-0051 東京都千代田区神田神保町1-105
　　　　　　sales@ikaros.jp （乱丁・落丁、書店・取次様からのお問合せ）

印刷・製本所 日経印刷株式会社

乱丁、落丁本はお取り替えいたします。定価はカバーに表示しております。
本書の無断転載・複写は、著作権上の例外を除き、著作権侵害となります。
Copyright©2024 Yuya Takeuchi All rights reserved.
Printed in Japan ISBN978-4-8022-1499-5

デザイン［カバー＆本文］androworks

編集　競馬道OnLine編集部（株式会社オーイズミ・アミュージオ）
https://www.keibado.ne.jp
本書の内容に関する問合せ：keibasupport@o-amuzio.co.jp